EUSTACE MULLINS

SEKRETY REZERWY FEDERALNEJ

ZWIĄZEK Z LONDYNEM

Na okładce widnieje kontur orła z czerwonej tarczy, herbu miasta Frankfurtu w Niemczech, zaadaptowanego przez Mayera Amschela Bauera (1744–1812), który zmienił nazwisko z Bauer na Rothschild („Czerwona Tarcza"). Rothschild dodał pięć złotych strzał trzymanych w szponach orła, symbolizujących jego pięciu synów, którzy prowadzili pięć domów bankowych międzynarodowego Domu Rothschildów: we Frankfurcie, Londynie, Paryżu, Wiedniu i Neapolu.

OMNIA VERITAS®

EUSTACE CLARENCE MULLINS
(1923–2010)

Eustace Mullins (1923–2010) był amerykańskim pisarzem znanym ze swoich krytycznych publikacji dotyczących systemu bankowego i instytucji finansowych. Pod wpływem poety Ezry Pounda opublikował w 1952 roku między innymi książkę *The Secrets of the Federal Reserve*, która wywarła znaczący wpływ na niektóre środowiska krytyczne wobec międzynarodowych finansów. Jako płodny autor przez całą swoją karierę zajmował się tematyką polityczną, ekonomiczną i historyczną.

Secrets of the Federal Reserve
The London Connection

SEKRETY REZERWY FEDERALNEJ
POWIĄZANIA Z LONDYNEM

1991

Przetłumaczone i opublikowane przez Omnia Veritas Limited

OMNIA VERITAS®
www.omnia-veritas.com

Dedykowane dwóm najwybitniejszym uczonym XX wieku, **GEORGE'OWI STIMPSONOWI** *i* **EZRA POUNDOWI,** *którzy hojnie podzielili się swoją ogromną wiedzą z młodym pisarzem, aby poprowadzić go w dziedzinie, w której sam nie dałby sobie rady.*

PODZIĘKOWANIA

Chciałbym podziękować moim byłym współpracownikom z Biblioteki Kongresu, których niezwykle życzliwa pomoc, współpraca i sugestie umożliwiły powstanie wczesnych wersji tej książki. Chciałbym również podziękować pracownikom Biblioteki Newberry w Chicago, Biblioteki Publicznej Miasta Nowy Jork, Biblioteki Alderman Uniwersytetu Wirginii oraz Biblioteki McCormick Uniwersytetu Waszyngtońsko-Lee w Lexington w stanie Wirginia za ich nieocenioną pomoc w ukończeniu trzydziestoletnich badań nad tym autorytatywnym dziełem poświęconym Systemowi Rezerwy Federalnej.

O AUTORZE

Eustace Mullins jest weteranem Sił Powietrznych Stanów Zjednoczonych, który podczas II wojny światowej służył przez trzydzieści osiem miesięcy. Pochodzi z Wirginii, studiował na Uniwersytecie Waszyngtońskim i Lee, Uniwersytecie Nowojorskim, Uniwersytecie Ohio, Uniwersytecie Północnej Dakoty, w Escuelas des Bellas Artes w San Miguel de Allende w Meksyku oraz w Instytucie Sztuki Współczesnej w Waszyngtonie.

Oryginalna książka, wydana pod tytułem *„Mullins On The Federal Reserve"*, powstała na zlecenie poety Ezry Pounda w 1948 roku. Ezra Pound przez trzynaście i pół roku przebywał jako więzień polityczny w szpitalu św. Elżbiety w Waszyngtonie (federalnej placówce dla osób chorych psychicznie). Jego uwolnienie było w dużej mierze zasługą pana Mullinsa.

Badania w Bibliotece Kongresu były kierowane i codziennie sprawdzane przez George'a Stimpsona, założyciela National Press Club w Waszyngtonie, którego *„The New York Times"* 28 września 1952 roku nazwał „bardzo cenionym źródłem informacji w stolicy. Urzędnicy rządowi, kongresmeni i reporterzy zwracali się do niego po informacje na każdy temat".

Oryginalna książka, wydana w 1952 r. przez Kasper and Horton w Nowym Jorku, była pierwszym ujawnionym w skali krajowej raportem na temat tajnych spotkań międzynarodowych bankierów na wyspie Jekyll w stanie Georgia w latach 1907–1910, gdzie powstał projekt ustawy o Rezerwie Federalnej z 1913 r.

W międzyczasie autor nadal gromadził nowe i jeszcze bardziej zaskakujące informacje na temat przeszłości osób kierujących polityką Rezerwy Federalnej. Nowe informacje zebrane przez lata z setek gazet, czasopism i książek dostarczają potwierdzających dowodów na powiązania międzynarodowych domów bankowych.[1]

Podczas badań nad tym materiałem Eustace Mullins był pracownikiem Biblioteki Kongresu. Później Mullins był konsultantem ds. finansowania autostrad w American Petroleum Institute, konsultantem ds. rozwoju hotelarstwa w magazynie „Institutions" oraz dyrektorem redakcyjnym czterech publikacji Chicago Motor Club.

1 Londyńska Rada Akceptacyjna składa się wyłącznie z siedemnastu międzynarodowych domów bankowych upoważnionych przez Bank Anglii do prowadzenia operacji walutowych.

SŁOWO WSTĘPNE

W 1949 roku, podczas wizyty u Ezry Pounda, który był więźniem politycznym w szpitalu St. Elizabeth's Hospital w Waszyngtonie (federalnej placówce dla osób chorych psychicznie), dr Pound zapytał mnie, czy kiedykolwiek słyszałem o Systemie Rezerwy Federalnej. Odpowiedziałem, że nie, mając 25 lat. Następnie pokazał mi banknot dziesięciodolarowy z napisem „Federal Reserve Note" i poprosił, abym przeprowadził badania w Bibliotece Kongresu na temat Systemu Rezerwy Federalnej, który wyemitował ten banknot. Pound nie mógł sam udać się do Biblioteki, ponieważ był przetrzymywany bez procesu jako więzień polityczny przez rząd Stanów Zjednoczonych. Po tym, jak odmówiono mu czasu antenowego w Stanach Zjednoczonych, dr Pound nadawał z Włoch, próbując przekonać mieszkańców Stanów Zjednoczonych, by nie wchodzili do II wojny światowej. Franklin D. Roosevelt osobiście nakazał postawienie Pounda w stan oskarżenia, pod wpływem żądań swoich trzech osobistych asystentów: Harry'ego Dextera White'a, Lauchlina Currie'ego i Algera Hissa, z których wszyscy zostali później zidentyfikowani jako powiązani ze szpiegostwem komunistycznym.

Nie interesowały mnie pieniądze ani bankowość jako temat, ponieważ pracowałem nad powieścią. Pound zaproponował, że przez kilka tygodni będzie uzupełniał moje dochody kwotą dziesięciu dolarów tygodniowo. Moje wstępne badania ujawniły dowody na istnienie międzynarodowej grupy bankowej, która potajemnie zaplanowała napisanie ustawy o Rezerwie Federalnej oraz uchwalenie tego planu przez Kongres. Odkrycia te potwierdziły to, co Pound od dawna podejrzewał. Powiedział: „Musisz pracować nad tym jak nad powieścią detektywistyczną". Miałem szczęście, że moje badania w Bibliotece Kongresu kierował wybitny uczony, George Stimpson, założyciel National Press Club, którego „*The New York Times*" z 28 września 1952 r. opisał następująco: „Uwielbiany przez waszyngtońskich dziennikarzy jako »nasza chodząca Biblioteka Kongresu«, pan Stimpson był wysoko cenionym źródłem informacji w Kapitolu. Urzędnicy rządowi, kongresmeni i reporterzy zwracali się do niego po informacje na każdy temat".

Codziennie przez cztery godziny prowadziłem badania w Bibliotece Kongresu, a po południu udawałem się do szpitala św. Elżbiety. Razem z Poundem przeglądaliśmy notatki z poprzedniego dnia. Następnie zjadłem kolację z George'em Stimpsonem w Scholl's Cafeteria, podczas gdy on przeglądał moje materiały, a także książkę. Potem wróciłem do swojego pokoju, aby przepisać poprawione notatki. Zarówno Stimpson, jak i Pound udzielili mi wielu wskazówek, pomagając mi w dziedzinie, w której nie miałem wcześniejszego doświadczenia. Kiedy zasoby Pounda zaczęły się wyczerpywać, złożyłem wnioski do Fundacji Guggenheima, Fundacji Huntingtona Hartforda i innych fundacji, aby dokończyć moje badania nad Rezerwą Federalną. Mimo że moje wnioski do fundacji były poparte przez trzech czołowych amerykańskich poetów – Ezrę Pounda, E.E. Cummingsa i Elizabeth Bishop – wszystkie fundacje odmówiły wsparcia tych badań. Następnie spisałem dotychczasowe wyniki i w 1950 roku zacząłem starać się o wydanie tego rękopisu w Nowym Jorku. Osiemnaście wydawnictw odrzuciło go bez komentarza, ale dziewiętnaste, Devin Garrity, prezes Devin Adair Publishing Company, udzielił mi w swoim biurze przyjaznej rady. „Podoba mi się twoja książka, ale nie możemy jej wydrukować" – powiedział mi. „Nikt inny w Nowym Jorku też nie może. Może przyniesiesz mi konspekt swojej powieści, to myślę, że damy ci zaliczkę. O wydaniu książki o Rezerwie Federalnej możesz zapomnieć. Wątpię, żeby kiedykolwiek została wydrukowana".

Była to druzgocąca wiadomość po dwóch latach intensywnej pracy. Poinformowałem o tym Pounda i próbowaliśmy znaleźć wydawcę w innych częściach kraju. Po dwóch latach bezowocnych starań książka została wydana w niewielkim nakładzie w 1952 roku przez dwóch uczniów Pounda, Johna Kaspera i Davida Hortona, z wykorzystaniem ich prywatnych funduszy, pod tytułem Mullins on the Federal Reserve. W 1954 roku w New Jersey ukazało się drugie wydanie, zawierające nieautoryzowane zmiany, pod tytułem The Federal Reserve Conspiracy. W 1955 roku Guido Roeder wydał niemiecką wersję w Oberammergau w Niemczech. Książka została skonfiskowana, a cały nakład 10 000 egzemplarzy spalony przez agentów rządowych pod dowództwem dr. Otto Johna.

Spalenie książki zostało utrzymane w mocy 21 kwietnia 1961 r. przez sędziego Israela Katza z Bawarskiego Sądu Najwyższego. Rząd Stanów Zjednoczonych odmówił interwencji, ponieważ wysoki komisarz USA w Niemczech, James B. Conant (rektor Uniwersytetu Harvarda w latach 1933–1953), zatwierdził pierwotny nakaz spalenia książki. Jest to jedyna książka, która została spalona w Niemczech od czasów II wojny światowej. W 1968 r. w Kalifornii pojawiło się pirackie wydanie tej książki. Zarówno FBI, jak i inspektorzy pocztowi USA odmówili podjęcia działań, pomimo licznych skarg z mojej strony w ciągu następnej dekady. W 1980 r. ukazało się nowe niemieckie wydanie. Ponieważ rząd USA najwyraźniej nie dyktował już spraw wewnętrznych Niemiec, identyczna książka, która została spalona w 1955 r., krąży obecnie w Niemczech bez przeszkód.

Współpracowałem z panem H.L. Huntem przy kilku książkach i to on zasugerował, abym wznowił moje od dawna odkładane badania nad Rezerwą Federalną i opublikował bardziej kompletną wersję tej książki. Właśnie podpisałem umowę na napisanie autoryzowanej biografii Ezry Pounda, więc praca nad książką o Rezerwie Federalnej musiała zostać odłożona na później. Pan Hunt zmarł, zanim zdążyłem powrócić do badań, i po raz kolejny stanąłem przed problemem sfinansowania prac nad książką.

W mojej pierwotnej książce prześledziłem i wskazałem tajemnicze postacie w Stanach Zjednoczonych, które zaplanowały ustawę o Rezerwie Federalnej. Teraz odkryłem, że ludzie, których w 1952 roku ujawniłem jako tajemnicze postacie stojące za funkcjonowaniem Systemu Rezerwy Federalnej, sami byli tylko cieniem – amerykańskimi przykrywkami dla nieznanych postaci, które stały się znane jako „London Connection". Odkryłem, że pomimo naszych sukcesów w wojnach o niepodległość z 1812 roku przeciwko Anglii, pozostaliśmy ekonomiczną i finansową kolonią Wielkiej Brytanii. Po raz pierwszy zlokalizowaliśmy pierwotnych udziałowców banków Rezerwy Federalnej i prześledziliśmy ich spółki macierzyste aż do London Connection.

Badania te są poparte cytatami i dokumentacją z setek gazet, czasopism i książek oraz wykresami pokazującymi powiązania rodzinne, małżeńskie i biznesowe. Przejrzano ponad tysiąc numerów *„The New York Times"* na mikrofilmach nie tylko w poszukiwaniu oryginalnych informacji, ale także w celu weryfikacji stwierdzeń pochodzących z innych źródeł.

W środowisku pisarskim powszechnie uważa się, że pisarz ma w sobie tylko jedną książkę. Wydaje się to mieć zastosowanie w moim przypadku, ponieważ jestem już w piątej dekadzie nieprzerwanego pisania na jeden temat – kulisach Systemu Rezerwy Federalnej. Książka ta od samego początku była zlecana i kierowana przez Ezrę Pounda. Czterech jego protegowanych otrzymało wcześniej Nagrodę Nobla w dziedzinie literatury: William Butler Yeats za swoją późną poezję, James Joyce za „Ulissesa", Ernest Hemingway za „Słońce też wschodzi" oraz T.S. Eliot za „Ziemię jałową". Pound odegrał znaczącą rolę w inspirowaniu i redagowaniu tych dzieł – co prowadzi nas do przekonania, że niniejsza praca, również zainspirowana przez Pounda, stanowi kontynuację literackiej tradycji.

Chociaż początkowo oczekiwano, że ta książka będzie zawiłą pracą poświęconą technikom ekonomicznym i monetarnym, wkrótce przekształciła się w opowieść o tak uniwersalnym i dramatycznym uroku, że od samego początku Ezra Pound namawiał mnie, bym napisał ją jako powieść kryminalną – gatunek wymyślony przez mojego rodaka z Wirginii, Edgara Allana Poe. Wierzę, że ciągły obieg tej książki w ciągu ostatnich czterdziestu lat nie tylko oczyścił Ezrę Pounda z zarzutów dotyczących jego szeroko potępianych wypowiedzi politycznych i monetarnych, ale także był i będzie ostateczną bronią przeciwko potężnym spiskowcom, którzy zmusili go do odbycia trzynastu i pół roku bez procesu, jako więźnia politycznego przetrzymywanego w szpitalu psychiatrycznym w stylu KGB. Jego pierwsze uniewinnienie nastąpiło, gdy agenci rządowi reprezentujący spiskowców odmówili mu prawa do zeznawania w swojej obronie; drugie uniewinnienie nastąpiło w 1958 roku, kiedy ci sami agenci wycofali wszystkie zarzuty przeciwko niemu, a on wyszedł ze szpitala św. Elżbiety, znów jako wolny człowiek. Jego trzecie i ostateczne oczyszczenie z zarzutów to niniejsza praca, która dokumentuje każdy aspekt jego demaskowania bezwzględnych międzynarodowych finansistów, dla których Ezra Pound stał się kolejną ofiarą, skazaną na lata spędzone jako Człowiek w Żelaznej Masce, ponieważ odważył się ostrzec swoich rodaków przed ich potajemnymi aktami zdrady wobec wszystkich mieszkańców Stanów Zjednoczonych.

W moich wykładach w całym kraju oraz w wielu programach radiowych i telewizyjnych ujawniałem, że System Rezerwy Federalnej nie jest federalny; nie posiada żadnych rezerw; i w ogóle nie jest systemem, a raczej syndykatem przestępczym. Od listopada 1910 roku, kiedy spiskowcy spotkali się na wyspie Jekyll w stanie Georgia, aż do chwili obecnej, intrygi bankierów Rezerwy Federalnej były owiane tajemnicą. Dzisiaj ta tajemnica kosztowała Amerykanów trzy biliony dolarów długu, a roczne odsetki płacone tym bankierom wynoszą około trzystu miliardów dolarów rocznie – są to kwoty, które przerastają wyobraźnię i które same w sobie są ostatecznie niemożliwe do spłacenia. Urzędnicy Systemu Rezerwy Federalnej rutynowo wydają publiczne oświadczenia, podobnie jak hinduski fakir gra uporczywą melodię dla oszołomionej kobry, która kołysze głową przed nim, nie po to, by rozwiązać sytuację, ale by zapobiec jej uderzeniu. Tak brzmiał uspokajający list napisany przez Donalda J. Winna z Rezerwy Federalnej, asystenta Rady Gubernatorów, w odpowiedzi na zapytanie kongresmana, szanownego Normana D. Shumwaya, z dnia 10 marca 1983 r. Pan Winn stwierdza, że „System Rezerwy Federalnej został ustanowiony na mocy ustawy Kongresu w 1913 r. i nie jest »prywatną korporacją«". Na następnej stronie pan Winn kontynuuje: „Akcje banków Rezerwy Federalnej są w całości w posiadaniu banków komercyjnych, które są członkami Systemu Rezerwy Federalnej". Nie podaje on żadnego wyjaśnienia, dlaczego rząd nigdy nie posiadał ani jednej akcji w żadnym banku Rezerwy Federalnej, ani dlaczego System Rezerwy Federalnej nie jest „prywatną korporacją", skoro wszystkie jego akcje są w posiadaniu „prywatnych korporacji".

Historia Ameryki w XX wieku odnotowała niesamowite osiągnięcia bankierów Rezerwy Federalnej. Po pierwsze, wybuch I wojny światowej, który był możliwy dzięki funduszom udostępnionym przez nowy bank centralny Stanów Zjednoczonych. Po drugie, kryzys rolniczy z 1920 roku. Po trzecie, krach na Wall Street w „czarny piątek" w październiku 1929 roku i wynikający z niego Wielki Kryzys. Po czwarte, II wojna światowa. Po piąte, przekształcenie aktywów Stanów Zjednoczonych i ich obywateli z nieruchomości w aktywa papierowe od 1945 r. do chwili obecnej, co zmieniło zwycięską Amerykę i czołową potęgę światową z 1945 r. w największego dłużnika świata w 1990 r. Dzisiaj ten kraj leży w ruinie gospodarczej, zdewastowany i zubożały, w niemal tak samo tragicznej sytuacji, w jakiej znalazły się Niemcy i Japonia w 1945 r. Czy Amerykanie podejmą działania na rzecz odbudowy naszego kraju, tak jak uczyniły to Niemcy i Japonia, gdy stanęły w obliczu identycznych warunków, z jakimi mamy do czynienia obecnie – czy też będziemy nadal zniewoleni przez babiloński system pieniądza dłużnego, który został ustanowiony na mocy ustawy o Rezerwie Federalnej z 1913 roku w celu doprowadzenia do naszego całkowitego zniszczenia? To jedyne pytanie, na które musimy odpowiedzieć, a nie pozostało nam na to zbyt wiele czasu.

Ze względu na głębię i znaczenie informacji, które opracowałem w Bibliotece Kongresu pod okiem Ezry Pounda, praca ta stała się łakomym kąskiem dla wielu innych niedoszłych historyków, którzy nie byli w stanie samodzielnie zbadać tego materiału. W ciągu ostatnich czterech dekad przyzwyczaiłem się do tego, że materiały te pojawiają się w wielu innych książkach, niezmiennie przypisywane innym autorom, a moje nazwisko nigdy nie jest wymieniane. Co gorsza, nie tylko moje materiały, ale nawet tytuł został przywłaszczony w obszernej, choć niezrozumiałej pracy zatytułowanej („Sekrety świątyni – Rezerwa Federalna"). Ta szeroko reklamowana książka otrzymała recenzje od niedowierzających po przezabawne. Magazyn Forbes poradził swoim czytelnikom, aby przeczytali recenzję i zaoszczędzili pieniądze, wskazując, że „czytelnik nie odkryje żadnych tajemnic" oraz że „jest to jedna z tych książek, których rozgłos znacznie przewyższa ich wartość". Nie było to przypadkowe, ponieważ ta przesadzona pochwała bankierów Rezerwy Federalnej została opublikowana przez najsłynniejszego wydawcę nieksiążkowego na świecie.

Po początkowym szoku, jaki przeżyłem, dowiadując się, że najbardziej wpływowa postać literacka XX wieku, Ezra Pound, został uwięziony w „piekielnej norze" w Waszyngtonie, natychmiast zwróciłem się z prośbą o pomoc do finansisty z Wall Street, którego posiadłość często odwiedzałem. Przypomniałem mu, że jako mecenas sztuki nie może pozwolić, by Pound pozostawał w tak nieludzkiej niewoli. Jego odpowiedź zaszokowała mnie jeszcze bardziej. Odpisał, że „twój przyjaciel może spokojnie pozostać tam, gdzie jest". Minęło kilka lat, zanim zrozumiałem, że dla tego bankiera inwestycyjnego i jego kolegów Ezra Pound zawsze będzie „wrogiem".

WPROWADZENIE

Oto proste fakty dotyczące wielkiej zdrady. Wilson i House wiedzieli, że robią coś doniosłego. Nie da się zgłębić motywów ludzi, a ta dwójka prawdopodobnie wierzyła w to, co robiła. Nie wierzyli jednak w rząd przedstawicielski. Wierzyli w rząd niekontrolowanej oligarchii, której działania ujawniłyby się dopiero po tak długim czasie, że elektorat byłby na zawsze niezdolny do podjęcia jakichkolwiek skutecznych działań w celu naprawienia wyrządzonych szkód.

(UWAGA AUTORA: Dr Pound napisał to wprowadzenie do najwcześniejszej wersji tej książki, opublikowanej przez Kasper and Horton, Nowy Jork, 1952 r. Ponieważ był przetrzymywany jako więzień polityczny bez procesu przez rząd federalny, nie mógł pozwolić sobie na umieszczenie swojego nazwiska na książce z obawy przed dodatkowymi represjami wobec niego. Nie mógł również pozwolić, aby książka została mu zadedykowana, mimo że zlecił jej napisanie. Autor jest wdzięczny, że może naprawić te konieczne pominięcia, trzydzieści trzy lata po tych wydarzeniach).

OPINIA JEFFERSONA NA TEMAT KONSTYTUCYJNOŚCI BANKU

15 lutego 1791 r.

(The Writings of Thomas Jefferson, red. H. E. Bergh, tom III, str. 145 i nast.)

Projekt ustawy o utworzeniu banku narodowego z 1791 r. przewiduje między innymi:

1. Utworzenie korporacji z subskrybentów.

2. Umożliwienie im, w ramach ich uprawnień korporacyjnych, otrzymywania dotacji w postaci gruntów; co w tym zakresie jest sprzeczne z przepisami dotyczącymi własności nieprzenoszalnej.

3. Umożliwienie obcokrajowcom będącym subskrybentami posiadanie gruntów; w tym zakresie jest to sprzeczne z przepisami dotyczącymi cudzoziemców.

4. Przekazanie tych gruntów, w przypadku śmierci właściciela, określonej linii spadkobierców; i w tym zakresie zmienia to zasady dziedziczenia.

5. Wyłączenie gruntów z zakresu konfiskaty lub przepadku; co w tym zakresie jest sprzeczne z przepisami dotyczącymi konfiskaty i przepadku.

6. Przekazywanie ruchomości osobistych następcom w określonej linii; w tym zakresie jest to sprzeczne z przepisami dotyczącymi podziału majątku.

7. Przyznać im wyłączne prawo do prowadzenia działalności bankowej pod zwierzchnictwem władz krajowych; i w tym zakresie jest to sprzeczne z przepisami dotyczącymi monopolu.

8. Przekazanie im uprawnień do stanowienia prawa, nadrzędnego wobec praw stanowych; tak bowiem należy je interpretować, aby chronić tę instytucję przed kontrolą stanowych organów ustawodawczych; i tak prawdopodobnie będą one interpretowane.

Uważam, że fundament Konstytucji opiera się na tym założeniu – że wszelkie uprawnienia, które nie zostały przekazane Stanom

Zjednoczonym przez Konstytucję ani nie zostały przez nią zabronione stanom, są zastrzeżone dla stanów lub dla narodu (12. poprawka). Wykroczenie o krok poza granice tak specjalnie wytyczone wokół uprawnień Kongresu oznacza przejęcie nieograniczonego pola władzy, którego nie da się już w żaden sposób zdefiniować.

Moim zdaniem utworzenie banku i uprawnienia przewidziane w niniejszym projekcie ustawy nie zostały przekazane Stanom Zjednoczonym przez Konstytucję.

ROZDZIAŁ PIERWSZY

WYSPĄ JEKYLL

„Kwestia jednolitej stopy dyskontowej została omówiona i rozstrzygnięta na wyspie Jekyll.” – **Paul M. Warburg**[2]

W nocy 22 listopada 1910 r. grupa reporterów gazety stała przygnębiona na stacji kolejowej w Hoboken w stanie New Jersey. Właśnie obserwowali, jak delegacja czołowych finansistów kraju opuszcza stację w ramach tajnej misji. Minęły lata, zanim dowiedzieli się, na czym polegała ta misja, a nawet wtedy nie zrozumieli, że historia Stanów Zjednoczonych uległa drastycznej zmianie po tej nocy w Hoboken.

Delegacja wyruszyła w zapieczętowanym wagonie kolejowym z zasłoniętymi roletami, kierując się w nieznane miejsce. Na jej czele stał senator Nelson Aldrich, przewodniczący Krajowej Komisji Monetarnej. Prezydent Theodore Roosevelt podpisał ustawę powołującą Krajową Komisję Monetarną w 1908 r., po tym jak tragiczna panika z 1907 r. wywołała publiczne oburzenie i żądania ustabilizowania systemu monetarnego kraju. Aldrich poprowadził członków Komisji w dwuletnią podróż po Europie, wydając około trzystu tysięcy dolarów z publicznych środków. Nie sporządził jeszcze raportu z wyników tej podróży, ani nie przedstawił żadnego planu reformy bankowej.

---

2 Prof. Nathaniel Wright Stephenson, „Paul Warburg's Memorandum”, *Nelson Aldrich – lider amerykańskiej polityki*, Scribners, Nowy Jork 1930.

Senatorowi Aldrichowi na stacji w Hoboken towarzyszyli jego prywatny sekretarz, Shelton; A. Piatt Andrew, zastępca sekretarza skarbu i specjalny asystent Narodowej Komisji Monetarnej; Frank Vanderlip, prezes National City Bank of New York; Henry P. Davison, starszy partner w J.P. Morgan Company, powszechnie uważany za osobistego wysłannika Morgana; oraz Charles D. Norton, prezes zdominowanego przez Morgana First National Bank of New York. Tuż przed odjazdem pociągu do grupy dołączyli Benjamin Strong, znany również jako zastępca J.P. Morgana, oraz Paul Warburg, niedawny imigrant z Niemiec, który dołączył do domu bankowego Kuhn, Loeb and Company w Nowym Jorku jako partner zarabiający pięćset tysięcy dolarów rocznie.

Sześć lat później pisarz finansowy Bertie Charles Forbes (który później założył magazyn Forbes; obecny redaktor, Malcom Forbes, jest jego synem) napisał:

„Wyobraźcie sobie grupę najwybitniejszych bankierów w kraju, którzy pod osłoną nocy wymykają się z Nowego Jorku prywatnym wagonem kolejowym, potajemnie przemierzają setki mil na południe, wsiadają na pokład tajemniczej łodzi motorowej, wkradają się na wyspę opuszczoną przez wszystkich oprócz kilku służących, mieszkają tam przez cały tydzień w tak ścisłej tajemnicy, że imiona żadnego z nich nie zostały ani razu wymienione, aby służący nie poznali tożsamości i nie ujawnili światu tej najdziwniejszej, najbardziej tajnej wyprawy w historii amerykańskich finansów. Nie snuję fantazji; po raz pierwszy przedstawiam światu prawdziwą historię powstania słynnego raportu walutowego Aldricha, który stał się fundamentem naszego nowego systemu walutowego... Wszyscy zostali zobowiązani do zachowania najwyższej tajemnicy. Opinia publiczna nie mogła dostrzec nawet cienia tego, co miało się wydarzyć. Senator Aldrich poinformował każdego z nich, aby po cichu wsiedli do prywatnego wagonu, który zgodnie z rozkazem miał zatrzymać się na rzadko uczęszczanym peronie. Grupa wyruszyła. Wszechobecni nowojorscy reporterzy zostali pokonani... Nelson (Aldrich) zwierzył się Henry'emu, Frankowi, Paulowi i Piattowi, że zamierza trzymać ich zamkniętych na wyspie Jekyll, z dala od reszty świata, dopóki nie opracują i nie stworzą naukowego systemu walutowego dla Stanów Zjednoczonych – prawdziwego początku obecnego Systemu Rezerwy Federalnej, planu opracowanego na wyspie Jekyll podczas konferencji z Paulem, Frankiem i Henrym... Warburg jest ogniwem łączącym system Aldricha z obecnym systemem. To on, bardziej niż ktokolwiek inny, sprawił, że system ten stał się rzeczywistością –.[3]

W oficjalnej biografii senatora Nelsona Aldricha czytamy:

„Jesienią 1910 roku sześciu mężczyzn wybrało się na polowanie na kaczki: Aldrich, jego sekretarz Shelton, Andrews, Davison, Vanderlip i Warburg. Na stacji w Brunswick (w stanie Georgia) czekali reporterzy. Pan Davison wyszedł i porozmawiał z nimi. Reporterzy się rozeszli, a tajemnica tej dziwnej podróży nie została ujawniona. Pan Aldrich zapytał go, jak mu się to udało, ale ten nie zdradził tej informacji".[4]

Davison cieszył się doskonałą reputacją jako osoba potrafiąca godzić skłócone frakcje, rolę tę pełnił dla J.P. Morgana podczas załagodzenia paniki finansowej z 1907 roku. Inny partner Morgana, T.W. Lamont, mówi:

„Henry P. Davison pełnił funkcję arbitra podczas wyprawy na wyspę Jekyll".[5]

Na podstawie tych wzmianek można zrekonstruować przebieg wydarzeń. Prywatny wagon Aldricha, który opuścił stację w Hoboken z zasłoniętymi szybami, zawiózł finansistów na wyspę Jekyll w stanie Georgia. Kilka lat wcześniej bardzo ekskluzywna grupa milionerów, na czele z J.P. Morganem, zakupiła tę wyspę jako zimową rezydencję. Nazwali się Jekyll Island Hunt Club i początkowo wyspa służyła wyłącznie do wypraw myśliwskich, dopóki milionerzy nie zdali sobie sprawy, że jej przyjemny klimat oferuje ciepłą przystań przed surowymi zimami w Nowym Jorku, i zaczęli budować wspaniałe rezydencje, które nazywali „domkami letniskowymi", na zimowe wakacje swoich rodzin. Sam budynek klubu, będąc dość odizolowanym, był czasami wykorzystywany do organizowania wieczorów kawalerskich i innych zajęć niezwiązanych z polowaniami. W takich przypadkach członkowie

[3] „CURRENT OPINION", grudzień 1916 r., str. 382.

[4] Nathaniel Wright Stephenson, Nelson W. *Aldrich, Lider amerykańskiej polityki*, Scribners, N.Y. 1930, rozdz. XXIV „Jekyll Island"

[5] T.W. Lamont, Henry P. Davison, Harper, 1933.

klubu, którzy nie zostali zaproszeni na te konkretne imprezy, proszeni byli o niepojawianie się tam przez określoną liczbę dni. Zanim grupa Nelsona Aldricha opuściła Nowy Jork, członkowie klubu z u zostali poinformowani, że klub będzie zajęty przez następne dwa tygodnie.

Klub Jekyll Island został wybrany jako miejsce opracowania planu kontroli nad pieniędzmi i kredytami mieszkańców Stanów Zjednoczonych nie tylko ze względu na jego odizolowanie, ale także dlatego, że był prywatną rezerwą osób opracowujących ten plan.

„*New York Times*" odnotował później, 3 maja 1931 r., komentując śmierć George'a F. Bakera, jednego z najbliższych współpracowników J.P. Morgana, że „Klub Jekyll Island stracił jednego ze swoich najwybitniejszych członków. Członkowie Klubu Jekyll Island reprezentowali jedną szóstą całkowitego bogactwa świata". Członkostwo było przekazywane wyłącznie w drodze dziedziczenia.

Grupa Aldricha nie interesowała się polowaniami. Wyspa Jekyll została wybrana na miejsce przygotowań do utworzenia banku centralnego, ponieważ zapewniała całkowitą prywatność i ponieważ w promieniu pięćdziesięciu mil nie było żadnego dziennikarza. Potrzeba zachowania tajemnicy była tak duża, że członkowie grupy uzgodnili przed przybyciem na wyspę Jekyll, że podczas dwutygodniowego pobytu nie będą używać nazwisk. Grupa nazwała się później Klubem Imion, ponieważ podczas pobytu zabroniono używania nazwisk Warburg, Strong, Vanderlip i innych. Stałym służącym przyznano dwutygodniowy urlop z klubu, a na tę okazję sprowadzono z lądu nowych służących, którzy nie znali nazwisk żadnej z obecnych osób. Nawet gdyby zostali przesłuchani po powrocie grupy Aldricha do Nowego Jorku, nie byliby w stanie podać tych nazwisk. Rozwiązanie to okazało się tak satysfakcjonujące, że członkowie, ograniczając się do osób, które faktycznie były obecne na wyspie Jekyll, zorganizowali później szereg nieformalnych spotkań w Nowym Jorku.

Skąd cała ta tajemnica? Skąd ta tysiącmilowa podróż zamkniętym wagonem kolejowym do odległego klubu myśliwskiego? Pozornie chodziło o realizację programu służby publicznej, przygotowanie reformy bankowej, która byłaby dobrodziejstwem dla mieszkańców Stanów Zjednoczonych, co nakazała Krajowa Komisja Monetarna. Uczestnicy nie byli obcy w dziedzinie działań na rzecz dobra publicznego. Zazwyczaj ich nazwiska były wyryte na mosiężnych tablicach lub na fasadach budynków, które ufundowali. Nie była to jednak procedura, którą zastosowano na wyspie Jekyll. Nigdy nie wzniesiono żadnej mosiężnej tablicy upamiętniającej bezinteresowne działania tych, którzy spotkali się w swoim prywatnym klubie myśliwskim w 1910 roku, aby poprawić los każdego obywatela Stanów Zjednoczonych.

W rzeczywistości na wyspie Jekyll nie miało miejsca żadne dzieło dobroczynne. Grupa Aldricha udała się tam prywatnie, aby opracować ustawodawstwo dotyczące bankowości i waluty, które Narodowa Komisja Monetarna miała przygotować publicznie. Stawką była przyszła kontrola nad pieniądzem i kredytem w Stanach Zjednoczonych. Gdyby przygotowano i przedstawiono Kongresowi jakąkolwiek prawdziwą reformę monetarną, położyłoby to kres władzy elitarnych twórców światowego pieniądza. Jekyll Island zapewniło utworzenie w Stanach Zjednoczonych banku centralnego, który dałby tym bankierom wszystko, czego zawsze pragnęli.

Jako najbardziej kompetentny technicznie spośród obecnych, Paul Warburg został wyznaczony do sporządzenia większości projektu planu. Jego praca była następnie omawiana i weryfikowana przez resztę grupy. Senator Nelson Aldrich był tam po to, aby dopilnować, że gotowy plan zostanie przedstawiony w formie, która pozwoli mu na uzyskanie zgody Kongresu, a pozostali bankierzy mieli za zadanie uwzględnić wszelkie szczegóły niezbędne do zapewnienia, że otrzymają wszystko, czego pragnęli, w gotowym projekcie sporządzonym podczas jednorazowego pobytu. Po powrocie do Nowego Jorku nie mogło być mowy o drugim spotkaniu w celu dopracowania planu. Nie mogli liczyć na zachowanie takiej poufności podczas drugiej podróży.

Grupa z wyspy Jekyll pozostała w klubie przez dziewięć dni, pracując z ogromnym zapałem, by wykonać powierzone jej zadanie. Pomimo wspólnych interesów obecnych tam osób, prace nie przebiegały bez tarć. Senator Aldrich, od zawsze osoba o dominującym charakterze, uważał się za wyznaczonego przywódcę grupy i nie mógł się powstrzymać od rozkazywania wszystkim pozostałym. Aldrich czuł się też trochę nie na miejscu, bo był jedynym członkiem grupy, który nie był zawodowym bankierem.

Przez całą swoją karierę miał spore interesy w bankowości, ale tylko jako osoba czerpiąca zyski z posiadania akcji bankowych. Niewiele wiedział o technicznych aspektach operacji finansowych. Jego odpowiednik, Paul Warburg, uważał, że każde pytanie zadane przez grupę wymagało nie tylko odpowiedzi, ale wykładu. Rzadko tracił okazję, by wygłosić członkom długą przemowę mającą na celu zaimponowanie im zakresem swojej wiedzy o bankowości. Wywoływało to niechęć pozostałych i często spotykało się z złośliwymi uwagami ze strony Aldricha. Naturalna dyplomacja Henry'ego P. Davisona okazała się katalizatorem, który utrzymywał ich przy pracy. Gruby, obcy akcent Warburga drażnił ich i nieustannie przypominał im, że muszą zaakceptować jego obecność, jeśli ma zostać opracowany plan banku centralnego, który zagwarantuje im przyszłe zyski. Warburg nie starał się łagodzić ich uprzedzeń i przy każdej możliwej okazji sprzeciwiał się im w kwestiach technicznych dotyczących bankowości, które uważał za swoją prywatną domenę.

„W każdym spisku musi panować wielka tajemnica".[6]

Plan „reformy monetarnej" przygotowany na wyspie Jekyll miał zostać przedstawiony Kongresowi jako gotowe dzieło Krajowej Komisji Monetarnej. Konieczne było, aby prawdziwi autorzy projektu ustawy pozostali w ukryciu. Od czasu paniki z 1907 roku niechęć społeczeństwa wobec bankierów była tak wielka, że żaden kongresman nie odważyłby się głosować za projektem ustawy noszącym piętno Wall Street, bez względu na to, kto sfinansował jego kampanię wyborczą. Plan z wyspy Jekyll był planem utworzenia banku centralnego, a w tym kraju istniała długa tradycja walki przeciwko narzucaniu banku centralnego Amerykanom. Zaczęła się ona od walki Thomasa Jeffersona z planem Alexandra Hamiltona dotyczącym Pierwszego Banku Stanów Zjednoczonych, wspieranym przez Jamesa Rothschilda. Kontynuacją tej walki była zwycięska kampania prezydenta Andrew Jacksona przeciwko planowi Alexandra Hamiltona dotyczącemu Drugiego Banku Stanów Zjednoczonych, w której Nicholas Biddle pełnił rolę agenta Jamesa Rothschilda z Paryża. Wynikiem tej walki było utworzenie Niezależnego Systemu Skarbowego, który rzekomo miał służyć utrzymaniu funduszy Stanów Zjednoczonych z dala od rąk

---

[6] Clarendon, Hist. Reb. 1647.

finansistów. Badania nad panikami z 1873, 1893 i 1907 roku wskazują, że były one wynikiem działań międzynarodowych bankierów w Londynie. W 1908 r. opinia publiczna domagała się, aby Kongres uchwalił ustawę zapobiegającą powtórzeniu się sztucznie wywołanych panik pieniężnych. Taka reforma monetarna wydawała się teraz nieunikniona. Aby zapobiec i kontrolować taką reformę, powołano Krajową Komisję Monetarna z Nelsonem Aldrichem na czele, ponieważ był on liderem większości w Senacie.

Głównym problemem, jak poinformował swoich kolegów Paul Warburg, było uniknięcie nazwy „bank centralny". Z tego powodu zdecydował się na nazwę „System Rezerwy Federalnej". Miało to wprowadzić społeczeństwo w błąd, sugerując, że nie jest to bank centralny. Jednak plan z wyspy Jekyll miał być planem banku centralnego, pełniącym główne funkcje banku centralnego; jego właścicielami mieliby być prywatni inwestorzy, którzy czerpaliby zyski z posiadania akcji. Jako bank emisyjny miałby on kontrolować pieniądze i kredyt w kraju.

W rozdziale poświęconym wyspie Jekyll w swojej biografii Aldricha Stephenson pisze o konferencji:

„W jaki sposób miał być kontrolowany Bank Rezerw? Musiał być kontrolowany przez Kongres. Rząd miał być reprezentowany w radzie dyrektorów, miał mieć pełną wiedzę na temat wszystkich spraw Banku, ale większość dyrektorów miała być wybierana, bezpośrednio lub pośrednio, przez banki stowarzyszenia".[7]

W ten sposób proponowany Bank Rezerwy Federalnej miał być „kontrolowany przez Kongres" i odpowiadać przed rządem, ale większość dyrektorów miała być wybierana „bezpośrednio lub pośrednio" przez banki stowarzyszenia. W ostatecznym dopracowaniu planu Warburga Rada Gubernatorów Rezerwy Federalnej miałaby być mianowana przez prezydenta Stanów Zjednoczonych, ale rzeczywista praca Rady byłaby kontrolowana przez Federalną Radę Doradczą, spotykającą się z gubernatorami. Rada miałaby być wybierana przez dyrektorów dwunastu banków Rezerwy Federalnej i pozostawałaby nieznana opinii publicznej.

---

[7] Nathaniel Wright Stephenson, Nelson W. *Aldrich, Lider amerykańskiej polityki*, Scribners, Nowy Jork 1930, rozdz. XXIV „Jekyll Island", str. 379.

Kolejną kwestią było ukrycie faktu, że proponowany „System Rezerwy Federalnej" miał być zdominowany przez potentatów nowojorskiego rynku pieniężnego. Kongresmeni z południa i zachodu nie mogliby przetrwać, gdyby zagłosowali za planem Wall Street. Rolnicy i drobni przedsiębiorcy z tych obszarów najbardziej ucierpieli w wyniku paniki pieniężnej. W społeczeństwie panowała ogromna niechęć wobec bankierów ze Wschodu, która w XIX wieku przerodziła się w ruch polityczny znany jako „populizm". Prywatne dokumenty Nicholasa Biddle'a, ujawnione dopiero ponad sto lat po jego śmierci, pokazują, że bankierzy ze Wschodu dość wcześnie byli w pełni świadomi powszechnego sprzeciwu społecznego wobec nich.

Paul Warburg przedstawił na wyspie Jekyll Island główny podstęp, który miał uniemożliwić obywatelom rozpoznanie, że jego plan zakładał utworzenie banku centralnego. Był to regionalny system rezerwowy. Zaproponował system czterech (później dwunastu) oddziałów banków rezerwowych zlokalizowanych w różnych częściach kraju. Niewiele osób spoza świata bankowości zdawało sobie sprawę, że istniejąca koncentracja krajowej struktury pieniężnej i kredytowej w Nowym Jorku sprawiała, że propozycja regionalnego systemu rezerwowego była złudzeniem.

Kolejną propozycją przedstawioną przez Paula Warburga na wyspie Jekyll Island był sposób wyboru administratorów proponowanego regionalnego systemu rezerwowego. Senator Nelson Aldrich nalegał, aby urzędnicy byli mianowani, a nie wybierani, oraz aby Kongres nie odgrywał żadnej roli w ich wyborze. Jego doświadczenie na Kapitolu nauczyło go, że opinia Kongresu często będzie wroga interesom Wall Street, ponieważ kongresmeni z Zachodu i Południa mogą chcieć pokazać swoim wyborcom, że chronią ich przed bankierami ze Wschodu.

Warburg odparł, że administratorzy proponowanych banków centralnych powinni podlegać zatwierdzeniu przez prezydenta. To jawne wyłączenie systemu spod kontroli Kongresu oznaczało, że projekt Rezerwy Federalnej był od samego początku niezgodny z konstytucją, ponieważ System Rezerwy Federalnej miał pełnić funkcję banku emisyjnego. Artykuł 1, sekcja 8, ustęp 5 Konstytucji wyraźnie przyznaje Kongresowi „uprawnienie do bicia monet i regulowania ich wartości". Plan Warburga pozbawiłby Kongres suwerenności, a systemy kontroli i równowagi władzy ustanowione przez Thomasa Jeffersona w Konstytucji zostałyby zniszczone. Administratorzy proponowanego systemu kontrolowaliby pieniądze i kredyt kraju, a sami byliby zatwierdzani przez władzę wykonawczą rządu. Władza sądownicza (Sąd Najwyższy itp.) była już praktycznie kontrolowana przez władzę wykonawczą poprzez prezydenckie mianowanie sędziów.

Paul Warburg napisał później obszerny opis swojego planu, zatytułowany „The Federal Reserve System, Its Origin and Growth" (System Rezerwy Federalnej, jego pochodzenie i rozwój)[8], liczący około 1750 stron, ale nazwa „Jekyll Island" nie pojawia się nigdzie w tym tekście. Stwierdza on jednak (tom 1, str. 58):

„Ale potem konferencja się zakończyła, po tygodniu gorliwych obrad uzgodniono wstępny projekt tego, co później stało się ustawą Aldricha, i nakreślono plan przewidujący utworzenie „Krajowego Stowarzyszenia Rezerwowego", czyli centralnej organizacji rezerwowej z elastycznym emisją banknotów opartą na złocie i papierach komercyjnych".

Na stronie 60 Warburg pisze: „Wyniki konferencji były całkowicie poufne. Nie wolno było nawet upublicznić faktu, że spotkanie w ogóle się odbyło". W przypisie dodaje: „Chociaż minęło już osiemnaście [sic] lat, nie czuję się na siłach, by opisać tę niezwykle interesującą konferencję, w związku z którą senator Aldrich zobowiązał wszystkich uczestników do zachowania tajemnicy".

Ujawnienie przez B.C. Forbesa w książce „[9] " (Wielka tajemnica) informacji o tajnej wyprawie na wyspę Jekyll miało zaskakująco niewielki wpływ. Książka ukazała się drukiem dopiero dwa lata po uchwaleniu przez Kongres ustawy o Rezerwie Federalnej, dlatego też nie została przeczytana w okresie, w którym mogłaby wywrzeć wpływ, czyli podczas debaty kongresowej nad projektem ustawy. Relacja Forbesa została również odrzucona przez „wtajemniczonych" jako absurdalna i będąca zwykłą fikcją.

---

[8] Paul Warburg, *System Rezerwy Federalnej, jego powstanie i rozwój*, tom I, str. 58, Macmillan, Nowy Jork, 1930.

[9] CURRENT OPINION, grudzień 1916 r., str. 382.

Stephenson wspomina o tym na stronie 484 swojej książki o Aldrichu.[10]

„Ten osobliwy epizod z wyspy Jekyll był powszechnie uważany za mit. B.C. Forbes uzyskał pewne informacje od jednego z reporterów. Opisywały one w ogólnym zarysie historię wyspy Jekyll, ale nie wywarły żadnego wrażenia i były powszechnie uważane za zwykłą bajkę".

Tuszowanie konferencji na wyspie Jekyll przebiegało dwutorowo, a oba kierunki okazały się skuteczne. Pierwszym, jak wspomina Stephenson, było odrzucenie całej historii jako romantycznej fantazji, która nigdy nie miała miejsca. Chociaż w późniejszych książkach dotyczących Systemu Rezerwy Federalnej pojawiały się krótkie wzmianki o wyspie Jekyll, również one nie przyciągały uwagi opinii publicznej. Jak zauważyliśmy, obszerne i rzekomo autorytatywne dzieło Warburga na temat Systemu Rezerwy Federalnej w ogóle nie wspomina o wyspie Jekyll, chociaż przyznaje on, że konferencja miała miejsce. W żadnym z jego obszernych przemówień ani pism nie pojawiają się słowa „Jekyll Island" ani, z jednym godnym uwagi wyjątkiem. Zgodził się on na prośbę profesora Stephensona, aby przygotował krótkie oświadczenie do biografii Aldricha. Znajduje się ono na stronie 485 jako część „Memorandum Warburga". W tym fragmencie Warburg pisze: „Kwestia jednolitej stopy dyskontowej została omówiona i rozstrzygnięta na wyspie Jekyll".

Inny członek „First Name Club" był mniej powściągliwy. Frank Vanderlip opublikował później kilka krótkich wzmianek o konferencji. W Saturday Evening Post z 9 lutego 1935 r., str. 25, Vanderlip napisał:

„Pomimo moich poglądów na temat wartości dla społeczeństwa większej jawności w sprawach korporacyjnych, pod koniec 1910 r. zdarzyło się, że byłem tak samo skryty, a wręcz potajemny, jak każdy konspirator... Ponieważ ujawnienie, że senator Aldrich zwracał się do kogokolwiek z Wall Street o pomoc w przygotowaniu projektu ustawy, byłoby fatalne w skutkach dla jego planu, podjęto środki ostrożności, które ucieszyłyby serce Jamesa Stillmana

[10] Nathaniel Wright Stephenson, Nelson W. Aldrich, *Lider amerykańskiej polityki*, Scribners, Nowy Jork 1930, rozdz. XXIV „Jekyll Island", str. 379.

(barwnej i skrytej postaci, bankiera, który był prezesem National City Bank podczas wojny hiszpańsko-amerykańskiej i o którym sądzono, że był zaangażowany w doprowadzenie nas do tej wojny)... Nie uważam za przesadę mówienie o naszej tajnej wyprawie na wyspę Jekyll jako o okazji do faktycznego powstania tego, co ostatecznie stało się Systemem Rezerwy Federalnej.

W artykule podróżniczym opublikowanym w The Washington Post 27 marca 1983 r. pt. „Follow The Rich to Jekyll Island" Roy Hoopes pisze:

„W 1910 roku, gdy Aldrich wraz z czterema ekspertami finansowymi szukali miejsca, gdzie mogliby spotkać się w tajemnicy, aby zreformować krajowy system bankowy, udali, że wybierają się na polowanie na wyspę Jekyll, i przez 10 dni zaszyli się w klubie, gdzie opracowali plany tego, co ostatecznie stało się Bankiem Rezerwy Federalnej".

Vanderlip napisał później w swojej autobiografii „From Farmboy to Financier":[11]

„Nasza tajna wyprawa na wyspę Jekyll była okazją do faktycznego powstania koncepcji tego, co ostatecznie stało się Systemem Rezerwy Federalnej (Federal Reserve System). Wszystkie istotne punkty planu Aldricha znalazły się w uchwalonej ustawie o Rezerwie Federalnej".

Profesor E.R.A. Seligman, członek międzynarodowej rodziny bankierów J. & W. Seligman oraz kierownik Katedry Ekonomii na Uniwersytecie Columbia, napisał w eseju opublikowanym przez Akademię Nauk Politycznych, Proceedings, t. 4, nr 4, s. 387–390:

„Niewielu zdaje sobie sprawę, jak wielkie jest zadłużenie Stanów Zjednoczonych wobec pana Warburga. Można bowiem bez obawy o sprzeciw stwierdzić, że pod względem podstawowych cech ustawa o Rezerwie Federalnej jest dziełem pana Warburga w większym stopniu niż jakiegokolwiek innego człowieka w kraju. Istnienie Rady Rezerwy Federalnej tworzy, we wszystkim oprócz nazwy, prawdziwy bank centralny. W dwóch podstawowych kwestiach, jakimi są kontrola rezerw i polityka dyskontowa, ustawa o Rezerwie Federalnej otwarcie przyjęła zasady zawarte w projekcie

---

[11] Frank Vanderlip, *Od chłopca z farmy do finansisty.*

ustawy Aldricha, a zasady te, jak już wspomniano, były dziełem samego pana Warburga i nikogo innego. Nie można zapominać, że pan Warburg miał na uwadze cel praktyczny. Formułując swoje plany i przedstawiając od czasu do czasu nieco odmienne propozycje, musiał pamiętać, że edukacja społeczeństwa musi przebiegać stopniowo, a dużą część zadania stanowiło przełamanie uprzedzeń i usunięcie podejrzeń. Jego plany zawierały zatem różnego rodzaju szczegółowe propozycje mające na celu ochronę społeczeństwa przed wyimaginowanymi zagrożeniami oraz przekonanie kraju, że ogólny plan jest w ogóle wykonalny. Pan Warburg miał nadzieję, że z upływem czasu uda się wyeliminować z ustawy kilka klauzul, które zostały do niej włączone głównie z jego sugestii w celach edukacyjnych.

Teraz, gdy dług publiczny Stanów Zjednoczonych przekroczył bilion dolarów, możemy rzeczywiście przyznać, „jak wielkie jest zadłużenie Stanów Zjednoczonych wobec pana Warburga". W czasie, gdy pisał on ustawę o Rezerwie Federalnej, dług publiczny praktycznie nie istniał.

Profesor Seligman zwraca uwagę na niezwykłą przewidywczość Warburga, który uznał, że prawdziwym zadaniem uczestników konferencji na wyspie Jekyll było przygotowanie planu bankowego, który stopniowo „wykształciłby społeczeństwo" oraz „zburzył uprzedzenia i usunął podejrzenia". Kampania mająca na celu wprowadzenie tego planu w życie zakończyła się sukcesem.

ROZDZIAŁ DRUGI

PLAN ALDRICHA

„Finanse i cła są zarezerwowane przez Nelsona Aldricha jako leżące wyłącznie w jego kompetencji i jurysdykcji. Pan Aldrich stara się opracować, za pośrednictwem Krajowej Komisji Monetarnej, ustawę bankową i walutową. Setki tysięcy osób są głęboko przekonane, że pan Aldrich stanowi największe i najbardziej złowrogie zagrożenie dla dobrobytu społeczeństwa Stanów Zjednoczonych. Ernest Newman powiedział niedawno: „To, co Południe wyrządza Murzynom w sferze politycznej, Aldrich wyrządziłby prostakom z Północy, gdyby tylko udało mu się wymyślić bezpieczny i praktyczny sposób, by to osiągnąć”. – Harper’s Weekly, 7 maja 1910 r.

Uczestnicy konferencji na wyspie Jekyll powrócili do Nowego Jorku, aby kierować ogólnokrajową kampanią propagandową na rzecz „planu Aldricha”. Trzy czołowe uniwersytety – Princeton, Harvard i Uniwersytet Chicagowski – posłużyły jako punkty zborne tej propagandy, a banki krajowe musiały wpłacić do funduszu pięć milionów dolarów, aby przekonać amerykańską opinię publiczną, że ten plan utworzenia banku centralnego powinien zostać uchwalony przez Kongres.

Woodrow Wilson, gubernator stanu New Jersey i były rektor Uniwersytetu Princeton, został zatrudniony jako rzecznik planu Aldricha. Podczas paniki z 1907 roku Wilson oświadczył: „Wszystkich tych kłopotów można by uniknąć, gdybyśmy powołali komisję złożoną z sześciu lub siedmiu ludzi o duchu publicznym, takich jak J.P. Morgan, do kierowania sprawami naszego kraju".

W swojej biografii Nelsona Aldricha z 1930 roku Stephenson pisze:

„16 stycznia 1911 r. ukazała się broszura zatytułowana »Proponowany plan ustawodawstwa monetarnego«, autorstwa Nelsona Aldricha, oparta na wnioskach z konferencji na wyspie Jekyll". Stephenson pisze na stronie 388: „Powstała organizacja na rzecz postępu finansowego. Pan Warburg przedstawił uchwałę upoważniającą do utworzenia Ligi Obywatelskiej, późniejszego Narodowego Związku Obywatelskiego... Profesor Laughlin z Uniwersytetu Chicagowskiego otrzymał zadanie kierowania propagandą Ligi".[12]

Warto zauważyć, że Stephenson charakteryzuje działalność Krajowej Ligi Obywatelskiej jako „propagandę", co jest zgodne z opisem Seligmana, który określał działania Warburga jako „edukację kraju" i „przełamywanie uprzedzeń".

Znaczna część z pięciu milionów dolarów z tajnej kasy bankierów została wydana pod auspicjami Krajowej Ligi Obywatelskiej, w skład której wchodzili profesorowie uniwersyteccy. Dwoma najbardziej niestrudzonymi propagatorami planu Aldricha byli profesor O.M. Sprague z Harvardu oraz J. Laurence Laughlin z Uniwersytetu Chicagowskiego.

Kongresman Charles A. Lindbergh Sr. zauważa:

„J. Laurence Laughlin, przewodniczący Komitetu Wykonawczego Narodowej Ligi Obywatelskiej od momentu jej powstania, powrócił na stanowisko profesora ekonomii politycznej na Uniwersytecie Chicagowskim. W czerwcu 1911 roku profesor Laughlin otrzymał roczny urlop z uniwersytetu, aby mógł poświęcić cały swój czas kampanii edukacyjnej prowadzonej przez Ligę... Pracował niestrudzenie i to w dużej mierze dzięki jego wysiłkom i wytrwałości kampania wkracza w ostatnią fazę z obiecującymi perspektywami pomyślnego zakończenia... Czytelnik wie, że

[12] Nathaniel Wright Stephenson, *Nelson W. Aldrich, Lider amerykańskiej polityki*, Scribners, Nowy Jork 1930.

Uniwersytet Chicagowski jest instytucją ufundowaną przez Johna D. Rockefellera kwotą prawie pięćdziesięciu milionów dolarów".[13]

W swojej biografii Nelsona Aldricha Stephenson ujawnia, że Liga Obywatelska była również wytworem wyspy Jekyll. W rozdziale 24 książki dowiadujemy się, że: Plan Aldricha został przedstawiony Kongresowi jako wynik trzech lat pracy, badań i podróży członków Narodowej Komisji Monetarnej, których koszty wyniosły ponad trzysta tysięcy dolarów.[14]

Zeznając przed Komisją Regulaminową 15 grudnia 1911 r., po przedstawieniu planu Aldricha w Kongresie, kongresman Lindbergh stwierdził:

„Nasz system finansowy jest fałszywy i stanowi ogromne obciążenie dla ludzi... Twierdziłem, że istnieje trust pieniężny. Plan Aldricha jest schematem wyraźnie leżącym w interesie tego trustu... Dlaczego trust pieniężny tak mocno naciska na przyjęcie planu Aldricha właśnie teraz, zanim ludzie dowiedzą się, czym ten trust się zajmuje?".

Lindbergh kontynuował swoje przemówienie:

„Plan Aldricha to plan Wall Street. Jest to szerokie wyzwanie rzucone rządowi przez mistrza Money Trustu. Oznacza to kolejną panikę, jeśli będzie to konieczne, aby zastraszyć społeczeństwo. Aldrich, opłacany przez rząd za reprezentowanie społeczeństwa, proponuje zamiast tego plan dla trustów. Utworzenie Krajowej Komisji Monetarnej było bardzo sprytnym posunięciem. W 1907 roku natura zareagowała w najpiękniejszy sposób i obdarzyła ten kraj najobfitszymi plonami, jakie kiedykolwiek miał. Inne gałęzie przemysłu również były zajęte, a z naturalnego punktu widzenia wszystkie warunki sprzyjały najbardziej pomyślnemu rokowi. Zamiast tego panika przyniosła nam ogromne straty. Wall Street wiedziała, że Amerykanie domagają się rozwiązania, które zapobiegnie powtórzeniu się tak absurdalnej i nienaturalnej sytuacji. Większość senatorów i przedstawicieli wpadła w pułapkę Wall Street i uchwaliła ustawę Aldricha-Vreelanda o walucie awaryjnej.

---

[13] Charles A. Lindbergh, Sr., *Banking, Currency and the Money Trust*, 1913, str. 131.

[14] W 1911 r. plan Aldricha stał się częścią oficjalnego programu Partii Republikańskiej.

Jednak prawdziwym celem było powołanie komisji monetarnej, która opracowałaby propozycję zmian w naszych przepisach dotyczących waluty i bankowości, odpowiadających interesom trustu pieniężnego. Grupy interesów są teraz wszędzie zajęte edukowaniem społeczeństwa na korzyść planu Aldricha. Doniesiono, że na ten cel zebrano dużą sumę pieniędzy. Spekulacje na Wall Street wywołały panikę z 1907 roku. Środki deponentów zostały pożyczone hazardzistom i każdemu, kogo Money Trust chciał faworyzować. Wtedy, gdy deponenci chcieli swoich pieniędzy, banki ich nie miały. To wywołało panikę."

Edward Vreeland, współautor projektu ustawy, napisał w numerze Independent z 25 sierpnia 1910 r. (którego właścicielem był Aldrich): „Zgodnie z proponowanym planem monetarnym senatora Aldricha monopole znikną, ponieważ nie będą w stanie osiągać więcej niż cztery procent odsetek, a przy tak niskiej stopie procentowej monopole nie mogą funkcjonować. Ponadto oznacza to wycofanie się rządu z działalności bankowej".

Fantastyczne twierdzenia Vreelanda były typowe dla zalewu propagandy wywołanego w celu uchwalenia planu Aldricha. Monopole znikną, rząd zniknie z branży bankowej. Puste obietnice.

Magazyn „Nation" z 19 stycznia 1911 r. zauważył: „Starannie unika się nazwy Bank Centralny, ale „Federal Reserve Association", nazwa nadana proponowanej organizacji centralnej, jest obdarzona zwykłymi uprawnieniami i obowiązkami europejskiego banku centralnego".

Po powrocie z Europy Krajowa Komisja Monetarna przez prawie dwa lata nie zwoływała żadnych oficjalnych posiedzeń. Nigdy nie przedstawiono żadnych dokumentów ani protokołów wskazujących, kto był autorem planu Aldricha. Ponieważ nie odbywały się żadne oficjalne posiedzenia, członkowie komisji nie mogli uznać tego planu za swoje dzieło. Jedynym namacalnym rezultatem wydatków Komisji w wysokości trzystu tysięcy dolarów była biblioteka składająca się z trzydziestu obszernych tomów poświęconych europejskiej bankowości. Typowym przykładem tych dzieł jest tysiącstronicowa historia Reichsbanku, banku centralnego kontrolującego pieniądze i kredyt w Niemczech, którego głównymi udziałowcami byli Rotszyldowie oraz rodzina Paula Warburga prowadząca dom bankowy M.M. Warburg

Company. Dokumenty Komisji wskazują, że nigdy nie funkcjonowała ona jako organ deliberacyjny. W rzeczywistości jej jedynym „posiedzeniem" była tajna konferencja na wyspie Jekyll, o której nie wspomina żadna publikacja Komisji. Senator Cummins przegłosował w Kongresie uchwałę nakazującą Komisji złożenie sprawozdania 8 stycznia 1912 r. i przedstawienie konstruktywnych wyników trzech lat pracy. W obliczu tego wyzwania Narodowa Komisja Monetarna przestała istnieć.

Dysponując pięcioma milionami dolarów jako funduszem wojennym, propagatorzy planu Aldricha prowadzili bezpardonową wojnę przeciwko swoim przeciwnikom. Andrew Frame zeznawał przed Komisją Bankowości i Waluty Izby Reprezentantów Amerykańskiego Stowarzyszenia Bankierów. Reprezentował grupę bankierów z Zachodu, którzy sprzeciwiali się planowi Aldricha:

PRZEWODNICZĄCY CARTER GLASS: „Dlaczego bankierzy z Zachodu nie zabrali głosu, gdy Amerykańskie Stowarzyszenie Bankierów wyraziło bezwarunkową i, jak nam zapewniono, jednogłośną aprobatę dla planu zaproponowanego przez Krajową Komisję Monetarna?"

ANDREW FRAME: „Cieszę się, że zwrócił pan na to moją uwagę. Kiedy ten projekt ustawy monetarnej został przedstawiony krajowi, było to zaledwie kilka dni przed spotkaniem Amerykańskiego Stowarzyszenia Bankierów w Nowym Orleanie w 1911 roku. Nie było ani jednego bankiera na stu, który przeczytałby ten projekt. Mieliśmy dwanaście wystąpień popierających ten projekt. Generał Hamby z Austin w Teksasie napisał list do prezydenta Wattsa z prośbą o wysłuchanie argumentów przeciwko projektowi. Nie otrzymał zbyt uprzejmej odpowiedzi. Odmówiłem głosowania nad nim, a wielu innych bankierów postąpiło podobnie".

PAN BULKLEY: „Czy to znaczy, że żaden członek Stowarzyszenia nie mógł zabrać głosu przeciwko projektowi ustawy?"

ANDREW FRAME: „Zablokowali wszelkie dyskusje".

PAN KINDRED: „Ale ogłoszono, że poparcie było praktycznie jednogłośne".

ANDREW FRAME: „Projekt ustawy został już przygotowany przez senatora Aldricha i przedstawiony radzie wykonawczej Amerykańskiego Stowarzyszenia Bankierów w maju 1911 roku. Jako członek tej rady otrzymałem kopię dzień przed podjęciem przez nią decyzji. Kiedy projekt ustawy trafił do Nowego Orleanu, bankierzy ze Stanów Zjednoczonych jeszcze go nie przeczytali".

PAN KINDRED: „Czy przewodniczący po prostu wykluczył tych, którzy chcieli omówić go negatywnie?"

ANDREW FRAME: „Nie dopuszczali do udziału w programie nikogo, kto nie popierał projektu ustawy".

PRZEWODNICZĄCY GLASS: „Jakie znaczenie ma fakt, że podczas kolejnego dorocznego zgromadzenia Amerykańskiego Stowarzyszenia Bankierów, które odbyło się w 1912 r. w Detroit w ramach konferencji, Stowarzyszenie nie powtórzyło swojego poparcia dla planu Narodowej Komisji Monetarnej, znanego jako plan Aldricha?"

ANDREW FRAME: „Nie potwierdziło poparcia z tego prostego powodu, że zwolennicy planu Aldricha wiedzieli, że Stowarzyszenie go nie poprze. Byliśmy na to przygotowani, ale oni nie poruszyli tej kwestii".

Andrew Frame ujawnił zmowę, która w 1911 r. doprowadziła do poparcia planu Aldricha przez Amerykańskie Stowarzyszenie Bankierów, ale w 1912 r. nie odważyła się nawet powtórzyć tego poparcia z obawy przed uczciwą i otwartą dyskusją na temat zalet planu.

Przewodniczący Glass wezwał następnie jako świadka jednego z dziesięciu najpotężniejszych bankierów w Stanach Zjednoczonych, George'a Blumenthala, partnera w międzynarodowym domu bankowym Lazard Freres i szwagra Eugene'a Meyera Jr. Carter Glass serdecznie powitał Blumenthala, stwierdzając, że „senator O'Gorman z Nowego Jorku był na tyle uprzejmy, że zaproponował nam pańską kandydaturę". Rok później O'Gorman uniemożliwił komisji senackiej zadawanie jego panu, Paulowi Warburgowi, jakichkolwiek krępujących pytań przed zatwierdzeniem jego nominacji na pierwszego prezesa Rady Rezerwy Federalnej.

George Blumenthal stwierdził: „Od 1893 roku moja firma Lazard Freres zajmuje czołową pozycję w imporcie i eksporcie złota, dzięki czemu nawiązała kontakty z każdym, kto miał z tym cokolwiek wspólnego".

Kongresman Taylor zapytał: „Czy ma pan jakieś oświadczenie dotyczące roli, jaką odegrał pan w imporcie złota do Stanów Zjednoczonych?". Taylor zadał to pytanie, ponieważ panika z 1893 roku jest znana ekonomistom jako klasyczny przykład paniki pieniężnej spowodowanej przepływami złota.

„Nie", odpowiedział George Blumenthal, „nie mam nic na ten temat, ponieważ nie ma to związku z pytaniem".

Bankier z Filadelfii, Leslie Shaw, nie zgodził się z opinią innych świadków podczas tych przesłuchań, krytykując tak bardzo wychwalaną „decentralizację" Systemu. Powiedział: „Zgodnie z planem Aldricha bankierzy mają tworzyć stowarzyszenia lokalne i okręgowe, a gdy istnieje organizacja lokalna, scentralizowana kontrola jest zapewniona. Załóżmy, że mamy lokalne stowarzyszenie w Indianapolis; czy nie potrafisz wymienić trzech osób, które będą dominować w tym stowarzyszeniu? A potem czy nie potrafisz wymienić jednej osoby wszędzie indziej? Kiedy połączy się banki, mogą one mieć największy wpływ na wszystko w tym kraju, z wyjątkiem gazet".

Aby promować demokratyczny projekt ustawy walutowej, Carter Glass ujawnił żałosne wyniki republikańskich wysiłków Narodowej Komisji Monetarnej senatora Aldricha. W swoim raporcie z Izby Reprezentantów z 1913 r. stwierdził: „Senator MacVeagh szacuje koszty Narodowej Komisji Monetarnej do 12 maja 1911 r. na 207 130 dolarów. Od tego czasu wydali kolejne sto tysięcy dolarów z pieniędzy podatników. Nie można ignorować pracy wykonanej przy tak wysokich kosztach, ale po przeanalizowaniu obszernej literatury opublikowanej przez Komisję, Komisja Bankowości i Waluty stwierdza, że niewiele z tego ma znaczenie dla obecnego stanu rynku kredytowego w Stanach Zjednoczonych. Sprzeciwiamy się projektowi ustawy Aldricha z następujących powodów:

- Całkowity brak odpowiedniej kontroli rządowej lub publicznej nad tworzonym przez niego mechanizmem bankowym.

- Tendencja do przekazania kontroli nad głosowaniem w ręce dużych banków w systemie.

- Ekstremalne ryzyko inflacji walutowej związane z tym systemem.

- Nieszczerość planu finansowania obligacji przewidzianego w projekcie, przy czym otwarcie udaje się, że system ten nie będzie nic kosztował rządu.

- Niebezpieczne aspekty monopolistyczne projektu ustawy.

Na początku swojej pracy nasza komisja spotkała się z wyraźnym poparciem dla banku centralnego, co było oczywistym wynikiem pracy wykonanej przez Krajową Komisję Monetarna.

Potępienie przez Glassa ustawy Aldricha jako planu utworzenia banku centralnego pomijało fakt, że jego własna ustawa o Rezerwie Federalnej spełniałaby wszystkie funkcje banku centralnego. Jej akcje należałyby do prywatnych akcjonariuszy, którzy mogliby wykorzystywać kredyt rządowy dla własnego zysku; miałaby ona kontrolę nad zasobami pieniężnymi i kredytowymi kraju; byłaby to również instytucja emisyjna, która finansowałaby rząd w czasie wojny poprzez „mobilizację" kredytu. W „The Rationale of Central Banking" Vera C. Smith (Committee for Monetary Research and Education, czerwiec 1981 r.) pisze: „Podstawową definicją banku centralnego jest system bankowy, w którym jeden bank ma całkowity lub resztkowy monopol na emisję banknotów. Bank centralny nie jest naturalnym produktem rozwoju bankowości. Jest narzucany z zewnątrz lub powstaje w wyniku przychylności rządu".

W ten sposób bank centralny osiąga swoją dominującą pozycję dzięki przyznanemu przez rząd monopolowi na emisję banknotów. To jest klucz do jego władzy. Ponadto ustanowienie banku centralnego ma bezpośredni wpływ inflacyjny ze względu na system rezerwy cząstkowej, który pozwala na tworzenie kredytów księgowych, a tym samym pieniądza, wielokrotnie przewyższającego rzeczywistą ilość „pieniądza", jaką bank posiada w swoich depozytach lub rezerwach.

Plan Aldricha nigdy nie trafił pod głosowanie w Kongresie, ponieważ republikanie stracili kontrolę nad Izbą Reprezentantów w 1910 r., a następnie stracili Senat i prezydenturę w 1912 r.

ROZDZIAŁ TRZECI

USTAWA O REZERWIE FEDERALNEJ

„Nasz system finansowy jest fałszywy i stanowi ogromne obciążenie dla ludzi... Ustawa ta ustanawia największy trust na ziemi”. – **Kongresman Charles Augustus Lindbergh, Sr.**

Przemówienia senatora LaFollette'a i kongresmana Lindbergha stały się punktami zbornymi opozycji wobec planu Aldricha w 1912 roku. Wywołały one również nastroje społeczne przeciwko trustowi pieniężnemu. Kongresman Lindbergh powiedział 15 grudnia 1911 roku: „Rząd ściga inne trusty, ale wspiera trust pieniężny. Od kilku lat cierpliwie czekałem na okazję, by zdemaskować fałszywy standard pieniężny i pokazać, że największym z wszelkich przywilejów jest ten, jaki rząd przyznaje trustowi pieniężnemu”.

Senator LaFollette publicznie oskarżył, że Money Trust złożony z pięćdziesięciu mężczyzn kontroluje Stany Zjednoczone. George F. Baker, partner J.P. Morgana, zapytany przez reporterów o prawdziwość tego zarzutu, odpowiedział, że jest to całkowita nieprawda. Powiedział, że z własnego doświadczenia wie, iż tym krajem rządzi nie więcej niż ośmiu mężczyzn.

Magazyn „The Nation” odpowiedział w artykule redakcyjnym skierowanym do senatora LaFollette'a, że „jeśli istnieje trust pieniężny, nie da się ustalić, czy wywiera on wpływ na dobre, czy na złe”.

Senator LaFollette zauważa w swoich wspomnieniach, że jego przemówienie przeciwko Money Trust kosztowało go później prezydenturę Stanów Zjednoczonych, tak samo jak wczesne poparcie Woodrowa Wilsona dla planu Aldricha sprawiło, że został on brany pod uwagę na to stanowisko.

Kongres w końcu wykonał gest mając na celu uspokojenie nastrojów społecznych, powołując komisję do zbadania kwestii kontroli pieniądza i kredytu w Stanach Zjednoczonych. Była to Komisja Pujo, podkomisja Komisji Bankowości i Waluty Izby Reprezentantów, ktora w 1912 roku przeprowadziła słynne przesłuchania w sprawie „Money Trust" pod przewodnictwem kongresmana Arsene'a Pujo z Luizjany, uważanego za rzecznika interesów naftowych. Przesłuchania te celowo przeciągano przez pięć miesięcy, a ich wynikiem było sześć tysięcy stron wydrukowanych zeznań w czterech tomach. Miesiąc po miesiącu bankierzy podróżowali pociągiem z Nowego Jorku do Waszyngtonu, zeznawali przed komisją i wracali do Nowego Jorku. Przesłuchania były niezwykle nudne i nie ujawniły żadnych zaskakujących informacji. Bankierzy uroczyście przyznali, że rzeczywiście są bankierami, twierdzili, że zawsze działają w interesie publicznym, i zapewniali, że kierują się wyłącznie najwyższymi ideałami służby publicznej, podobnie jak kongresmeni, przed którymi zeznawali.

Paradoksalny charakter przesłuchań w sprawie Pujo Money Trust można lepiej zrozumieć, jeśli przyjrzymy się człowiekowi, który samodzielnie prowadził te przesłuchania, Samuelowi Untermyerowi. Był on jednym z głównych darczyńców funduszu kampanii prezydenckiej Woodrowa Wilsona i jednym z najbogatszych prawników korporacyjnych w Nowym Jorku. W swojej autobiografii opublikowanej w „Who's Who" z 1926 roku stwierdza, że otrzymał kiedyś wynagrodzenie w wysokości 775 000 dolarów za jedną transakcję prawną – udane połączenie Utah Copper Company z Boston Consolidated and Nevada Company, firmą o wartości rynkowej stu milionów dolarów. Odmówił poproszenia senatora LaFollette'a lub kongresmana Lindbergha o zeznania w ramach śledztwa, do którego przeprowadzenia zmusili Kongres wyłącznie oni sami. Jako specjalny doradca komisji Pujo, Untermyer prowadził przesłuchania w pojedynkę. Członkowie Kongresu, w tym jej przewodniczący, kongresman Arsene Pujo, wydawali się oniemiali od początku do końca przesłuchań. Jednym z tych milczących sług publicznych był kongresman James Byrnes z Karoliny Południowej, reprezentujący okręg wyborczy Bernarda Barucha, który później zyskał sławę jako „człowiek Barucha" i został przez niego mianowany szefem Biura Mobilizacji Wojennej podczas II wojny światowej.

Chociaż Untermyer był specjalistą w tych sprawach, nie zapytał żadnego z bankierów o system powiązanych zarządów, dzięki któremu kontrolowali przemysł. Nie poruszył kwestii międzynarodowych przepływów złota, które były znane jako czynnik wywołujący panikę pieniężną, ani międzynarodowych relacji między amerykańskimi a europejskimi bankierami. Międzynarodowe domy bankowe Eugene'a Meyera, Lazard Freres, J. & W. Seligman, Ladenburg Thalmann, Speyer Brothers, M. M. Warburg oraz braci Rothschild nie wzbudziły ciekawości Samuela Untermyera, chociaż w nowojorskim świecie finansów powszechnie wiadomo było, że wszystkie te rodzinne domy bankowe miały oddziały lub kontrolowały spółki zależne na Wall Street. Kiedy Jacob Schiff stawił się przed komisją Pujo, zręczne pytania pana Untermyera pozwoliły panu Schiffowi mówić przez wiele minut, nie ujawniając żadnych informacji na temat działalności domu bankowego Kuhn Loeb Company, którego był starszym partnerem i który senator Robert L. Owen zidentyfikował jako przedstawiciela europejskich Rothschildów w Stanach Zjednoczonych.

Starzejący się J.P. Morgan, któremu pozostało już tylko kilka miesięcy życia, pojawił się przed komisją, aby uzasadnić swoje dziesięciolecia międzynarodowych transakcji finansowych. Stwierdził on dla pouczenia pana Untermyera, że „pieniądze są towarem". Była to ulubiona sztuczka twórców pieniądza, którzy chcieli przekonać opinię publiczną, że tworzenie pieniądza jest zjawiskiem naturalnym, podobnym do uprawy pola kukurydzy, chociaż w rzeczywistości była to łaska przyznana bankierom przez rządy, nad którymi przejęli kontrolę.

J.P. Morgan powiedział również komisji Pujo, że przy udzielaniu pożyczki poważnie brał pod uwagę tylko jeden czynnik – charakter człowieka; nawet zdolność człowieka do spłaty pożyczki czy jego zabezpieczenie miały niewielkie znaczenie. Ta zaskakująca obserwacja zaskoczyła nawet zblazowanych członków komisji.

Farsa Komisji Pujo zakończyła się bez dopuszczenia do wystąpienia lub złożenia zeznań ani jednego znanego przeciwnika twórców pieniądza. Jeśli chodzi o Samuela Untermyera, senator LaFollette i kongresman Charles Augustus Lindbergh nigdy nie istnieli. Niemniej jednak tym kongresmenom udało się przekonać społeczeństwo Stanów Zjednoczonych, że nowojorscy bankierzy rzeczywiście mieli monopol na pieniądze i kredyt w kraju. Pod koniec przesłuchań przed Komisją ds. Rezerwy Federalnej bankierzy i ich dotowane gazety twierdzili, że jedynym sposobem na przełamanie tego monopolu jest uchwalenie ustawy bankowej i walutowej, która była wówczas proponowana Kongresowi – ustawy, która rok później została przyjęta jako Ustawa o Rezerwie Federalnej. Prasa poważnie domagała się przełamania monopolu bankowego w Nowym Jorku poprzez przekazanie zarządzania nowym systemem bankowym najbardziej kompetentnemu z bankierów, Paulowi Warburgowi.

Kampania prezydencka z 1912 roku zapisała się jako jedna z ciekawszych politycznych niespodzianek w historii Stanów Zjednoczonych. Urzędujący prezydent, William Howard Taft, cieszył się popularnością, a republikanie, w okresie ogólnego dobrobytu, sprawowali zdecydowaną kontrolę nad rządem dzięki republikańskiej większości w obu izbach. Demokratyczny pretendent, Woodrow Wilson, gubernator stanu New Jersey, nie był znany w całym kraju i uchodził za sztywnego, surowego człowieka, który nie budził większego poparcia społecznego. Obie partie uwzględniły w swoich programach projekt ustawy o reformie monetarnej: republikanie opowiadali się za planem Aldricha, który został potępiony jako plan Wall Street, a demokraci mieli ustawę o Rezerwie Federalnej. Żadna z partii nie zadała sobie trudu, aby poinformować opinię publiczną, że projekty tych ustaw były niemal identyczne, z wyjątkiem nazw. Z perspektywy czasu wydaje się oczywiste, że twórcy pieniądza postanowili porzucić Tafta i poprzeć Wilsona. Skąd to wiemy? Taft wydawał się pewny reelekcji, a Wilson miał powrócić w zapomnienie. Nagle Theodore Roosevelt „rzucił rękawicę". Ogłosił, że startuje jako kandydat trzeciej partii, „Bull Moose". Jego kandydatura byłaby absurdalna, gdyby nie fakt, że dysponował wyjątkowo dużymi środkami finansowymi. Co więcej, zapewniono mu nieograniczony dostęp do mediów, większy niż Taftowi i Wilsonowi razem wziętych. Jako były prezydent z ramienia republikanów było oczywiste, że Roosevelt znacznie osłabi poparcie dla Tafta. Tak też się stało, a wybory wygrał Wilson. Do dziś nikt nie potrafi powiedzieć, jaki był program Theodore'a Roosevelta ani dlaczego sabotował on własną partię. Ponieważ bankierzy finansowali wszystkich trzech kandydatów, wygraliby niezależnie od wyniku. Późniejsze zeznania przed Kongresem wykazały, że w firmie Kuhn Loeb Company Felix Warburg wspierał Tafta, Paul Warburg i Jacob Schiff wspierali Wilsona, a Otto Kahn wspierał Roosevelta. W rezultacie w 1912 roku wybrano demokratyczny Kongres i demokratycznego prezydenta, aby uchwalić ustawę o banku centralnym. Wydaje się prawdopodobne, że uznanie planu Aldricha za operację Wall Street przewidywało, że będzie on miał trudną drogę przez Kongres, ponieważ Demokraci stanowczo się mu sprzeciwią, podczas gdy zwycięski kandydat Demokratów, wspierany przez demokratyczny Kongres, będzie w stanie przeforsować plan utworzenia banku centralnego. Taft został wyrzucony za burtę, ponieważ bankierzy wątpili, że zdoła zrealizować plan Aldricha, a Roosevelt był narzędziem jego upadku.[15]

Aby jeszcze bardziej zmylić Amerykanów i zaślepić ich na prawdziwy cel proponowanej ustawy o Rezerwie Federalnej, twórcy planu Aldricha – potężny Nelson Aldrich, choć nie był już senatorem, oraz Frank Vanderlip, prezes National City Bank – wywołali burzę sprzeciwu wobec projektu ustawy. Udzielali wywiadów, ilekroć tylko mogli znaleźć słuchaczy, potępiając proponowaną ustawę o Rezerwie Federalnej jako wrogą bankowości i dobremu rządowi. Podniesiono strach przed inflacją z powodu przepisów ustawy dotyczących drukowania banknotów Rezerwy Federalnej. Magazyn „The Nation" z 23 października 1913 r. zwrócił uwagę, że „Sam pan Aldrich podniósł wielki krzyk w sprawie emisji rządowego „pieniądza fiducjarnego", czyli pieniądza emitowanego bez pokrycia w złocie lub kruszcu, mimo że ustawa przewidująca właśnie to została uchwalona w 1908 r. z jego własnym nazwiskiem jako autora, a ponadto wiedział, że „rząd" nie ma z tym nic wspólnego, że to Rada Rezerwy Federalnej będzie w pełni odpowiedzialna za emisję takich pieniędzy".

---

15 Ostateczny wynik głosowania elektorskiego w 1912 r. wyniósł: Wilson – 409; Roosevelt – 167; oraz Taft – 15.

Twierdzenia Franka Vanderlipa były tak dziwaczne, że senator Robert L. Owen, przewodniczący nowo utworzonej Senackiej Komisji Bankowości i Waluty, która powstała 18 marca 1913 r., oskarżył go o otwarte prowadzenie kampanii wprowadzającej w błąd na temat ustawy. Interesy społeczeństwa, jak twierdził Carter Glass w przemówieniu wygłoszonym 10 września 1913 r. przed Kongresem, miały być chronione przez radę doradczą złożoną z bankierów. „W jej działaniach nie ma nic złowrogiego. Co najmniej cztery razy w roku będzie się spotykać rada doradcza bankierów reprezentująca każdy regionalny okręg rezerwowy w systemie. Jak moglibyśmy zachować większą ostrożność w ochronie interesów publicznych?”.

Glass twierdził, że proponowana Federalna Rada Doradcza zmusi Radę Gubernatorów Rezerwy Federalnej do działania w najlepszym interesie obywateli.

Senator Root poruszył problem inflacji, twierdząc, że zgodnie z ustawą o Rezerwie Federalnej obieg banknotów będzie się zawsze rozszerzał w nieskończoność, powodując ogromną inflację. Jednak późniejsza historia Systemu Rezerwy Federalnej pokazała, że nie tylko powodował on inflację, ale że emisja banknotów mogła być również ograniczona, powodując deflację, jak miało to miejsce w latach 1929–1939.

Jednym z krytyków proponowanego „zdecentralizowanego” systemu był prawnik z Cleveland w stanie Ohio, Alfred Crozier: Crozier został wezwany do złożenia zeznań przed komisją senacką, ponieważ w 1912 r. napisał prowokacyjną książkę pt. „U.S. Money vs. Corporation Currency” (Pieniądze USA a waluta korporacyjna).[16] Skrytykował ustawę Aldrich-Vreeland z 1908 r. jako narzędzie Wall Street i zwrócił uwagę, że gdy nasz rząd musiał emitować pieniądze w oparciu o prywatne papiery wartościowe, nie byliśmy już wolnym narodem.

Crozier zeznał przed komisją senacką, że „należy zakazać udzielania lub wycofywania pożyczek w celu wywierania wpływu na notowania papierów wartościowych oraz zawierania pożyczek

---

[16] Książka Croziera ujawniła plan finansistów, aby zastąpić legalny pieniądz Stanów Zjednoczonych, gwarantowany przez Artykuł I, Sekcja 8, Paragraf 5 Konstytucji, „walutą korporacyjną”.

lub podwyższania stóp procentowych w porozumieniu między bankami w celu wywierania wpływu na opinię publiczną lub działania jakiegokolwiek organu ustawodawczego". W ostatnich miesiącach w prasie pojawiły się doniesienia, że William McAdoo, sekretarz skarbu Stanów Zjednoczonych, oskarżył konkretnie niektóre duże grupy bankowe o spisek mający na celu ograniczenie podaży waluty i podwyższenie stóp procentowych, aby zmusić społeczeństwo do wywarcia presji na Kongres w celu uchwalenia ustawodawstwa walutowego pożądanego przez te grupy. Tak zwany rządowy projekt ustawy walutowej przyznaje dokładnie to, o co Wall Street i wielkie banki walczyły od dwudziestu pięciu lat, a mianowicie PRYWATNĄ, A NIE PUBLICZNĄ KONTROLĘ NAD WALUTĄ. Robi to w sposób tak samo całkowity jak projekt ustawy Aldricha. Oba środki pozbawiają rząd i społeczeństwo wszelkiej skutecznej kontroli nad pieniędzmi publicznymi i przyznają bankom wyłączną, niebezpieczną władzę nad tym, czy pieniądze wśród ludzi będą rzadkością, czy też będą ich pod dostatkiem. Ustawa Aldricha przekazuje tę władzę jednemu bankowi centralnemu. Projekt ustawy administracji przekazuje ją dwunastu regionalnym bankom centralnym, z których wszystkie są wyłączną własnością tych samych prywatnych interesów, które byłyby właścicielami i operatorami Banku Aldricha. Prezydent Garfield na krótko przed swoim zamachem oświadczył, że ktokolwiek kontroluje podaż waluty, będzie kontrolował interesy i działania społeczeństwa. Thomas Jefferson ostrzegł nas sto lat temu, że prywatny bank centralny emitujący walutę publiczną stanowi większe zagrożenie dla wolności obywateli niż stała armia.

Warto zauważyć, jak wiele zabójstw prezydentów Stanów Zjednoczonych miało miejsce po tym, jak zaczęli oni interesować się emisją waluty publicznej; Lincoln ze swoim Greenbackiem, banknotami nieoprocentowanymi, oraz Garfield, który wygłosił oświadczenie w sprawie problemów walutowych tuż przed zamachem na swoje życie.

Teraz zaczynamy rozumieć, dlaczego konieczna była tak długa kampania planowanego oszustwa, od tajnej konferencji na wyspie Jekyll po identyczne plany „reform" proponowane przez partie Demokratyczną i Republikańską pod różnymi nazwami. Bankierzy nie mogli odebrać kontroli nad emisją pieniądza obywatelom Stanów Zjednoczonych, którym została ona przyznana przez

Kongres na mocy Konstytucji, dopóki Kongres nie przyznał im monopolu na bank centralny. Dlatego też znaczna część wpływów wywieranych w celu uchwalenia ustawy o Rezerwie Federalnej miała miejsce za kulisami, głównie za sprawą dwóch tajemniczych, niewybranych w wyborach osób: niemieckiego imigranta Paula Warburga oraz pułkownika Edwarda Mandella House'a z Teksasu.

W 1913 roku Paul Warburg wystąpił przed Komisją Bankowości i Waluty Izby Reprezentantów, gdzie pokrótce przedstawił swoją karierę: „Jestem członkiem domu bankowego Kuhn, Loeb Company. Przybyłem do tego kraju w 1902 roku; urodziłem się i zdobywałem wykształcenie w branży bankowej w Hamburgu w Niemczech, studiowałem bankowość w Londynie i Paryżu oraz podróżowałem po całym świecie. Podczas paniki z 1907 roku moją pierwszą sugestią było: „Stwórzmy krajową izbę rozliczeniową". Plan Aldricha zawiera pewne elementy, które są po prostu podstawowymi zasadami bankowości. Waszym celem w tym planie (projekcie ustawy Owena-Glassa) musi być to samo – centralizacja rezerw, mobilizacja kredytu komercyjnego i uzyskanie elastycznej emisji banknotów".

Sformułowanie Warburga „mobilizacja kredytu" było istotne, ponieważ wkrótce miała rozpocząć się I wojna światowa, a pierwszym zadaniem Systemu Rezerwy Federalnej miało być sfinansowanie tej wojny. Narody europejskie były już bankrutami, ponieważ przez prawie pięćdziesiąt lat utrzymywały duże armie stałe – sytuację tę stworzyły ich własne banki centralne – i dlatego nie były w stanie sfinansować wojny. Bank centralny zawsze nakłada na naród ogromne obciążenia związane z „przezwężeniem" i „obroną", aby stworzyć nie do spłacenia dług, jednocześnie tworząc dyktaturę wojskową i zniewalając ludzi, by spłacali „odsetki" od długu, który bankierzy sztucznie stworzyli.

Podczas debaty w Senacie nad ustawą o Rezerwie Federalnej senator Stone powiedział 12 grudnia 1913 r.: „Od lat wielkie banki dążą do posiadania i kontrolowania agentów w Departamencie Skarbu, którzy służą ich celom". Pozwolę sobie zacytować fragment artykułu z magazynu „World": „Gdy tylko pan McAdoo przybył do Waszyngtonu, usunięto kobietę, którą National City Bank umieścił w Departamencie Skarbu, aby uzyskiwała z wyprzedzeniem informacje na temat kondycji banków i innych spraw interesujących wielką grupę z Wall Street. Natychmiast sekretarz i zastępca sekretarza, John Skelton Williams, zostali ostro skrytykowani przez agentów grupy z Wall Street".

„Sam znam więcej niż jeden przypadek, kiedy bankierzy odmawiali kredytu ludziom, którzy sprzeciwiali się ich poglądom politycznym i celom. Kiedy senator Aldrich i inni jeździli po kraju, wykorzystując ten schemat, wielkie banki z Nowego Jorku i Chicago zajmowały się zbieraniem hojnego funduszu, aby wesprzeć propagandę Aldricha. Bankierzy z mojego stanu powiedzieli mi, że zażądano od nich wpłat na ten fundusz i że wpłacili pieniądze, bo bali się, że zostaną umieszczeni na czarnej liście lub zbojkotowani. W tym kraju są bankierzy, którzy są wrogami dobra publicznego. W przeszłości kilka wielkich banków realizowało politykę i projekty, które sparaliżowały energię przemysłową kraju, aby utrzymać swoją ogromną władzę nad amerykańskim sektorem finansowym i biznesowym".

Carter Glass stwierdza w swojej autobiografii, że został wezwany przez Woodrowa Wilsona do Białego Domu i że Wilson powiedział mu, iż zamierza uczynić banknoty rezerwowe zobowiązaniami Stanów Zjednoczonych. Glass mówi: „Na chwilę zaniemówiłem. Protestowałem. Nie ma tu żadnego zobowiązania rządowego, panie prezydencie. Wilson powiedział, że musiał pójść na kompromis w tej kwestii, aby uratować ustawę".

Termin „kompromis" w tej kwestii pochodził bezpośrednio od Paula Warburga. Pułkownik Elisha Ely Garrison w książce „Roosevelt,[17] Wilson and the Federal Reserve Law" napisał: „W 1911 roku Lawrence Abbot, prywatny urzędnik pana Roosevelta w magazynie „The Outlook", wręczył mi kopię tak zwanego planu Aldricha dotyczącego reformy walutowej. Powiedziałem, że nie mogę uwierzyć, iż autorem jest pan Warburg. Plan ten jest niczym innym jak ustawą Aldricha-Vreelanda, która przewidywała emisję waluty w zamian za papiery wartościowe. Warburg wie o tym równie dobrze jak ja. Zamierzam natychmiast się z nim spotkać i zapytać go o to. Dobrze, prawda. Tak, to ja to napisałem –

[17] Theodore Roosevelt.

powiedział. Dlaczego? – zapytałem. To był kompromis – odpowiedział Warburg".[18]

Garrison twierdzi, że Warburg napisał do niego 8 lutego 1912 roku.

„Nie mam wątpliwości, że po dogłębnej dyskusji albo zgodzisz się z moim punktem widzenia, albo ja zgodzę się z twoim – ale mam nadzieję, że to ty zgodzisz się z moim".

Było to kolejne słynne powiedzenie Warburga, kiedy potajemnie lobbował kongresmenów, aby poparli jego interesy, zawoalowana groźba, że powinni „zgodzić się z jego punktem widzenia". Ci, którzy tego nie zrobili, odkrywali, że w następnych wyborach na ich przeciwników przekazano duże sumy pieniędzy i zazwyczaj ponosili porażkę.

Pułkownik Garrison, agent bankierów z Brown Brothers, później Brown Brothers Harriman, miał dostęp do wszystkich kręgów społeczności finansowej. Pisze on o pułkowniku House'u: „Pułkownik House całkowicie zgadzał się z wczesnymi pismami pana Warburga". Na stronie 337 cytuje pułkownika House'a:

„Sugeruję również, aby liczba członków Rady Centralnej została zwiększona z czterech do pięciu, a ich kadencja wydłużona z ośmiu do dziesięciu lat. Zapewniłoby to stabilność i odebrało prezydentowi prawo do zmiany składu Rady w trakcie jednej kadencji".

Sformułowanie House'a „pozbawić prezydenta uprawnień" jest znaczące, ponieważ późniejsi prezydenci nie byli w stanie zmienić kierunku działania rządu, ponieważ nie mieli uprawnień do zmiany składu Rady Rezerwy Federalnej w celu uzyskania w niej większości w trakcie swojej kadencji. Garrison napisał również w tej książce:

„Paul Warburg jest człowiekiem, który opracował ustawę o Rezerwie Federalnej po tym, jak plan Aldricha wywołał tak powszechne oburzenie i sprzeciw w całym kraju. Pomysłodawcą obu planów był baron Alfred Rothschild z Londynu".

---

[18] Elisha Ely Garrison, *Roosevelt, Wilson and the Federal Reserve Law*, Christopher Publications, Boston, 1931.

Pułkownik Edward Mandell House[19] został określony przez rabina Stephena Wise'a w jego autobiografii „Challenging Years" jako „nieoficjalny sekretarz stanu". House zauważył, że zarówno on, jak i Wilson zdawali sobie sprawę, iż uchwalając ustawę o Rezerwie Federalnej, stworzyli instrument potężniejszy niż Sąd Najwyższy. Rada Gubernatorów Rezerwy Federalnej stanowiła w rzeczywistości Sąd Najwyższy ds. Finansów, a od żadnej z jej decyzji nie przysługiwało odwołanie.

W 1911 roku, przed objęciem urzędu prezydenta przez Wilsona, House powrócił do swojego domu w Teksasie i ukończył książkę zatytułowaną „Philip Dru, Administrator". Pozornie była to powieść, ale w rzeczywistości stanowiła szczegółowy plan przyszłego rządu Stanów Zjednoczonych, „który ustanowiłby socjalizm zgodnie z marzeniami Karola Marksa", jak twierdził House. Ta „powieść" przewidywała wprowadzenie progresywnego podatku dochodowego, podatku od nadwyżek zysków, ubezpieczenia od bezrobocia, ubezpieczenia społecznego oraz elastycznego systemu walutowego. Krótko mówiąc, był to plan, który później zrealizowały administracje Woodrowa Wilsona i Franklina D. Roosevelta. Został on opublikowany „anonimowo" przez B. W. Huebscha z Nowego Jorku i szeroko rozpowszechniony wśród urzędników rządowych, którzy nie mieli wątpliwości co do jego autorstwa. George Sylvester Viereck,[20] który znał House'a od lat, napisał później relację o relacjach między Wilsonem a House'em, zatytułowaną „The Strangest Friendship in History" (Najdziwniejsza przyjaźń w historii).[21] W 1955 roku Westbrook Pegler, felietonista Hearsta w latach 1932–1956, usłyszał o książce Philipa Dru i zadzwonił do Vierecka, aby zapytać, czy ma egzemplarz. Viereck wysłał Peglerowi swój egzemplarz książki, a Pegler napisał o niej felieton, stwierdzając:

„Jedną z instytucji opisanych w książce Philip Dru jest System Rezerwy Federalnej. Rodziny Schiff, Warburg, Kahn, Rockefeller i Morgan zaufały House'owi. Interesy Schiffów, Warburgów, Rockefellerów i Morganów były osobiście reprezentowane na

---

19 Zob. przypis House'a w „Biografiach"

20 Zob. przypis Vierecka w „Biografiach"

21 George Sylvester Viereck, *Najdziwniejsza przyjaźń w historii, Woodrow Wilson i pułkownik House*, Liveright, Nowy Jork, 1932

tajemniczej konferencji na wyspie Jekyll. Frankfurter trafił na wydział prawa Harvardu dzięki wsparciu finansowemu dla Harvardu od Felixa Warburga i Paula Warburga, a więc otrzymaliśmy Algera i Donalda Hissa, Lee Pressmana, Harry'ego Dextera White'a i wielu innych protegowanych Little Weenie".[22]

Otwarcie socjalistyczne poglądy House'a zostały wyraźnie wyrażone w książce „Philip Dru, Administrator"; na stronach 57-58 House napisał:

„W bezpośredni i stanowczy sposób wskazał, że nasza cywilizacja jest zasadniczo błędna, między innymi dlatego, że ogranicza wydajność; że gdyby społeczeństwo było właściwie zorganizowane, nie byłoby nikogo, kto nie miałby wystarczającej ilości odzieży i pożywienia. Wynikało z tego, że panujące prawa, zwyczaje i wychowanie etyczne były w równym stopniu odpowiedzialne za nierówności w szansach i wynikającą z tego ogromną różnicę między nielicznymi a wieloma; że skutkiem takich warunków było uczynienie znacznej części ludności nieefektywną, przy czym odsetek ten różnił się w każdym kraju w zależności od stosunku, jaki wykształcenie, oświecenie i bezinteresowne prawa miały do ignorancji, bigoterii i egoistycznych praw".[23]

W swojej książce House (Dru) wyobraża sobie, że staje się dyktatorem i narzuca ludziom swoje radykalne poglądy, strona 148: „ i uznali fakt, że Dru zdominował sytuację i że w Republice w końcu pojawił się geniusz". Przyjmuje on teraz tytuł generała. „Generał Dru ogłosił swój zamiar przejęcia uprawnień dyktatora...

---

[22] Obecny autor był z Viereckiem w jego apartamencie w hotelu Belleclaire, kiedy zadzwonił Pegler i poprosił o książkę. Viereck wysłał ją za pośrednictwem swojej sekretarki. Uśmiechnął się i powiedział, że Pegler wydawał się bardzo podekscytowany. „Powinien napisać o tym dobry felieton" – powiedział mi Viereck. Rzeczywiście, Pegler napisał z tego dobry felieton. Niestety dla niego, posunął się za daleko, wspominając o Warburgach. Dopóki ograniczał swoje ataki do La Grand Bouche (Eleanor Roosevelt) i jej małżonka, pozwolono mu kontynuować, ale teraz, gdy ujawnił powiązania Warburgów z komunistyczną siatką szpiegowską w Waszyngtonie, jego felieton został natychmiast wycofany przez wielkomiejskie dzienniki, a długa kariera Peglera dobiegła końca.

[23] Pułkownik Edward M. House, *Philip Dru, administrator*, B. W. Heubsch, Nowy Jork, 1912 r.

zapewniono ich, że jest wolny od jakichkolwiek osobistych ambicji... ogłosił się »Administratorem Republiki«".[24]

Ten zamyślony marzyciel, który wyobrażał sobie siebie jako dyktatora, faktycznie zdołał znaleźć się na stanowisku poufnego doradcy prezydenta Stanów Zjednoczonych, a następnie doprowadzić do uchwalenia wielu swoich pragnień w formie ustaw! Na stronie 227 wymienia niektóre z ustaw, które pragnie uchwalić jako dyktator. Wśród nich znajdują się: ustawa o emeryturach, odszkodowania z ubezpieczenia pracowniczego, rynki spółdzielcze, system bankowości rezerwy federalnej, pożyczki spółdzielcze, krajowe urzędy pracy oraz inne „ustawodawstwo socjalne", z których część została uchwalona za rządów Wilsona, a część za rządów Franklina D. Roosevelta. Ten ostatni był w rzeczywistości kontynuacją administracji Wilsona, z wieloma tymi samymi osobami na stanowiskach, a House kierował administracją zza kulis.

Podobnie jak większość osób działających za kulisami w tej książce, pułkownik Edward Mandell House miał obowiązkowe „powiązania z Londynem". Pochodząca z holenderskiej rodziny „Huis", jego przodkowie mieszkali w Anglii przez trzysta lat, po czym jego ojciec osiedlił się w Teksasie, gdzie zbił fortunę na łamaniu blokady podczas wojny secesyjnej, wysyłając bawełnę i inne towary kontrabandowe do swoich brytyjskich kontaktów, w tym do Rotszyldów, i sprowadzając zapasy dla oblężonych Teksańczyków. Starszy House, nie ufając niestabilnej sytuacji w Teksasie, rozważnie zdeponował wszystkie zyski z przełamywania blokady w złocie w domu bankowym Baring w Londynie.[25] Pod

[24] Ten cytat z *książki Philip Dru, Administrator*, napisanej przez pułkownika House'a w 1912 r., zamieszczono tutaj, aby pokazać jego totalitarną filozofię marksistowską. House miał stać się na 8 lat, wraz z Wilsonem, najbliższym doradcą prezydenta. Później nadal wywierał wpływ w administracji Franklina D. Roosevelta. Ze swojego domu w Magnolii w stanie Massachusetts House doradzał FDR-owi poprzez częste wizyty Felixa Frankfurtera w Białym Domu. Frankfurter został później mianowany przez F.D.R. sędzią Sądu Najwyższego.

[25] Książka „Dope, Inc." opisuje firmę Barings w następujący sposób: „Baring Brothers, czołowy bank handlowy zajmujący się handlem opium od 1783 roku do dnia dzisiejszego, również utrzymywał bliskie kontakty z rodzinami z Bostonu... Wiodącym bankierem tej grupy stał się pod koniec XIX wieku Dom Morganów – który również czerpał zyski ze wschodniego handlu opium... Działalność Morgana na Dalekim Wschodzie stanowiła oficjalnie prowadzony

koniec wojny secesyjnej był jednym z najbogatszych ludzi w Teksasie. Nazwał swojego syna „Mandell" na cześć jednego ze swoich partnerów handlowych.

Według Arthura Howdena Smitha, kiedy ojciec House'a zmarł w 1880 roku, jego majątek został podzielony między synów w następujący sposób: Thomas William otrzymał bank, John – plantację cukru, a Edward M. – plantacje bawełny, które przynosiły mu dochód w wysokości 20 000 dolarów rocznie.[26]

W wieku dwunastu lat młody Edward Mandell House zachorował na zapalenie mózgu, a później dodatkowo osłabiło go udar słoneczny. Był półinwalidą, a jego dolegliwości nadawały mu osobliwy, orientalny wygląd. Nigdy nie podjął żadnego zawodu, ale wykorzystał pieniądze ojca, by stać się „twórcą królów" w polityce teksańskiej, doprowadzając do wyboru pięciu kolejnych gubernatorów w latach 1893–1911. W 1911 roku zaczął wspierać Wilsona w wyborach prezydenckich i przekazał mu kluczową delegację z Teksasu, która zapewniła mu nominację. House spotkał Wilsona po raz pierwszy w hotelu Gotham 31 maja 1912 roku.

W *książce „The Strangest Friendship In History, Woodrow Wilson and Col. House*" autorstwa George'a Sylvester Vierecka, Viereck pisze:

„Co", zapytałem House'a, „zacieśniło waszą przyjaźń?". „Zgodność naszych temperamentów i naszych poglądów politycznych", odpowiedział House. „Jaki był twój cel, a jaki jego?". „Przekształcenie pewnych liberalnych i postępowych idei w ustawodawstwo".[27]

House powiedział Viereckowi, że kiedy udał się do Wilsona w Białym Domu, wręczył mu 35 000 dolarów. Kwotę tę przewyższało

---

brytyjski handel opium... Sprawa Morgana zasługuje na szczególną uwagę amerykańskiej policji i organów regulacyjnych ze względu na bliskie powiązania Morgan Guaranty Trust z rozpoznanym kierownictwem brytyjskich banków narkotykowych".

26 Arthur Howden Smith, *The Real Col. House*, Doran Company, Nowy Jork, 1918.

27 George Sylvester Viereck, *The Strangest Friendship in History, Woodrow Wilson and Col. House*, Liveright, Nowy Jork, 1932.

jedynie 50 000 dolarów, które Bernard Baruch przekazał Wilsonowi.

Pomyślne wdrożenie programów House'a nie umknęło uwadze innych współpracowników Wilsona. W tomie 1, na stronie 157 *książki „The Intimate Papers of Col. House"*, House zauważa: „Członkowie gabinetu, tacy jak pan Lane i pan Bryan, komentowali wpływ Dru na prezydenta. »Wszystko, co książka przewidziała, że powinno się wydarzyć« – napisał Lane – »spełnia się. Prezydent w końcu dochodzi do »Philipa Dru««".[28]

House opisał niektóre ze swoich wysiłków na rzecz ustawy o Rezerwie Federalnej w „The Intimate Papers of Col. House": „19 grudnia 1912 r. Rozmawiałem przez telefon z Paulem Warburgiem na temat reformy walutowej. Opowiedziałem mu o mojej podróży do Waszyngtonu i o tym, co tam zrobiłem, aby wszystko działało jak należy. Powiedziałem mu, że Senat i kongresmeni wydają się chętni do zrobienia tego, czego on pragnie, a prezydent elekt Wilson ma jasne zdanie na ten temat".[29]

Mamy więc agenta Warburga w Waszyngtonie, pułkownika House'a, który zapewnia go, że Senat i kongresmeni zrobią to, czego on pragnie, a prezydent elekt „ma jasne zdanie na ten temat". W tym kontekście wydaje się, że rząd przedstawicielski przestał istnieć. House kontynuuje w swoich „Papers":

> „13 marca 1913 r. Warburg i ja odbyliśmy poufną rozmowę na temat reformy walutowej.
>
> 27 marca 1913 r. Pan J.P. Morgan Jr. i pan Denny z jego firmy przybyli punktualnie o piątej. 47
>
> McAdoo przyszedł około dziesięć minut później. Morgan miał już wydrukowany plan walutowy. Zasugerowałem, aby go przepisał na maszynie, aby nie wyglądał na zbyt z góry ustalony, i wysłał go dzisiaj do Wilsona i do mnie.
>
> 23 lipca 1913 r. Próbowałem pokazać burmistrzowi Quincy (z Bostonu) nierozsądek wrogiego nastawienia bankierów ze Wschodu do ustawy walutowej. Wyjaśniłem majorowi

[28] Pułkownik Edward Mandell House, *The Intimate Papers of Col. House*, pod redakcją Charlesa Seymoura, Houghton Mifflin Co., 1926-28, tom 1, str. 157

[29] Tamże, tom 1, s. 163.

Henry'emu Higginsonowi[30], z jaką starannością ustawa została opracowana. Tuż przed jego przybyciem skończyłem przeglądać recenzję profesora Sprague'a z Harvardu dotyczącą krytyki Paula Warburga wobec ustawy Glass-Owen i jutro prześlę ją do Waszyngtonu. Każdy bankier znany Warburgowi, który ma praktyczną wiedzę na ten temat, został poproszony o opinię na temat tworzenia ustawy.

13 października 1913 r. Paul Warburg był dzisiaj moim pierwszym gościem. Przyjechał, aby omówić środki dotyczące waluty. Jest wiele elementów projektu ustawy Owena-Glassa, których nie aprobuje. Obiecałem skontaktować go z McAdoo i senatorem Owenem, aby mógł omówić to z nimi.

17 listopada 1913 r. Paul Warburg zadzwonił w sprawie swojej podróży do Waszyngtonu. Później on i pan Jacob Schiff wpadli na kilka minut.

Warburg mówił głównie on. Miał nową propozycję dotyczącą zgrupowania zwykłych banków rezerwowych, aby połączyć je w jedną całość i ułatwić kontakt z Radą Rezerwy Federalnej.

George Sylvester Viereck w *książce „The Strangest Friendship in History, Woodrow Wilson and Col. House*" napisał: „Schiffowie, Warburgowie, Kahnowie, Rockefellerowie i Morganowie zaufali House'owi. Kiedy ustawodawstwo dotyczące Rezerwy Federalnej w końcu przybrało konkretny kształt, House był pośrednikiem między Białym Domem a finansistami".[31]

Na stronie 45 Viereck zauważa: „Pułkownik House postrzega reformę systemu monetarnego jako największe wewnętrzne osiągnięcie administracji Wilsona".[32]

Projekt ustawy Glassa (wersja Izby Reprezentantów ostatecznej ustawy o Rezerwie Federalnej) został przyjęty przez Izbę Reprezentantów 18 września 1913 r. stosunkiem głosów 287 do 85. 19 grudnia 1913 r. Senat przyjął swoją wersję stosunkiem głosów 54 do 34. Pozostało jeszcze do rozstrzygnięcia ponad czterdzieści

---

[30] Najbardziej znany bankier w Bostonie.

[31] George Sylvester Viereck, Najdziwniejsza przyjaźń w historii, Woodrow Wilson i pułkownik House, Liveright, Nowy Jork, 1932.

[32] Tamże.

istotnych różnic między wersjami Izby Reprezentantów i Senatu, a przeciwnicy ustawy w obu izbach Kongresu byli przekonani, że minie jeszcze wiele tygodni, zanim projekt ustawy konferencyjnej będzie gotowy do rozpatrzenia. Kongresmeni przygotowywali się do opuszczenia Waszyngtonu na coroczną przerwę świąteczną, mając pewność, że projekt ustawy konferencyjnej nie zostanie poddany pod obrady aż do następnego roku. W tym momencie twórcy pieniądza przygotowali i zrealizowali najgenialniejszy ruch w ramach swojego planu. W ciągu jednego dnia dopracowali wszystkie czterdzieści spornych fragmentów projektu ustawy i szybko poddali go pod głosowanie. W poniedziałek, 22 grudnia 1913 r., projekt ustawy został przyjęty przez Izbę Reprezentantów stosunkiem głosów 282 do 60, a przez Senat 43 do 23. 21 grudnia 1913 r. „*The New York Times*" skomentował tę ustawę w artykule redakcyjnym: „Nowy Jork będzie miał solidniejsze podstawy wzrostu finansowego i wkrótce stani się światowym centrum finansowym".

„The *New York Times*" poinformował na pierwszej stronie w poniedziałek, 22 grudnia 1913 r., w nagłówkach: USTAWA PIENIĘŻNA MOŻE ZOSTAĆ PRZYJĘTA JUŻ DZIŚ – UCZESTNICY KONFERENCJI WYROZUMIELI SIĘ W SPRAWIE PRAKTYCZNIE WSZYSTKICH RÓŻNIC O GODZINIE 1:30 RANO– BRAK GWARANCJI DEPOZYTOWYCH – SENAT USTĄPIŁ W TEJ KWESTII, ALE PRZEPROWADZIŁ WIELE INNYCH ZMIAN „Z niemal bezprecedensową szybkością konferencja mająca na celu uzgodnienie różnic między Izbą Reprezentantów a Senatem w sprawie ustawy walutowej praktycznie zakończyła swoje prace wczesnym rankiem. W sobotę uczestnicy konferencji zrobili niewiele więcej niż załatwienie spraw wstępnych, pozostawiając czterdzieści istotnych różnic do wyjaśnienia w niedzielę... W tym tygodniu żadna z izb Kongresu nie zajmie się żadną inną ważną ustawą. Członkowie obu izb już przygotowują się do opuszczenia Waszyngtonu".

„Niespotykane tempo" – pisze „*The New York Times*". W tej końcowej strategii widać zręczną rękę Paula Warburga. Niektórzy z najbardziej zagorzałych krytyków ustawy opuścili już Waszyngton. Od dawna panowała polityczna konwencja, że w tygodniu poprzedzającym Boże Narodzenie nie podejmuje się działań w sprawie ważnych ustaw, ale tradycja ta została brutalnie złamana, aby narzucić Amerykanom ustawę o Rezerwie Federalnej.

„The *Times*" zamieścił krótki cytat z wypowiedzi kongresmana Lindbergha, że „ustawa ta stworzy największy trust na świecie", oraz zacytował przedstawiciela stanu Maine, republikanina Guernseya z Komisji Bankowości i Waluty Izby Reprezentantów, który stwierdził: „To ustawa inflacyjna, a jedyną kwestią sporną jest skala inflacji".

W tym historycznym dniu kongresman Lindbergh powiedział przed Izbą Reprezentantów:

„Ustawa ta tworzy największy trust na świecie. Kiedy prezydent podpisze tę ustawę, niewidzialny rząd władzy monetarnej zostanie zalegalizowany. Ludzie mogą nie zdawać sobie z tego sprawy od razu,, ale dzień rozrachunku jest już tylko kilka lat przed nami. Trusty wkrótce zorientują się, że posunęły się za daleko, nawet jak na swoje własne dobro. Ludzie muszą ogłosić deklarację niepodległości, aby uwolnić się od władzy monetarnej. Będą w stanie to zrobić, przejmując kontrolę nad Kongresem. Ludzie z Wall Street nie mogliby nas oszukiwać, gdybyście wy, senatorowie i przedstawiciele, nie zrobili z Kongresu farsy. Gdybyśmy mieli Kongres ludowy, panowałaby stabilność.

Największym przestępstwem Kongresu jest jego system walutowy. Najgorsze przestępstwo legislacyjne wszech czasów popełnia ta ustawa bankowa. Kluby parlamentarne i szefowie partii ponownie wkroczyli do akcji i uniemożliwili ludziom czerpanie korzyści z własnego rządu".

W artykule redakcyjnym z 23 grudnia 1913 r. „New York Times" skomentował, w przeciwieństwie do krytyki ustawy wyrażonej przez kongresmana Lindbergha: „Ustawa bankowa i walutowa stawała się coraz lepsza i solidniejsza za każdym razem, gdy była przesyłana z jednego końca Kapitolu na drugi. Kongres pracował nad tą ustawą pod nadzorem publicznym".

Przez „nadzór publiczny" *The Times* najwyraźniej miał na myśli Paula Warburga, który przez kilka dni utrzymywał małe biuro w budynku Kapitolu, gdzie kierował udaną przedświąteczną kampanią na rzecz uchwalenia ustawy i gdzie senatorowie i kongresmeni przychodzili co godzinę na jego wezwanie, aby realizować jego strategię.

„Bezprecedensowa szybkość", z jaką ustawa o Rezerwie Federalnej została przyjęta przez Kongres podczas wydarzenia znanego jako „świąteczna masakra", miała jeden nieprzewidziany aspekt. Woodrow Wilson został zaskoczony, ponieważ, podobnie jak wielu innych, zapewniono go, że projekt ustawy nie zostanie poddany pod głosowanie przed świętami Bożego Narodzenia. Teraz odmówił jej podpisania, ponieważ sprzeciwiał się przepisom dotyczącym wyboru dyrektorów klasy B. William L. White opisuje w swojej biografii Bernarda Barucha, że Baruch, główny darczyńca funduszu wyborczego Wilsona, był oszołomiony, gdy poinformowano go, że Wilson odmówił podpisania ustawy. Pośpieszył do Białego Domu i zapewnił Wilsona, że jest to drobna sprawa, którą można później naprawić poprzez „procesy administracyjne". Najważniejsze było, aby ustawa o Rezerwie Federalnej została natychmiast podpisana. Dzięki tym zapewnieniom Wilson podpisał ustawę o Rezerwie Federalnej 23 grudnia 1913 r. Historia pokazała, że tego dnia Konstytucja przestała być nadrzędnym porozumieniem rządzącym amerykańskim narodem, a nasze wolności zostały przekazane niewielkiej grupie międzynarodowych bankierów.

W wydaniu „New York Timesa" z 24 grudnia 1913 r. na pierwszej stronie widniał nagłówek: „WILSON PODPISUJE USTAWĘ O PIENIĄDZU!". Poniżej, również wielkimi literami, znalazły się dwa kolejne nagłówki: „DOBROBYT BĘDZIE DOSTĘPNY DLA WSZYSTKICH" oraz „POMÓŻE KAŻDEJ GRUPIE SPOŁECZNEJ". Kto mógłby sprzeciwić się ustawie, która zapewniała korzyści wszystkim? „*Times*" opisał świąteczną atmosferę, w jakiej rodzina Wilsona i urzędnicy rządowi obserwowali, jak podpisuje on ustawę. „Duch Bożego Narodzenia przenikał zgromadzenie" – cieszył się „*Times*".

W swojej biografii Cartera Glassa Rixey Smith podaje, że wśród osób obecnych podczas podpisywania ustawy byli wiceprezydent Marshall, sekretarz Bryan, Carter Glass, senator Owen, sekretarz McAdoo, przewodniczący Izby Reprezentantów Champ Clark oraz inni urzędnicy skarbowi. Żaden z prawdziwych autorów ustawy, twórców projektu z Jekyll Island, nie był obecny. Rozsądnie postanowili nie pojawiać się na miejscu swojego zwycięstwa. Rixey

Smith napisał również: „To było tak, jakby Boże Narodzenie nadeszło dwa dni wcześniej". 24 grudnia 1913 roku Jacob Schiff napisał do pułkownika House'a:

„Drogi pułkowniku House. Chciałbym podziękować Panu za cichą, ale bez wątpienia skuteczną pracę, jaką wykonał Pan na rzecz ustawodawstwa walutowego, oraz pogratulować Panu, że projekt ten został w końcu uchwalony. Z najlepszymi życzeniami, z szacunkiem, JACOB SCHIFF".

Kongresman Moore z Kansas, komentując uchwalenie ustawy, powiedział w Izbie Reprezentantów: „Prezydent Stanów Zjednoczonych staje się teraz absolutnym dyktatorem wszystkich finansów kraju. Mianuje on siedmioosobową radę kontrolną, której wszyscy członkowie należą do jego partii politycznej, nawet jeśli jest to mniejszość. Sekretarz Skarbu ma sprawować najwyższą władzę w przypadku rozbieżności opinii między nim a Radą Rezerwy Federalnej.

I tylko jeden członek Rady może odejść ze stanowiska w trakcie kadencji prezydenta".

Dziesięcioletnia kadencja członków Rady została przedłużona na mocy ustawy bankowej z 1935 r. do czternastu lat, co oznaczało, że ci dyrektorzy finansów kraju, choć nie byli wybierani przez naród, sprawowali urząd dłużej niż trzech prezydentów.

Podczas gdy pułkownik House, Jacob Schiff i Paul Warburg rozkoszowali się blaskiem dobrze wykonanej pracy, inni aktorzy tego dramatu zostali poddani późniejszym refleksjom. Woodrow Wilson napisał w 1916 r. w publikacji „National Economy and the Banking System" (Gospodarka narodowa i system bankowy), Sen. Doc. nr 3, nr 223, 76. Kongres, 1. sesja, 1939 r.: „Nasz system kredytowy jest skoncentrowany (w Systemie Rezerwy Federalnej). Wzrost kraju, a zatem i cała nasza działalność, znajdują się w rękach kilku ludzi".

Kiedy Clarence W. Barron zapytał go, czy popiera ustawę w ostatecznej wersji, Warburg odparł: „Cóż, nie ma w niej wszystkiego, czego chcielibyśmy, ale braki można później uzupełnić w drodze procedur administracyjnych".

Większość współczesnych historyków przypisuje autorstwo ustawy Woodrowowi Wilsonowi i Carterowi Glassowi, ale spośród wszystkich zainteresowanych osób to właśnie Wilson miał najmniejszy wpływ na działania Kongresu w sprawie tej ustawy. George Creel, doświadczony korespondent z Waszyngtonu, napisał w Harper's Weekly z 26 czerwca 1915 r.:

„Jeśli chodzi o Partię Demokratyczną, Woodrow Wilson nie miał żadnego wpływu, poza patronatem, którym dysponował. To Bryan zmusił Kongres do podporządkowania się w sprawie ustawy celnej, uchylenia opłat za przejazd Kanałem Panamskim oraz ustawy walutowej". Pan Bryan napisał później: „To jedyna rzecz w mojej karierze publicznej, której żałuję – moje działania na rzecz uchwalenia ustawy o Rezerwie Federalnej".

25 grudnia 1913 r. *magazyn „The Nation"* zwrócił uwagę, że „nowojorska giełda zaczęła systematycznie rosnąć po wiadomościach, że Senat jest gotowy do uchwalenia ustawy o Rezerwie Federalnej".

To zaprzecza twierdzeniu, że ustawa o Rezerwie Federalnej była ustawą o reformie monetarnej. Giełda nowojorska jest powszechnie uważana za dokładny barometr prawdziwego znaczenia wszelkich przepisów finansowych uchwalanych w Waszyngtonie. Senator Aldrich również uznał, że nie ma już wątpliwości co do ustawy o Rezerwie Federalnej. W magazynie, którego był właścicielem i który nazwał *„The Independent"*, napisał w lipcu 1914 r.: „Przed uchwaleniem tej ustawy nowojorscy bankierzy mogli kontrolować jedynie rezerwy Nowego Jorku. Teraz jesteśmy w stanie kontrolować rezerwy bankowe całego kraju".

H.W. Loucks potępił ustawę o Rezerwie Federalnej w *książce „The Great Conspiracy of the House of Morgan"* (*„Wielki spisek rodu* Morganów"): „W ustawie o Rezerwie Federalnej odebrali oni ludziom i zapewnili sobie konstytucyjną władzę do emisji pieniądza i regulowania jego wartości". Na stronie 31 Loucks pisze: „Ród Morganów sprawuje obecnie najwyższą kontrolę nad naszym przemysłem, handlem i sprawami politycznymi".

Mają oni całkowitą kontrolę nad kształtowaniem polityki partii Demokratycznej, Republikańskiej i Postępowej. Obecna nadzwyczajna kampania propagandowa na rzecz „gotowości" ma na celu raczej wywieranie presji na społeczeństwo niż obronę przed agresją zagraniczną.[33] Podpisanie ustawy o Rezerwie Federalnej przez Woodrowa Wilsona stanowiło zwieńczenie wieloletniej zmowy z jego bliskim przyjacielem, pułkownikiem House'em, oraz Paulem Warburgiem. Jednym z mężczyzn, których House poznał w administracji Wilsona, był Franklin D. Roosevelt, zastępca sekretarza marynarki wojennej. Gdy tylko uzyskał nominację Demokratów na prezydenta w 1932 r., Franklin D. Roosevelt udał się z „pielgrzymką" do domu pułkownika House'a w Magnolii w stanie Massachusetts. Po przerwie republikańskiej w latach 20. Roosevelt zrealizował cele Philipa Dru, administratora „[34] ", których Wilson nie był w stanie zrealizować. Do późniejszych osiągnięć Roosevelta należało uchwalenie programu ubezpieczeń społecznych, podatku od nadwyżek zysków oraz rozszerzenie progresywnego podatku dochodowego do 90% zarobków.

Biograf House'a, Charles Seymour, napisał: „Był zmęczony szczegółami polityki partyjnej i nominacjami. Nawet udział, jaki miał w konstruktywnym ustawodawstwie krajowym (Ustawa o Rezerwie Federalnej, rewizja taryf celnych i poprawka do podatku dochodowego), nie dawał mu satysfakcji. Od początku 1914 roku poświęcał coraz więcej czasu temu, co uważał za najwyższą formę polityki i do czego był szczególnie predysponowany – sprawom międzynarodowym".[35]

W 1938 roku, na krótko przed śmiercią, House powiedział Charlesowi Seymourowi: „Przez ostatnie piętnaście lat byłem blisko centrum wydarzeń, choć mało kto o tym podejrzewa. Żaden ważny zagraniczny gość nie przybył do Stanów Zjednoczonych bez rozmowy ze mną. Byłem blisko ruchu, który nominował Roosevelta. Dał mi on wolną rękę w doradzaniu mu. Wszyscy ambasadorzy często mi się podawali w sprawozdaniach".

Porównanie tekstu ustawy o Rezerwie Federalnej z 1913 r. w wersji przyjętej przez Izbę Reprezentantów i poprawionej przez Senat ujawnia następującą uderzającą zmianę:

---

[33] H.W. Loucks, *Wielki spisek rodu Morganów*, wydanie prywatne, 1916.

[34] E.M. House, *Philip Dru, Administrator*, B. W. Heubsch, N.Y., 1912.

[35] Pułkownik E.M. House, *The Intimate Papers of Col. House*, 4 tomy, 1926–1928, Houghton Mifflin Co.

Senat skreślił: „Zawieszać urzędników banków Rezerwy Federalnej z uzasadnionych przyczyn, podanych na piśmie z możliwością wysłuchania, wymagać usunięcia wspomnianego urzędnika z powodu niekompetencji, zaniedbania obowiązków, oszustwa lub podstępu, przy czym takie usunięcie podlega zatwierdzeniu przez prezydenta Stanów Zjednoczonych". Senat zmienił to na: „Zawieszenie lub odwołanie dowolnego urzędnika lub dyrektora dowolnego banku Rezerwy Federalnej, przy czym przyczyna takiego odwołania musi zostać niezwłocznie przekazana na piśmie przez Radę Rezerwy Federalnej odwołanemu urzędnikowi lub dyrektorowi oraz wspomnianemu bankowi". To całkowicie zmieniło warunki, na jakich urzędnik lub dyrektor może zostać odwołany. Nie wiemy już, jakie są warunki odwołania ani jego przyczyna. Najwyraźniej niekompetencja, zaniedbanie obowiązków, oszustwo lub podstęp nie mają znaczenia dla Rady Rezerwy Federalnej. Ponadto odwołany urzędnik nie ma możliwości odwołania się do prezydenta. W odpowiedzi na pisemne zapytanie zastępca sekretarza Rady Rezerwy Federalnej odpowiedział, że w ciągu trzydziestu sześciu lat tylko jeden urzędnik został odwołany „z ważnych powodów", a nazwisko i szczegóły tej sprawy stanowią „sprawę prywatną" między tą osobą, danym Bankiem Rezerwy Federalnej a Radą Rezerwy Federalnej.

System Rezerwy Federalnej rozpoczął działalność w 1914 r. wraz z rozpoczęciem prac Komitetu Organizacyjnego, powołanego przez Woodrowa Wilsona i złożonego z sekretarza skarbu Williama McAdoo, który był jego zięciem, sekretarza rolnictwa Houstona oraz kontrolera waluty Johna Skeltona Williamsa.

6 stycznia 1914 r. J.P. Morgan spotkał się z Komitetem Organizacyjnym w Nowym Jorku. Poinformował ich, że w nowym systemie nie powinno być więcej niż siedem okręgów regionalnych.

Komitet ten miał wybrać lokalizacje „zdecentralizowanych" banków rezerwowych. Miał on uprawnienia do wyboru od ośmiu do dwunastu banków rezerwowych, chociaż J.P. Morgan zeznał, że jego zdaniem nie powinno się wybrać więcej niż cztery. Wybór tych lokalizacji wiązał się z wieloma rozgrywkami politycznymi, ponieważ dwanaście miast, które w ten sposób zyskały przychylność, miało stać się niezwykle ważnymi ośrodkami finansowymi. Nowy Jork był oczywiście przesądzony. Kolejnym wyborem było Richmond, jako nagroda dla Cartera Glassa i

Woodrowa Wilsona, dwóch mieszkańców Wirginii, którym przypisywano zasługi polityczne za ustawę o Rezerwie Federalnej. Pozostałe wybory komisji to Boston, Filadelfia, Cleveland, Chicago, St. Louis, Atlanta, Dallas, Minneapolis, Kansas City i San Francisco. Wszystkie te miasta rozwinęły później ważne „dzielnice finansowe" w wyniku tego wyboru.

Te lokalne spory bledły jednak w obliczu całkowitej dominacji Banku Rezerwy Federalnej w Nowym Jorku w całym systemie.

Ferdinand Lundberg w książce „America's Sixty Families" zwrócił uwagę, że „w praktyce Bank Rezerwy Federalnej w Nowym Jorku stał się źródłem systemu dwunastu banków regionalnych, ponieważ Nowy Jork był rynkiem pieniężnym kraju". Pozostałe jedenaście banków było niczym kosztowne mauzolea wzniesione, by zaspokoić lokalną dumę i stłumić obawy mieszkańców prowincji wywołane przez Jacksona. Benjamin Strong, prezes Bankers Trust (J.P. Morgan), został wybrany na pierwszego prezesa Banku Rezerwy Federalnej w Nowym Jorku. Będąc biegłym w finansach wysokich, Strong przez wiele lat manipulował systemem monetarnym kraju zgodnie z wolą dyrektorów reprezentujących czołowe nowojorskie banki. Pod kierownictwem Stronga System Rezerwy Federalnej nawiązał ściśle powiązane relacje z Bankiem Anglii i Bankiem Francji. Benjamin Strong pełnił funkcję prezesa Banku Rezerwy Federalnej w Nowym Jorku aż do swojej nagłej śmierci w 1928 r., podczas śledztwa Kongresu w sprawie tajnych spotkań prezesów Rezerwy Federalnej z szefami europejskich banków centralnych, które doprowadziły do Wielkiego Kryzysu w latach 1929–1931.[36] Strong poślubił córkę prezesa Bankers Trust, co zapewniło mu miejsce w linii sukcesji w dynastycznych intrygach, które odgrywają tak ważną rolę w świecie wielkich finansów. Był również członkiem pierwotnej grupy z Jekyll Island, First Name Club, dzięki czemu kwalifikował się do najwyższego stanowiska w Systemie Rezerwy Federalnej, jako prezes Banku Rezerwy Federalnej w Nowym Jorku, który dominował w całym systemie.

O Paulu Warburgu wspomina również J. Laurence Laughlin w swoim autorytatywnym dziele „The Federal Reserve Act, Its Origins and Purposes": „W marcu 1910 roku pan Paul Warburg z

[36] Ferdinand Lundberg, *America's Sixty Families*, 1937.

firmy Kuhn, Loeb przedstawił dość dobrze przemyślany plan, znany jako United Reserve Bank of the United States. Został on opublikowany w *gazecie „The New York Times*" z 24 marca 1910 roku. Grupa zainteresowana celami Krajowej Komisji Monetarnej spotkała się potajemnie na wyspie Jekyll w grudniu 1910 r. na około dwa tygodnie i skoncentrowała się na przygotowaniu projektu ustawy, który miał zostać przedstawiony Kongresowi przez Krajową Komisję Monetarną. W spotkaniu na wyspie Jekyll uczestniczyli: senator Aldrich, H. P. Davison z firmy J.P. Morgan, Paul Warburg z firmy Kuhn, Loeb, Frank Vanderlip z National City Bank oraz Charles D. Norton z First National Bank. Bez wątpienia najzdolniejszym umysłem bankowym w tej grupie był pan Warburg, który odbył europejskie szkolenie bankowe. Senator Aldrich nie posiadał specjalnego wykształcenia w dziedzinie bankowości.[37]

Wspomnienie o Paulu Warburgu, napisane przez Harolda Kellocha i zatytułowane „Warburg rewolucjonista", ukazało się w magazynie Century w maju 1915 roku. Kelloch pisze:

„Narzucił swoje idee narodowi liczącemu sto milionów ludzi... Bez pana Warburga nie byłoby ustawy o Rezerwie Federalnej. Dom bankowy Warburg and Warburg w Hamburgu zawsze był wyłącznie firmą rodzinną. Tylko Warburgowie mogli w nim pracować, ale wszyscy Warburgowie urodzili się w tej rodzinie. W 1895 roku poślubił córkę zmarłego Solomona Loeba z firmy Kuhn Loeb. W 1902 roku został członkiem firmy Kuhn Loeb. Wynagrodzenie pana Warburga z prywatnej działalności wynosiło około pół miliona rocznie. Motywy pana Warburga były czysto patriotyczne i oparte na poświęceniu".

Prawdziwe cele ustawy o Rezerwie Federalnej wkrótce zaczęły rozczarowywać wielu, którzy początkowo wierzyli w jej zapewnienia. W. H. Allen napisał w magazynie „Moody's" w 1916 r.: „Celem ustawy o Rezerwie Federalnej było zapobieżenie koncentracji pieniędzy w bankach nowojorskich poprzez zapewnienie bankierom z prowincji zysków z wykorzystania ich funduszy w miejscu zamieszkania, ale przepływy walutowe pokazują, że banki nowojorskie czerpały zyski z prowincji w każdym miesiącu z wyjątkiem grudnia 1915 r., odkąd ustawa weszła w życie. Stabilizacja stóp procentowych miała miejsce wyłącznie w

[37] J. Laurence Laughlin, *Ustawa o Rezerwie Federalnej, jej pochodzenie i cele.*

Nowym Jorku. W innych częściach kraju utrzymują się wysokie stopy. Ustawa, która miała pozbawić Wall Street środków na spekulacje typu, w rzeczywistości zapewniła bykom i niedźwiedziom takie zasoby, jakich nigdy wcześniej nie mieli. Prawda jest taka, że ustawa ta, wbrew temu, co tak pewnie twierdził pan Glass, nie tylko nie zablokowała kanału do Wall Street, ale wręcz poszerzyła stare kanały i otworzyła dwa nowe. Pierwszy z nich prowadzi bezpośrednio do Waszyngtonu i daje Wall Street kontrolę nad wszystkimi nadwyżkami gotówki w Skarbie Państwa Stanów Zjednoczonych. Poza tym, dzięki uprawnieniu do emisji banknotów, zapewnia niewyczerpane źródło pieniądza kredytowego; drugi kanał prowadzi do wielkich banków centralnych Europy, dzięki czemu, poprzez sprzedaż akceptów, praktycznie gwarantowanych przez rząd Stanów Zjednoczonych, Wall Street zyskuje immunitet przed zagranicznymi żądaniami złota, które wywołały każdy wielki kryzys w naszej historii.

Przez wiele lat istniała znaczna tajemnica dotycząca tego, kto faktycznie jest właścicielem akcji banków Rezerwy Federalnej. Kongresman Wright Patman, czołowy krytyk systemu, próbował dowiedzieć się, kim są akcjonariusze. Akcje w pierwotnych dwunastu regionalnych bankach Rezerwy Federalnej zostały nabyte przez banki krajowe w tych dwunastu regionach. Ponieważ Bank Rezerwy Federalnej w Nowym Jorku miał ustalać stopy procentowe i kierować operacjami otwartego rynku, kontrolując w ten sposób dzienną podaż i cenę pieniądza w całych Stanach Zjednoczonych, to właśnie akcjonariusze tego banku są prawdziwymi dyrektorami całego systemu. Po raz pierwszy można ujawnić, kim są ci akcjonariusze. Autor niniejszego tekstu posiada oryginalne certyfikaty założycielskie dwunastu banków Rezerwy Federalnej, określające strukturę własności akcji przez banki krajowe w każdym okręgu. Bank Rezerwy Federalnej w Nowym Jorku wyemitował 203 053 akcji, a zgodnie z dokumentacją złożoną w Urzędzie Kontrolera Waluty 19 maja 1914 r. duże banki z Nowego Jorku przejęły ponad połowę akcji w obrocie. Kontrolowany przez Rockefellera, Kuhna i Loeba National City Bank nabył największą liczbę akcji spośród wszystkich banków, bo aż 30 000. First National Bank J.P. Morgana nabył 15 000 akcji. Kiedy te dwa banki połączyły się w 1955 r., posiadały łącznie prawie jedną czwartą akcji Federal Reserve Bank of New York, który kontrolował cały system, dzięki czemu mogły mianować Paula Volckera lub dowolną inną osobę na stanowisko przewodniczącego Rady Gubernatorów Rezerwy Federalnej. Chase National Bank nabył 6 000 akcji. Marine Nation Bank of Buffalo, znany później jako Marine Midland, nabył 6 000 akcji. Bank ten należał do rodziny Schoellkopf, która kontrolowała Niagara Power Company i inne duże przedsiębiorstwa. National Bank of Commerce z Nowego Jorku nabył 21 000 akcji. Akcjonariusze tych banków, którzy posiadają akcje Banku Rezerwy Federalnej w Nowym Jorku, to ludzie, którzy od 1914 roku kontrolują nasze losy polityczne i gospodarcze. Są to

- Rothschildowie z Europy,
- Lazard Freres (Eugene Meyer),
- Kuhn Loeb Company, Warburg Company,
- Lehman Brothers,
- Goldman Sachs,
- rodzina Rockefellerów,
- oraz interesy J.P. Morgana.

W ostatnich latach te podmioty połączyły się i skonsolidowały, w wyniku czego kontrola nad nimi uległa znacznie większej koncentracji. National Bank of Commerce to obecnie Morgan Guaranty Trust Company. Lehman Brothers połączył się z Kuhn, Loeb Company, First National Bank połączył się z National City Bank, a w pozostałych jedenastu okręgach Rezerwy Federalnej ci sami udziałowcy pośrednio posiadają lub kontrolują udziały w tych bankach, a pozostałe udziały należą do czołowych rodzin w tych obszarach, które są właścicielami lub kontrolują główne gałęzie przemysłu w tych regionach.[38] „Lokalne" rodziny, na polecenie Nowego Jorku, powołały rady regionalne takich grup, jak Rada Stosunków Zagranicznych, Komisja Trójstronna i inne instrumenty kontroli wymyślone przez ich panów. Finansują one i kontrolują wydarzenia polityczne na swoim terenie, wyznaczają kandydatów i rzadko spotykają się z skuteczną opozycją wobec swoich planów.

Wraz z utworzeniem dwunastu „okręgów finansowych" poprzez banki Rezerwy Federalnej, tradycyjny podział Stanów Zjednoczonych na czterdzieści osiem stanów został obalony i wkroczyliśmy w erę „regionalizmu", czyli dwunastu regionów,

[38] Zob. wykresy od V do IX.

które nie miały żadnego związku z tradycyjnymi granicami stanowymi.

Te wydarzenia, które nastąpiły po uchwaleniu ustawy o Rezerwie Federalnej, potwierdziły wszystkie zarzuty, jakie Thomas Jefferson wysunął przeciwko bankowi centralnemu w 1791 roku: że subskrybenci akcji Banku Rezerwy Federalnej utworzyli korporację, której akcje mogły być i były w posiadaniu cudzoziemców; że akcje te będą przekazywane określonej linii następców; że będą one poza zasięgiem konfiskaty i przepadku; że otrzymają oni monopol na bankowości nej, co było sprzeczne z przepisami dotyczącymi monopoli; oraz że mieli oni teraz uprawnienia do stanowienia prawa, nadrzędnego wobec praw stanowych. Żadna stanowa władza ustawodawcza nie może unieważnić żadnego z praw ustanowionych przez Radę Gubernatorów Rezerwy Federalnej na korzyść ich prywatnych akcjonariuszy. Rada ta wydaje przepisy dotyczące wysokości stóp procentowych, ilości pieniądza oraz jego ceny. Wszystkie te uprawnienia znoszą uprawnienia stanowych organów ustawodawczych i ich odpowiedzialność wobec obywateli tych stanów.

„*New York Times*" podał, że banki Rezerwy Federalnej będą gotowe do działania 1 sierpnia 1914 r., ale faktycznie rozpoczęły działalność 16 listopada 1914 r. W tym czasie ich łączne aktywa wyniosły 143 000 000 dolarów, pochodzących ze sprzedaży udziałów w bankach Rezerwy Federalnej akcjonariuszom banków krajowych, które je objęły.

To, jaka część z tych 143 000 000 dolarów została faktycznie wpłacona za te akcje, pozostaje tajemnicą. Niektórzy historycy uważają, że akcjonariusze wpłacili gotówką jedynie około połowy tej kwoty; inni sądzą, że nie wpłacili w ogóle gotówki, a jedynie przesłali czeki wystawione na banki krajowe, których byli właścicielami. Wydaje się najbardziej prawdopodobne, że od samego początku operacje Rezerwy Federalnej polegały na „wystawianiu papierów wartościowych w zamian za papiery wartościowe", a jedyne wartości, które zmieniały właściciela, stanowiły zapisy księgowe.

Ludzie, których prezydent Woodrow Wilson wybrał do pierwszej Rady Gubernatorów Rezerwy Federalnej, pochodzili ze środowiska bankowego. Został on nominowany na prezydenta przez Partię Demokratyczną, która twierdziła, że reprezentuje „zwykłego człowieka" przeciwko „grupom interesów". Według samego Wilsona pozwolono mu wybrać tylko jedną osobę do Rady Rezerwy Federalnej. Pozostali zostali wybrani przez nowojorskich bankierów. Wybór Wilsona padł na Thomasa D. Jonesa, członka rady nadzorczej Uniwersytetu Princeton oraz dyrektora International Harvester i innych korporacji. Pozostali członkowie to: Adolph C. Miller, ekonomista z Uniwersytetu Chicagowskiego Rockefellera i Uniwersytetu Harvarda Morgana, pełniący również funkcję zastępcy sekretarza spraw wewnętrznych; Charles S. Hamlin, który wcześniej przez osiem lat pełnił funkcję zastępcy sekretarza skarbu; F.A. Delano, krewny Roosevelta i operator kolejowy, który przejął szereg linii kolejowych dla firmy Kuhn, Loeb Company; W.P.G. Harding, prezes First National Bank of Atlanta; oraz Paul Warburg z firmy Kuhn, Loeb Company. Według „The Intimate Papers of Col. House" Warburg został mianowany, ponieważ „prezydent przyjął sugestię (House'a) dotyczącą Paula Warburga z Nowego Jorku ze względu na jego zainteresowanie i doświadczenie w kwestiach walutowych zarówno w administracji republikańskiej, jak i demokratycznej".[39] Podobnie jak Warburg, Delano również urodził się poza granicami kontynentalnymi Stanów Zjednoczonych, chociaż był obywatelem amerykańskim. Ojciec Delano, Warren Delano, według dr. Josephsona i innych autorytetów, działał w Hongkongu w chińskim handlu opium, a Frederick Delano urodził się w Hongkongu w 1863 roku.

W książce „The Money Power of Europe" Paul Emden pisze, że „rodzina Warburgów osiągnęła swoją niezwykłą pozycję w ciągu ostatnich dwudziestu lat ubiegłego wieku, równocześnie z rozwojem firmy Kuhn, Loeb Company w Nowym Jorku, z którą łączyły ich osobiste i rodzinne powiązania". Paul Warburg z ogromnym sukcesem przeprowadził w 1913 r. reorganizację amerykańskiego systemu bankowego, nad którą pracował wraz z

[39] Charles Seymour, *The Intimate Papers of Col. House*, 4 tomy, 1926–1928, Houghton Mifflin Co.

senatorem Aldrichem od 1911 r., a tym samym najdokładniej skonsolidował walutę i finanse Stanów Zjednoczonych".[40]

„*The New York Times*"[41] odnotował 6 maja 1914 r., że Paul Warburg „odeszedł" z firmy Kuhn, Loeb Company, aby zasiadać w Radzie Rezerwy Federalnej, chociaż nie zrezygnował z funkcji dyrektorskich w American Surety Company, Baltimore and Ohio Railroad, National Railways of Mexico, Wells Fargo and Westinghouse Electric Corporation, ale nadal będzie zasiadał w zarządach tych spółek.W „Who's Who" wymieniono go jako pełniącego te funkcje, a ponadto jako członka zarządu American I.G. Chemical Company (oddział I.G. Farben), Agfa Ansco Corporation, Westinghouse Acceptance Company, Warburg Company of Amsterdam, prezesa zarządu International Acceptance Bank oraz wielu innych banków, kolei i korporacji z listy. „Kuhn Loeb & Co. wraz z Warburgiem dysponują czterema głosami, czyli większością w Radzie Rezerwy Federalnej".[42]

Pomimo odejścia z firmy Kuhn, Loeb Company w maju 1914 roku, aby objąć stanowisko w Radzie Gubernatorów Rezerwy Federalnej, w czerwcu 1914 roku poproszono Warburga o stawienie się przed podkomisją senacką i udzielenie odpowiedzi na pytania dotyczące jego zakulisowej roli w doprowadzeniu do uchwalenia przez Kongres ustawy o Rezerwie Federalnej. Mogło to oznaczać pytania dotyczące tajnej konferencji na wyspie Jekyll, dlatego Warburg odmówił stawienia się. 7 lipca 1914 r. napisał list do G.M. Hitchcocka, przewodniczącego Senackiej Komisji Bankowości i Waluty, stwierdzając, że gdyby musiał odpowiadać na jakiekolwiek pytania, mogłoby to osłabić jego przydatność w Radzie, i że w związku z tym wycofa swoją kandydaturę. Wyglądało na to, że Warburg był gotów zbić z tropu komisję senacką, aby ta zatwierdziła go bez zadawania żadnych pytań. 10 lipca 1914 r. „*The New York Times*" stanął w obronie Warburga na łamach artykułu

---

[40] Paul Emden, *Władza pieniężna Europy w XIX i XX wieku*, S. Low, Marston Co., Londyn, 1937.

[41] W wydaniu z 30 kwietnia 1914 r. „*The New York Times*" podał, że 12 okręgów miało subskrypcje o wartości 74 740 800 dolarów oraz że banki subskrybujące miały wpłacić połowę tej kwoty w ciągu sześciu miesięcy.

[42] Clarence W. Barron, „More They Told Barron", Arno Press, New York Times, 1973, 12 czerwca 1914 r., s. 204.

redakcyjnego i potępił „senacką inkwizycję". Ponieważ Warburgowi nie zadano jeszcze żadnych pytań, termin „inkwizycja" wydawał się wyjątkowo nieodpowiedni, nie istniało też żadne realne niebezpieczeństwo, że senatorowie zamierzają zastosować wobec pana Warburga narzędzia tortur. Sytuacja została rozwiązana, gdy komisja senacka, w geście całkowitej kapitulacji, zgodziła się, że pan Warburg otrzyma listę pytań przed swoim wystąpieniem, aby mógł się z nimi zapoznać, oraz że będzie zwolniony z udzielania odpowiedzi na wszelkie pytania, które mogłyby zaszkodzić jego pracy w Radzie Gubernatorów. Magazyn „The Nation" poinformował 23 lipca 1914 r., że „pan Warburg odbył w końcu rozmowę z senatorem O'Gormanem i zgodził się spotkać się nieformalnie z członkami podkomisji senackiej w celu osiągnięcia porozumienia oraz udzielenia im wszelkich uzasadnionych informacji, jakich mogliby zażądać. W Waszyngtonie panuje opinia, że zatwierdzenie pana Warburga jest pewne". *Magazyn „The Nation"* miał rację. Pan Warburg został zatwierdzony, a drogę do tego utorował jego „facet od brudnej roboty", senator O'Gorman z Nowego Jorku, znany bardziej jako „senator z Wall Street". Senator Robert L. Owen zarzucał wcześniej Warburgowi, że jest on amerykańskim przedstawicielem rodziny Rothschildów, ale przesłuchanie go w tej sprawie rzeczywiście przypominałoby średniowieczną „inkwizycję", a jego koledzy senatorowie byli zbyt cywilizowani, by pozwolić sobie na takie barbarzyństwo.[43]

Podczas przesłuchań senackich Paula Warburga przed Senacką Komisją ds. Bankowości i Waluty 1 sierpnia 1914 r. senator Bristow zapytał: „Ilu z tych partnerów (firmy Kuhn, Loeb) jest obywatelami amerykańskimi?". WARBURG: „Wszyscy są obywatelami amerykańskimi z wyjątkiem pana Kahna. On jest poddanym brytyjskim". BRISTOW: „Był kiedyś kandydatem do parlamentu, prawda?". WARBURG: „Mówiono o tym, zasugerowano mu to i on o tym myślał".

---

[43] Warburg został zatwierdzony 8 sierpnia 1914 r. stosunkiem głosów 38 do 11, a głównym przeciwnikiem jego kandydatury był senator Bristow z Kansas, który został potępiony przez *„The New York Times"* jako „radykalny republikanin" i którego znakomita biblioteka rzadkich książek o bankowości została nabyta przez autora niniejszego tekstu w 1983 r. w celu przeprowadzenia badań nad tą pracą.

Paul Warburg oświadczył również przed komisją: „Wyjechałem do Anglii, gdzie przebywałem przez dwa lata, najpierw w firmie bankowo-diskontowej Samuel Montague & Company. Następnie wyjechałem do Francji, gdzie pracowałem we francuskim banku".

PRZEWODNICZĄCY: „Jaki to był francuski bank?"

WARBURG: „To rosyjski bank handlu zagranicznego, który ma oddział w Paryżu".

BRISTOW: „Rozumiem, że twierdzi pan, iż był pan republikaninem, ale kiedy pojawił się pan Theodore Roosevelt, stał się pan sympatykiem pana Wilsona i poparł go pan?".

WARBURG: „Tak".

BRISTOW: „Podczas gdy pański brat (Felix Warburg) popierał Tafta?"

WARBURG: „Tak".

W ten sposób trzej partnerzy firmy Kuhn, Loeb Company popierali trzech różnych kandydatów na prezydenta Stanów Zjednoczonych. Paul Warburg popierał Wilsona, Felix Warburg popierał Tafta, a Otto Kahn popierał Theodore'a Roosevelta. Paul Warburg wyjaśnił tę ciekawą sytuację, mówiąc komisji, że nie mieli oni wpływu na swoje poglądy polityczne, „ponieważ finanse i polityka nie idą w parze".

Pytania dotyczące mianowania Warburga zniknęły w ferii oburzenia, gdy Wilson mianował do Rady Gubernatorów jedyną osobę – Thomasa B. Jonesa. Dziennikarze odkryli bowiem, że w momencie mianowania Jones był objęty aktem oskarżenia wystawionym przez prokuratora generalnego Stanów Zjednoczonych. Wilson stanął w obronie swojego wyboru, mówiąc dziennikarzom, że „większość ludzi związanych z tym, co nazywamy »wielkim biznesem«, jest uczciwa, nieprzekupna i patriotyczna". Pomimo protestów Wilsona, Senacka Komisja ds. Bankowości i Waluty zaplanowała przesłuchania dotyczące tego, czy Thomas D. Jones nadaje się na członka Rady Gubernatorów. Wilson napisał wtedy list do senatora Roberta L. Owena, przewodniczącego tej komisji:

Biały Dom

18 czerwca 1914 r.

Szanowny Panie Senatorze Owen:

Pan Jones zawsze opowiadał się za prawami ludzi, a nie za prawami przywilejów. Jego powiązania z firmą Harvester Company miały charakter służby publicznej, a nie prywatnego interesu. Jest on jedyną osobą spośród wszystkich kandydatów, którą w pewnym sensie osobiście wybrałem.

Z poważaniem

Woodrow Wilson

Woodrow Wilson powiedział: „Nie ma powodu, by sądzić, że ta nieprzychylna opinia odzwierciedla stanowisko samego Senatu". Po kilku tygodniach Thomas D. Jones wycofał swoją kandydaturę, a kraj musiał obejść się bez jego usług.

Pozostali członkowie pierwszej Rady Gubernatorów to sekretarz skarbu William McAdoo, zięć Wilsona, prezes Hudson-Manhattan Railroad, przedsiębiorstwa kontrolowanego przez Kuhn, Loeb Company, oraz kontroler waluty John Skelton Williams.

Kiedy 16 listopada 1914 r. banki Rezerwy Federalnej rozpoczęły działalność, Paul Warburg powiedział: „Datę tę można uznać za czwarty lipca w historii gospodarczej Stanów Zjednoczonych".

ROZDZIAŁ CZWARTY

FEDERALNA RADA DORADCZA

Przepychając ustawę o Rezerwie Federalnej przez Izbę Reprezentantów, kongresman Carter Glass oświadczył 30 września 1913 r. na forum Izby, że interesy społeczeństwa będą chronione przez radę doradczą złożoną z bankierów. „W jej działaniach nie ma nic złowrogiego. Co najmniej cztery razy w roku będzie się spotykać rada doradcza bankierów reprezentująca każdy regionalny okręg rezerwowy w systemie. Jak mogliśmy zachować większą ostrożność w ochronie interesu publicznego?".

Carter Glass ani wtedy, ani później nie przedstawił żadnych dowodów na poparcie swojego przekonania, że grupa bankierów będzie chronić interesy społeczeństwa, nie ma też w historii Stanów Zjednoczonych żadnych dowodów na to, że jakakolwiek grupa bankierów kiedykolwiek to robiła. W rzeczywistości Federalna Rada Doradcza okazała się być „procesem administracyjnym", który Paul Warburg włączył do ustawy o Rezerwie Federalnej, aby zapewnić właśnie taki rodzaj odległej, ale niewidocznej kontroli nad Systemem, jakiego pragnął. Kiedy tuż po uchwaleniu przez Kongres ustawy o Rezerwie Federalnej reporter finansowy C.W. Barron zapytał go, czy popiera projekt ustawy w ostatecznej wersji, Warburg odpowiedział: „Cóż, nie ma w niej wszystkiego, czego chcielibyśmy, ale braki można później uzupełnić w drodze procesów administracyjnych". Rada okazała się idealnym narzędziem do realizacji celów Warburga, ponieważ przez siedemdziesiąt lat funkcjonowała w niemal całkowitej anonimowości, a jej członkowie i ich powiązania biznesowe pozostawali niezauważeni przez opinię publiczną.

Senator Robert Owen, przewodniczący Senackiej Komisji Bankowości i Waluty, powiedział, jak cytuje „*The New York Times*" z 3 sierpnia 1913 r., przed uchwaleniem ustawy:

„Ustawa o Rezerwie Federalnej zapewni bankom oraz podmiotom przemysłowym i handlowym dyskonto na kwalifikowane papiery wartościowe z sektora handlu i przemysłu, stabilizując w ten sposób nasze życie handlowe i przemysłowe. Banki Rezerwy Federalnej nie mają służyć jako banki zarabiające pieniądze, ale mają służyć wielkiemu celowi narodowemu, jakim jest wspieranie handlu, przedsiębiorców i banków, a także zabezpieczenie stałego rynku dla towarów przemysłowych, produktów rolnych i siły roboczej. Nie ma powodu, dla którego banki miałyby kontrolować system Rezerwy Federalnej. Stabilność sprawi, że nasz handel będzie się zdrowo rozwijał we wszystkich kierunkach".

Optymizm senatora Owena został zniweczony przez dominację promotorów z Jekyll Island nad początkowym składem Systemu Rezerwy Federalnej.

Sojusz Morgan-Kuhn-Loeb nie tylko nabył dominującą kontrolę nad akcjami Banku Rezerwy Federalnej w Nowym Jorku, gdzie prawie połowa udziałów należała do pięciu nowojorskich banków pozostających pod ich kontrolą,

- First National Bank,
- National City Bank,
- National Bank of Commerce,
- Chase National Bank oraz
- Hanover National Bank,

ale przekonali również prezydenta Woodrowa Wilsona do powołania jednego z członków grupy z Jekyll Island, Paula Warburga, do Rady Gubernatorów Rezerwy Federalnej.

Każdy z dwunastu banków Rezerwy Federalnej miał wybrać członka Federalnej Rady Doradczej, która cztery razy w roku spotykała się w Waszyngtonie z Radą Gubernatorów Rezerwy Federalnej w celu „doradzania" Radzie w kwestiach przyszłej polityki pieniężnej. Wydawało się to gwarantować absolutną demokrację, ponieważ od każdego z dwunastu „doradców", reprezentujących różne regiony Stanów Zjednoczonych, oczekiwano, że będzie bronił interesów gospodarczych swojego obszaru, a każdy z dwunastu członków miałby równy głos. Teoria ta mogła być godna podziwu w swojej koncepcji, ale twarde fakty życia gospodarczego dały zupełnie inny obraz sytuacji. Prezes małego banku w St. Louis lub Cincinnati, uczestniczący w konferencji z Paulem Warburgiem i J.P. Morganem, aby „doradzać" im w sprawie polityki pieniężnej, raczej nie sprzeciwiłby się dwóm najpotężniejszym międzynarodowym finansistom na świecie, ponieważ wystarczyłaby jedna notatka od któregokolw nego z nich, aby pogrążyć jego mały bank w bankructwie. W rzeczywistości małe banki z dwunastu okręgów Rezerwy Federalnej istniały jedynie jako satelity wielkich nowojorskich interesów finansowych i były całkowicie zdane na ich łaskę. Martin Mayer w książce „The Bankers" wskazuje, że „J.P. Morgan utrzymywał relacje korespondencyjne z wieloma małymi bankami w całym kraju".[44] Wielkie banki nowojorskie nie ograniczały się do wielomilionowych transakcji z innymi wielkimi grupami finansowymi, ale prowadziły wiele mniejszych i bardziej rutynowych transakcji ze swoimi bankami „korespondencyjnymi" w całych Stanach Zjednoczonych.

Najwyraźniej pewni, że ich działania nigdy nie zostaną ujawnione opinii publicznej, interesy Morgan-Kuhn, Loeb śmiało wybierały członków Federalnej Rady Doradczej spośród swoich banków korespondentów oraz banków, w których posiadali udziały. Wydaje się, że nikt w środowisku finansowym tego nie zauważył, ponieważ przez siedemdziesiąt lat funkcjonowania Systemu Rezerwy Federalnej nic na ten temat nie mówiono.

Aby uniknąć podejrzeń, że interesy nowojorskie mogą kontrolować Federalną Radę Doradczą, jej pierwszym prezesem, wybranym w 1914 roku przez pozostałych członków, został J.B. Forgan, prezes First National Bank of Chicago. Katalog bankierów Rand McNally z 1914 roku wymienia głównych korespondentów dużych banków. Głównym bankiem korespondentem kontrolowanego przez Baker-Morgan First National Bank of New York jest First National Bank of Chicago. Głównym bankiem korespondentem wymienionym przez First National Bank of Chicago jest Bank of Manhattan w Nowym Jorku, kontrolowany przez Jacoba Schiffa i Paula Warburga z Kuhn, Loeb Company. James B. Forgan był również wymieniony jako dyrektor Equitable

[44] Martin Mayer, „*The Bankers*", Weybright and Talley, Nowy Jork, 1974, s. 207.

Life Insurance Company, również kontrolowanej przez Morgana. Jednak relacje między First National Bank of Chicago a tymi nowojorskimi bankami były jeszcze bliższe, niż wskazują na to te wykazy.

Na stronie 701 książki „The Growth of Chicago Banks" autorstwa F. Cyrila Jamesa znajduje się wzmianka o „korzystnych powiązaniach First National Bank of Chicago z interesami Morgana. W pośpiechu wysłano do Nowego Jorku ambasadora dobrej woli, aby zaprosił George'a F. Bakera do pełnienia funkcji dyrektora First National Bank of Chicago z tytułu (dyrektor z tytułu).[45] (J.B. Forgan do Reama, 7 stycznia 1903 r.) W efekcie Baker i Morgan osobiście wybrali pierwszego prezesa Federalnej Rady Doradczej.

James B. Forgan (1852–1924) również wykazuje obowiązkowe „powiązania z Londynem" w funkcjonowaniu Systemu Rezerwy Federalnej. Urodzony w St. Andrew's w Szkocji, rozpoczął tam karierę bankową w Royal Bank of Scotland, banku korespondencyjnym Banku Anglii. Przybył do Kanady, aby pracować w Bank of British North America, następnie pracował w Bank of Nova Scotia, który wysłał go do Chicago w latach 80. XIX wieku, a do 1900 roku został prezesem First National Bank of Chicago. Przez sześć lat pełnił funkcję prezesa Federalnej Rady Doradczej, a kiedy opuścił radę, zastąpił go Frank O. Wetmore, który zastąpił go również na stanowisku prezesa First National Bank of Chicago, gdy Forgan został mianowany przewodniczącym zarządu.

W pierwszym Federalnym Komitecie Doradczym okręg Rezerwy Federalnej w Nowym Jorku reprezentował J.P. Morgan. Został on mianowany przewodniczącym Komitetu Wykonawczego. W ten sposób Paul Warburg i J.P. Morgan zasiadali na posiedzeniach Rady Rezerwy Federalnej przez pierwsze cztery lata jej działalności, otoczeni przez innych gubernatorów i członków komitetu, którzy z pewnością zdawali sobie sprawę, że ich przyszłość będzie zależała od tych dwóch potężnych bankierów.

Kolejnym członkiem Federalnej Rady Doradczej w 1914 roku był Levi L. Rue, reprezentujący okręg Filadelfii. Rue był prezesem

45 F. Cyril James, *The Growth of Chicago Banks*, Harper, Nowy Jork, 1938.

Philadelphia National Bank. W katalogu bankierów Rand McNally z 1914 roku Philadelphia National Bank figurował jako główny korespondent First National Bank of New York. First National Bank of Chicago również wymienił Philadelphia National Bank jako swojego głównego korespondenta w Filadelfii. Inni członkowie Federalnej Rady Doradczej to Daniel S. Wing, prezes First National Bank of Boston, W.S. Rowe, prezes First National Bank of Cincinnati, oraz C.T. Jaffray, prezes First National Bank of Minneapolis. Wszystkie te banki były bankami korespondentami nowojorskiej „wielkiej piątki", która kontrolowała rynek pieniężny w Stanach Zjednoczonych.

Jaffray miał jeszcze bliższe powiązania z interesami Baker-Morgan. W 1908 roku, aby ponownie zainwestować duże roczne dywidendy z akcji First National Bank of New York, Baker i Morgan założyli spółkę holdingową First Security Corporation, która nabyła 500 akcji First National Bank of Minneapolis. W ten sposób Jaffray był niczym więcej niż pracownikiem najemnym Baker i Morgan, mimo że został „wybrany" przez akcjonariuszy Federal Reserve Bank of Minneapolis do reprezentowania ich interesów. First Security Corporation posiadała również 50 000 akcji Chase National Bank, 5400 akcji National Bank of Commerce, 2500 akcji Bankers Trust, 928 akcji Liberty National Bank – banku, którego prezesem był Henry P. Davison, gdy został zaproszony do firmy J.P. Morgan – oraz akcje New York Trust, Atlantic Trust i Brooklyn Trust. First Security koncentrowała się na akcjach bankowych, które szybko zyskiwały na wartości i przynosiły wysokie roczne dywidendy. W 1927 roku firma zarobiła pięć milionów dolarów, ale wypłaciła akcjonariuszom osiem milionów, a resztę pokryła z nadwyżki.

Kolejnym członkiem pierwotnej Federalnej Rady Doradczej był E.F. Swinney, prezes First National Bank of Kansas City. Był on również dyrektorem Southern Railway i w Who's Who określał się jako „niezależny politycznie".

Archibald Kains reprezentował okręg San Francisco w Federalnej Radzie Doradczej, chociaż utrzymywał swoje biuro w Nowym Jorku jako prezes American Foreign Banking Corporation.

Po pełnieniu funkcji prezesa Rady Rezerwy Federalnej w latach 1914–1918 Paul Warburg nie ubiegał się o kolejną kadencję. Nie był jednak gotowy zerwać więzi z Systemem Rezerwy Federalnej, do którego utworzenia i uruchomienia tak wiele włożył. J.P. Morgan uprzejmie zrezygnował ze swojego miejsca w Federalnej Radzie Doradczej i przez następne dziesięć lat Paul Warburg nadal reprezentował okręg Rezerwy Federalnej w Nowym Jorku w Radzie. Był wiceprzewodniczącym Rady w latach 1922–1925, a przewodniczącym w latach 1926–1927. W ten sposób Warburg pozostawał dominującą postacią na posiedzeniach Rady Rezerwy Federalnej przez całe lata dwudzieste, kiedy to europejskie banki centralne planowały wielką restrykcję kredytową, która doprowadziła do krachu z 1929 roku i Wielkiego Kryzysu.

Chociaż większość „rekomendacji" Federalnej Rady Doradczej skierowanych do Rady Gubernatorów nigdy nie została upubliczniona, w nielicznych przypadkach krótkie wzmianki w „*The New York Times*" pozwalały na rzadki wgląd w przebieg jej obrad. 21 listopada 1916 r. „*The Times*" poinformował, że Federalna Rada Doradcza zebrała się w Waszyngtonie na swoje kwartalne posiedzenie.

„Rozmawiano o przejęciu europejskiego kredytu udzielanego Ameryce Południowej i innym krajom. Przedstawiciele Rezerwy Federalnej stwierdzili, że aby utrzymać pozycję jednego z światowych bankierów, Stany Zjednoczone muszą liczyć się z tym, że zostaną wezwane do świadczenia znacznej części usług, które w przeszłości wykonywała głównie Anglia, w zakresie udzielania krótkoterminowych kredytów niezbędnych do produkcji i transportu wszelkiego rodzaju towarów w handlu światowym, oraz że akcepty w handlu zagranicznym wymagają niższych dyskont i jak najbardziej swobodnych i niezawodnych rynków złota". (W 1916 r. I wojna światowa osiągnęła swój szczyt).

Oprócz pracy w Radzie Gubernatorów i Federalnej Radzie Doradczej Paul Warburg nadal przemawiał do grup bankierów na temat polityki pieniężnej, której mieli się trzymać. 22 października 1915 r. przemawiał w Twin City Bankers Club w St. Paul w stanie Minnesota, gdzie stwierdził: „W waszym interesie leży, aby banki Rezerwy Federalnej były tak silne, jak to tylko możliwe. Trudno sobie wyobrazić, co przyszłość może przynieść dla rozwoju amerykańskiej bankowości. Gdy czołowe mocarstwa Europy ograniczają się do własnego obszaru, a Stany Zjednoczone stają się krajem wierzycielem dla całego świata, granice obszaru, który stoi przed nami otworem, wyznacza jedynie nasza zdolność do bezpiecznej ekspansji. Zakres naszej przyszłości bankowej będzie ostatecznie ograniczony ilością złota, jaką uda nam się zgromadzić jako fundament naszej struktury bankowej i kredytowej".

Skład Rady Gubernatorów Rezerwy Federalnej i Rady Doradczej Rezerwy Federalnej, od momentu jej powstania do dnia dzisiejszego, wskazuje na powiązania z konferencją na wyspie Jekyll i londyńską społecznością bankową, co stanowi niepodważalny dowód, akceptowalny w każdym sądzie, że istniał plan przejęcia kontroli nad pieniędzmi i kredytami obywateli Stanów Zjednoczonych oraz wykorzystania ich dla zysku architektów tego planu. Weteranami wyspy Jekyll byli: Frank Vanderlip, prezes National City Bank, który w 1914 r. nabył znaczną część udziałów w Banku Rezerwy Federalnej w Nowym Jorku; Paul Warburg z Kuhn, Loeb Company; Henry P. Davison, prawa ręka J.P. Morgana oraz dyrektor First National Bank of New York i National Bank of Commerce, który przejął znaczną część akcji Federal Reserve Bank of New York; oraz Benjamin Strong, znany również jako zastępca Morgana, który pełnił funkcję prezesa Federal Reserve Bank of New York w latach 20.[46]

Wybór regionalnych członków Federalnej Rady Doradczej z listy bankierów, którzy ściśle współpracowali z „wielką piątką" banków w Nowym Jorku i byli ich głównymi bankami korespondencyjnymi, dowodzi, że szeroko reklamowana „regionalna ochrona interesu publicznego" przez Cartera Glassa i innych waszyngtońskich zwolenników ustawy o Rezerwie

46 „Federalna Rada Doradcza ma ogromny wpływ na Radę Rezerwy Federalnej. W radzie tej wyróżnia się J.P. Morgan, czołowy członek J.P. Morgan Company i syn zmarłego J.P. Morgana. Każdy z dwunastu członków Rady Doradczej, jak dobrze wiecie, został wykształcony w tej samej atmosferze. Ustawa o Rezerwie Federalnej jest nie tylko aktem przyznającym specjalne przywileje, ale osoby uprzywilejowane zostały umieszczone na stanowiskach kierowniczych i pełnią rolę doradców w jej administracji. Rada Rezerwy Federalnej i Federalna Rada Doradcza zarządzają Systemem Rezerwy Federalnej jako jego najwyższy organ, a żaden z niższych urzędników, nawet gdyby chciał, nie odważyłby się z nimi walczyć".
(Z: *„Why Is Your Country At War?"* autorstwa Charlesa Lindbergha, opublikowanej w 1917 r.). Powyższy akapit wyjaśnia, dlaczego Woodrow Wilson nakazał agentom rządowym zajęcie i zniszczenie matryc drukarskich oraz egzemplarzy tej książki wiosną 1918 r.

Federalnej była od samego początku celowym oszustwem. Fakt, że przez siedemdziesiąt lat rada ta mogła spotykać się z Radą Gubernatorów Rezerwy Federalnej i „doradzać" gubernatorom w sprawie decyzji dotyczących polityki pieniężnej, które miały wpływ na codzienne życie każdego mieszkańca Stanów Zjednoczonych, bez wiedzy opinii publicznej o jej istnieniu, pokazuje, że planiści operacji banku centralnego doskonale wiedzieli, jak osiągnąć swoje cele poprzez „procesy administracyjne", o których opinia publiczna pozostawała w niewiedzy. Twierdzenie, że „porady" członków rady nie są wiążące dla członków Rady Gubernatorów lub że nie mają one żadnego znaczenia, oznacza twierdzenie, że cztery razy w roku dwunastu najbardziej wpływowych bankierów w Stanach Zjednoczonych poświęca czas ze swojej pracy, aby udać się do Waszyngtonu na spotkanie z Radą Rezerwy Federalnej wyłącznie w celu wypicia kawy i wymiany uprzejmości. Jest to twierdzenie, którego nikt zaznajomiony z funkcjonowaniem środowiska biznesowego nie potraktuje poważnie. W 1914 r. podróż bankierów z Dalekiego Zachodu do Waszyngtonu na posiedzenie rady z Radą Rezerwy Federalnej (Federal Reserve Board) trwała cztery dni w jedną stronę. Ci ludzie mieli rozległe interesy biznesowe, które wymagały ich czasu. J.P. Morgan był dyrektorem sześćdziesięciu trzech korporacji, które organizowały coroczne zgromadzenia, i trudno było oczekiwać, że będzie podróżował do Waszyngtonu, aby uczestniczyć w posiedzeniach Rady Rezerwy Federalnej, gdyby jego rady miały być uznane za nieistotne.[47]

---

[47] Powiązania z J.P. Morganem pozostają dominujące w Federalnej Radzie Doradczej. Od kilku lat prestiżowy Okręg Rezerwy Federalnej nr 2, Okręg Nowojorski, jest reprezentowany w Federalnej Radzie Doradczej przez Lewisa Prestona. Preston jest prezesem J.P. Morgan Company, a także prezesem i dyrektorem generalnym Morgan Guaranty Trust w Nowym Jorku. Jako spadkobierca fortuny Baldwina (firmy kontrolowanej przez Morgana), Preston poślubił dziedziczkę fortuny gazety Pulitzera. 26 lutego 1929 r. „*The New York Times*" odnotował, że doszło do fuzji między National Bank of Commerce a Guaranty Trust, co uczyniło je największym bankiem w Stanach Zjednoczonych, z kapitałem wynoszącym dwa miliardy dolarów. Negocjacje w sprawie fuzji prowadził Myron C. Taylor, prezes U.S. Steel, firmy należącej do Morgana. Banki zajmowały sąsiadujące ze sobą budynki na Wall Street i, jak zauważył „*The New York Times*", „Guaranty Trust Company od dawna znana jest jako jeden z banków należących do »grupy Morgana«". National Bank of Commerce również utożsamiano z interesami Morgana.

ROZDZIAŁ PIĄTY

RODZINA ROTHSCHILDÓW

Sukces spisku Rezerwy Federalnej wywoła wiele pytań w umysłach czytelników, którzy nie znają historii Stanów Zjednoczonych i kapitału finansowego. Jak sojusz Kuhn, Loeb-Morgan, choć potężny, mógł wierzyć, że będzie w stanie, po pierwsze, opracować plan, który pozwoli mu przejąć kontrolę nad wszystkimi pieniędzmi i kredytami obywateli Stanów Zjednoczonych, a po drugie, doprowadzić do uchwalenia takiego planu w formie ustawy?

Zdolność do opracowania i wdrożenia „Planu Rezerwy Narodowej" – jak nazwano bezpośredni wynik wyprawy na wyspę Jekyll – mieściła się z łatwością w zakresie uprawnień sojuszu Kuhn, Loeb-Morgan, zgodnie z poniższym fragmentem artykułu Johna Moody'ego „The Seven Men" („Siedmiu mężczyzn") opublikowanego w magazynie „McClure's" w sierpniu 1911 roku:

„Siedmiu mężczyzn z Wall Street kontroluje obecnie znaczną część podstawowego przemysłu i zasobów Stanów Zjednoczonych. Trzech z tych siedmiu mężczyzn, J.P. Morgan, James J. Hill i George F. Baker, szef First National Bank of New York, należy do tak zwanej grupy Morgana; czterech z nich, John D. i William Rockefeller, James Stillman, szef National City Bank, oraz Jacob H. Schiff z prywatnej firmy bankowej Kuhn, Loeb Company, do tak zwanej grupy Standard Oil City Bank... centralna machina kapitału rozszerza swoją kontrolę nad Stanami Zjednoczonymi... Proces ten jest nie tylko logiczny z ekonomicznego punktu widzenia; obecnie przebiega praktycznie automatycznie".[48]

---

[48] John Moody, „*The Seven Men*", McClure's Magazine, sierpień 1911 r., s. 418.

Widzimy zatem, że spisek z 1910 roku mający na celu przejęcie kontroli nad pieniędzmi i kredytami mieszkańców Stanów Zjednoczonych został zaplanowany przez ludzi, którzy już kontrolowali większość zasobów kraju. Johnowi Moody'emu wydawało się „praktycznie automatyczne", że powinni oni kontynuować swoje działania.

John Moody nie wiedział jednak, ani nie powiedział o tym swoim czytelnikom, że najpotężniejsi ludzie w Stanach Zjednoczonych sami odpowiadali przed inną potęgą, potęgą zagraniczną, która od samego początku nieustannie dążyła do rozszerzenia swojej kontroli nad młodą republiką Stanów Zjednoczonych. Potęgą tą była potęga finansowa Anglii, skupiona w londyńskim oddziale rodu Rothschildów. Faktem jest, że w 1910 roku Stany Zjednoczone były praktycznie rządzone z Anglii i tak jest do dziś. Dziesięć największych holdingów bankowych w Stanach Zjednoczonych znajduje się w rękach określonych domów bankowych, z których wszystkie mają oddziały w Londynie. Są to: J.P. Morgan Company, Brown Brothers Harriman, Warburg, Kuhn Loeb i J. Henry Schroder. Wszystkie one utrzymują bliskie relacje z rodem Rothschildów, głównie poprzez kontrolę Rothschildów nad międzynarodowymi rynkami pieniężnymi poprzez manipulowanie ceną złota. Każdego dnia światowa cena złota jest ustalana w londyńskim biurze N.M. Rothschild and Company.

Chociaż firmy te są pozornie amerykańskie i mają jedynie oddziały w Londynie, w rzeczywistości otrzymują one wytyczne z Londynu. Ich historia jest fascynująca i nieznana amerykańskiej opinii publicznej, a jej początki sięgają międzynarodowego handlu złotem, niewolnikami, diamentami i innymi kontrabandowymi towarami. W żadnej decyzji biznesowej podejmowanej przez te firmy nie ma miejsca na względy moralne. Interesują je wyłącznie pieniądze i władza.

Dzisiejsi turyści gapią się na wspaniałe rezydencje najbogatszych w Newport w stanie Rhode Island, nie zdając sobie sprawy, że te „domki" są nie tylko pomnikiem baronialnych pragnień naszych wiktoriańskich milionerów, ale że ich wzniesienie w Newport stanowiło nostalgiczne upamiętnienie wielkich amerykańskich fortun, które miały swój początek w Newport, gdy miasto to było stolicą handlu niewolnikami.

Przez wieki centrum handlu niewolnikami znajdowało się w Wenecji, aż do XVII wieku, kiedy to Wielka Brytania, nowy pan mórz, wykorzystała swoją kontrolę nad oceanami, by zdobyć monopol. W miarę osiedlania się kolonii amerykańskich ich zaciekle niezależni mieszkańcy, z których większość nie pragnęła niewolników, ku swojemu zaskoczeniu odkryli, że do naszych portów wysyłano ich w ogromnych ilościach.

Przez wiele lat Newport było stolicą tego nieprzyjemnego handlu. William Ellery, poborca celny w porcie Newport, powiedział w 1791 roku:

„...Etiopczyk mógłby równie dobrze zmienić kolor skóry, jak kupiec z Newport mógłby dać się namówić na rezygnację z tak lukratywnego handlu... na rzecz powolnych zysków z jakiejkolwiek manufaktury".

John Quincy Adams zauważył w swoim dzienniku, na stronie 459: „Dawna prosperity Newport wynikała głównie z jego szerokiego zaangażowania w afrykański handel niewolnikami".

Dominacja J.P. Morgana i firmy Brown w amerykańskich finansach sięga czasów, gdy Baltimore stało się XIX-wieczną stolicą handlu niewolnikami. Obie te firmy powstały w Baltimore, otworzyły oddziały w Londynie, znalazły się pod egidą rodu Rothschildów, a następnie powróciły do Stanów Zjednoczonych, aby otworzyć oddziały w Nowym Jorku i stać się dominującą siłą nie tylko w finansach, ale także w rządzie. W ostatnich latach kluczowe stanowiska, takie jak sekretarz obrony, zajmowali Robert Lovett, partner w Brown Brothers Harriman, oraz Thomas S. Gates, partner w Drexel and Company, spółce zależnej J.P. Morgan. Obecny wiceprezydent, George Bush, jest synem Prescotta Busha, partnera w Brown Brothers Harriman, wieloletniego senatora z Connecticut oraz organizatora finansowego Columbia Broadcasting System, którego był również wieloletnim dyrektorem.

Aby zrozumieć, dlaczego firmy te działają w taki sposób, konieczne jest przedstawienie krótkiej historii ich powstania. Niewielu Amerykanów wie, że firma J.P. Morgan Company rozpoczęła działalność jako George Peabody and Company. George Peabody (1795–1869), urodzony w South Danvers w stanie Massachusetts, rozpoczął działalność w Georgetown w Waszyngtonie w 1814 roku jako Peabody, Riggs and Company, zajmując się hurtową sprzedażą towarów tekstylnych oraz prowadzeniem targu niewolników w Georgetown. W 1815 roku, aby być bliżej źródeł zaopatrzenia, przenieśli się do Baltimore, gdzie w latach 1815–1835 działali pod nazwą Peabody and Riggs. Peabody coraz bardziej angażował się w interesy z Londynem i w 1835 roku założył w tym mieście firmę George Peabody and Company. Dzięki innej firmie z Baltimore, założonej w Liverpoolu – Brown Brothers – miał doskonałe kontakty w londyńskim świecie biznesu. Alexander Brown przybył do Baltimore w 1801 roku i założył firmę, która obecnie znana jest jako najstarszy dom bankowy w Stanach Zjednoczonych –, działający nadal jako Brown Brothers Harriman w Nowym Jorku, Brown, Shipley and Company w Anglii oraz Alex Brown and Son w Baltimore. O potędze tej firmy za kulisami świadczy fakt, że sir Montagu Norman, wieloletni prezes Banku Anglii, był wspólnikiem w Brown, Shipley and Company.[49] Uważany za najbardziej wpływowego bankiera na świecie, sir Montagu Norman był organizatorem „nieformalnych rozmów" między szefami banków centralnych w 1927 roku, które bezpośrednio doprowadziły do wielkiego krachu na giełdzie w 1929 roku.

Wkrótce po przybyciu do Londynu George Peabody był zaskoczony, gdy wezwano go na audiencję do szorstkiego barona Nathana Mayera Rothschilda. Nie przebierając w słowach, Rothschild wyjawił Peabody'emu, że znaczna część londyńskiej arystokracji otwarcie nie lubi Rothschilda i odrzuca jego zaproszenia. Zaproponował, aby Peabody, człowiek o skromnych środkach, stał się hojnym gospodarzem, którego przyjęcia wkrótce stałyby się tematem rozmów w całym Londynie. Rothschild oczywiście pokrywałby wszystkie rachunki. Peabody przyjął ofertę i wkrótce stał się znany jako najpopularniejszy gospodarz w Londynie. Jego coroczna kolacja z okazji 4 lipca, świętująca amerykańską niepodległość, stała się niezwykle popularna wśród angielskiej arystokracji, której wielu członków, popijając wino Peabody'ego, zabawiało się żartami na temat grubiaństwa i złych

[49] „Istnieje nieformalne porozumienie, że dyrektor Brown, Shipley powinien zasiadać w zarządzie Banku Anglii, a Norman został do niego wybrany w 1907 r." Montagu Norman, Current Biography, 1940.

manier Rothschilda, nie zdając sobie sprawy, że za każdą kroplę, którą wypili, zapłacił Rothschild.

Nie jest zaskoczeniem, że najpopularniejszy londyński gospodarz stał się również odnoszącym sukcesy biznesmenem, zwłaszcza mając za sobą wsparcie rodu Rothschildów. Peabody często dysponował kapitałem w wysokości 500 000 funtów i stał się bardzo sprytny w kupowaniu i sprzedawaniu po obu stronach Atlantyku. Jego amerykańskim agentem była bostońska firma Beebe, Morgan and Company, kierowana przez Juniusa S. Morgana, ojca Johna Pierponta Morgana. Peabody, który nigdy się nie ożenił, nie miał nikogo, kto mógłby przejąć po nim schedę, i był pod bardzo pozytywnym wrażeniem wysokiego, przystojnego Juniusa Morgana. W 1854 roku przekonał Morgana, by dołączył do niego w Londynie jako wspólnik w firmie George Peabody and Company. W 1860 roku John Pierpont Morgan został przyjęty na praktykę w firmie Duncan, Sherman w Nowym Jorku. Nie był zbyt zaangażowany w interesy, a w 1864 roku ojciec Morgana był oburzony, gdy firma Duncan, Sherman odmówiła uczynienia jego syna wspólnikiem. Natychmiast zawarł porozumienie, w ramach którego jednego z głównych pracowników firmy Duncan, Sherman, Charlesa H. Dabneya, przekonano do dołączenia do Johna Pierponta Morgana w nowej firmie, Dabney, Morgan and Company. Magazyn „Bankers Magazine" z grudnia 1864 r. odnotował, że Peabody wycofał swoje konto z firmy Duncan, Sherman i że spodziewano się, iż inne firmy pójdą w jego ślady. Konto Peabody'ego trafiło oczywiście do firmy Dabney, Morgan Company.

John Pierpont Morgan urodził się w 1837 r., podczas pierwszej paniki finansowej w Stanach Zjednoczonych. Co istotne, została ona wywołana przez ród Rothschildów, z którym Morgan miał później nawiązać współpracę.

W 1836 r. prezydent Andrew Jackson, wściekły na taktykę bankierów, którzy próbowali przekonać go do przedłużenia statutu Drugiego Banku Stanów Zjednoczonych, powiedział: „Jesteście gniazdem żmij. Zamierzam was stąd wygnać i na Boga Wszechmogącego, wygnam was. Gdyby tylko ludzie zrozumieli rażącą niesprawiedliwość naszego systemu pieniężnego i bankowego, przed świtem wybuchłaby rewolucja".

Chociaż Nicholas Biddle był prezesem Banku Stanów Zjednoczonych, powszechnie wiadomo było, że głównym inwestorem tego banku centralnego był baron James de Rothschild z Paryża. Chociaż Jackson zawetował przedłużenie statutu Banku Stanów Zjednoczonych, prawdopodobnie nie wiedział, że kilka miesięcy wcześniej, w 1835 roku, ród Rothschildów umocnił swoje relacje z rządem Stanów Zjednoczonych, zastępując firmę Baring jako agenta finansowego Departamentu Stanu 1 stycznia 1835 roku.

Słynny bankier Henry Clews w swojej książce „Twenty-eight Years in Wall Street" ([50]) stwierdza, że panika z 1837 r. została wywołana, ponieważ statut Drugiego Banku Stanów Zjednoczonych wygasł w 1836 r. Prezydent Jackson nie tylko niezwłocznie wycofał fundusze rządowe z Drugiego Banku Stanów Zjednoczonych, ale zdeponował te środki, w wysokości 10 milionów dolarów, w bankach stanowych. Clews twierdzi, że bezpośrednim skutkiem tego było to, że kraj zaczął cieszyć się wielkim dobrobytem. Ten nagły napływ gotówki spowodował natychmiastową ekspansję gospodarki krajowej, a rząd spłacił cały dług publiczny, pozostawiając w skarbcu nadwyżkę w wysokości 50 milionów dolarów.

Europejscy finansiści mieli odpowiedź na tę sytuację. Clews stwierdza dalej: „Panika z 1837 roku została zaostrzona przez Bank Anglii, który w ciągu jednego dnia wyrzucił wszystkie papiery związane ze Stanami Zjednoczonymi".

Bank Anglii był oczywiście synonimem nazwiska barona Nathana Mayera Rothschilda. Dlaczego Bank Anglii w ciągu jednego dnia „wyrzucił" wszystkie papiery związane ze Stanami Zjednoczonymi, to znaczy odmówił przyjmowania lub dyskontowania jakichkolwiek papierów wartościowych, obligacji lub innych dokumentów finansowych opartych na Stanach Zjednoczonych? Celem tego działania było wywołanie natychmiastowej paniki finansowej w Stanach Zjednoczonych, spowodowanie całkowitego załamania kredytu, wstrzymanie dalszych emisji akcji i obligacji oraz zrujnowanie tych, którzy chcieli zamienić amerykańskie papiery wartościowe na gotówkę. W tej atmosferze paniki finansowej na świat przyszedł John Pierpont

[50] Henry Clews, *Twenty-eight Years in Wall Street*, Irving Company, Nowy Jork, 1888, str. 157.

Morgan. Jego babka, Joseph Morgan, była zamożną rolnicą, która posiadała 106 akrów w Hartford w stanie Connecticut. Później otworzyła hotel City Hotel oraz kawiarnię Exchange Coffee Shop, a w 1819 roku była jedną z założycielek firmy ubezpieczeniowej Aetna Insurance Company.

George Peabody przekonał się, że dobrze wybrał Juniusa S. Morgana na swojego następcę. Morgan zgodził się kontynuować potajemną współpracę z firmą N.M. Rothschild Company i wkrótce rozszerzył działalność firmy, wysyłając do Stanów Zjednoczonych duże ilości żelaza kolejowego. To właśnie żelazo Peabody'ego stanowiło podstawę większości amerykańskich torów kolejowych w latach 1860–1890. W 1864 roku, zadowolony z przejścia na emeryturę i pozostawienia firmy w rękach Morgana, Peabody zezwolił na zmianę nazwy na Junius S. Morgan Company. Firma Morgana była wówczas i od tamtej pory zawsze kierowana z Londynu. John Pierpont Morgan spędzał większość czasu w swojej wspaniałej londyńskiej rezydencji, Prince's Gate.

Jednym z najważniejszych momentów w historii udanego przedsięwzięcia biznesowego Rothschild-Peabody Morgan była panika z 1857 roku. Minęło dwadzieścia lat od paniki z 1837 roku: jej lekcje zostały zapomniane przez rzesze chętnych inwestorów, którzy z niecierpliwością chcieli zainwestować zyski rozwijającej się Ameryki. Nadszedł czas, aby ponownie ich oskubać. Giełda działa jak fala uderzająca o brzeg. Zmywa ze sobą wiele drobnych stworzeń, które czerpią całe swoje życie z tlenu i wody zawartej w fali. Płyną one na grzbiecie „fali dobrobytu". Nagle fala, osiągając najwyższy poziom na plaży, cofa się, pozostawiając wszystkie stworzenia łapiące powietrze na piasku. Kolejna fala może nadejść na czas, by je uratować, ale najprawdopodobniej nie dotrze tak daleko, a część morskich stworzeń jest skazana na zagładę. W ten sam sposób fale dobrobytu, napędzane nowo wyemitowanym pieniądzem poprzez sztuczne ograniczenie kredytu, cofają się, pozostawiając tych, których uniosły wysoko, łapiących powietrze i umierających bez nadziei na ratunek.

Książka „Corsair, the Life of J.P. Morgan" ([51]) informuje nas, że panika z 1857 roku została spowodowana załamaniem rynku zbóż oraz nagłym upadkiem firmy Ohio Life and Trust, co

---

[51] Corsair, *The Life of Morgan.*

przyniosło stratę w wysokości pięciu milionów dolarów. W wyniku tego upadku upadło dziewięćset innych amerykańskich firm. Co istotne, jedna nie tylko przetrwała, ale także prosperowała dzięki tej katastrofie. W książce „Corsair" dowiadujemy się, że Bank Anglii pożyczył firmie George Peabody and Company pięć milionów funtów podczas paniki z 1857 roku. Winkler w książce „Morgan the Magnificent"[52] pisze, że Bank Anglii udzielił firmie Peabody pożyczki w wysokości miliona funtów, co w tamtych czasach było ogromną sumą, a dziś odpowiadałoby stu milionom dolarów, aby uratować firmę. Jednak żadna inna firma nie otrzymała takiego wsparcia podczas tej paniki. Powód ujawnia Matthew Josephson w książce „The Robber Barons". Na stronie 60 pisze:

„Firma George Peabody and Company, stare drzewo, z którego wyrosło Dom Morgana, słynęła z konserwatyzmu i uczciwości. Podczas paniki w 1857 roku, kiedy zdesperowani inwestorzy w Ameryce wyrzucili na rynek papiery wartościowe, które straciły na wartości, Peabody i starszy Morgan, dysponując gotówką, swobodnie kupowali obligacje posiadające rzeczywistą wartość, a następnie odsprzedawali je z dużym zyskiem, gdy sytuacja się ustabilizowała".[53]

W ten sposób, na podstawie wielu biografii Morgana, można złożyć tę historię w całość. Po wywołaniu paniki jedna firma wkroczyła na rynk, dysponując milionem funtów w gotówce, kupiła papiery wartościowe od zdesperowanych inwestorów po cenach paniki, a później odsprzedała je z ogromnym zyskiem. Tą firmą była firma Morgana, a za nią stały sprytne manewry barona Nathana Mayera Rothschilda. Związek ten pozostawał tajemnicą nawet dla najbardziej znających się na finansach umysłów w Londynie i Nowym Jorku, chociaż Morgan od czasu do czasu pojawiał się jako agent finansowy w operacjach Rothschildów. Gdy firma Morgana szybko się rozwijała pod koniec XIX wieku, aż zdominowała finanse kraju, wielu obserwatorów było zdziwionych, że Rothschildowie wydawali się tak mało zainteresowani czerpaniem zysków z inwestowania w szybko rozwijającą się amerykańską gospodarkę. John Moody zauważa w książce „The Masters of Capital", strona 27: „Rothschildowie byli zadowoleni z

[52] John K. Winkler, *Morgan the Magnificent*, Vanguard, N.Y. 1930.

[53] Matthew Josephson, *The Robber Barons*, Harcourt Brace, N.Y. 1934.

pozostawania bliskim sojusznikiem Morgana... jeśli chodzi o rynek amerykański".[54] Tajemnica była bardziej opłacalna niż męstwo.

Powód, dla którego europejscy Rothschildowie woleli działać anonimowo w Stanach Zjednoczonych za fasadą J.P. Morgan and Company, wyjaśnia George Wheeler w książce „Pierpont Morgan and Friends, the Anatomy of a Myth", strona 17:

„Jednak już wtedy podejmowano kroki, by wyciągnąć go z finansowej stagnacji, i nie były to działania samego Pierponta Morgana. Pierwsza propozycja, by powierzyć mu rolę w uzupełnieniu rezerw, wyszła od londyńskiego oddziału Domu Rothschildów, pracodawców Belmonta".[55]

Wheeler wyjaśnia dalej, że w Europie i Stanach Zjednoczonych rozwinął się znaczny ruch anty-Rothschildowski, który skupiał się na działalności bankowej rodziny Rothschildów. Mimo że mieli oni zarejestrowanego agenta w Stanach Zjednoczonych, Augusta Schoenberga, który zmienił nazwisko na Belmont, gdy przybył do Stanów Zjednoczonych jako przedstawiciel Rothschildów w 1837 roku, niezwykle korzystne było dla nich posiadanie amerykańskiego przedstawiciela, który nie był znany jako agent Rothschildów.

Chociaż londyński dom Junius S. Morgan and Company pozostawał dominującym oddziałem przedsiębiorstw Morgana, wraz ze śmiercią starszego Morgana w 1890 roku w wypadku powozowym na Riwierze, John Pierpont Morgan stał się szefem firmy. Po prowadzeniu działalności jako amerykański przedstawiciel londyńskiej firmy w latach 1864–1871 pod nazwą Dabney Morgan Company, Morgan w 1871 roku przyjął nowego partnera, Anthony'ego Drexela z Filadelfii, i działał jako Drexel Morgan and Company do 1895 roku. W tym samym roku zmarł Drexel, a Morgan zmienił nazwę amerykańskiego oddziału na J.P. Morgan and Company.

LaRouche w książce „[56] " pisze, że 5 lutego 1891 r. w Londynie powstało tajne stowarzyszenie znane jako Grupa Okrągłego Stołu,

---

[54] John Moody, *The Masters of Capital.*

[55] George Wheeler, *Pierpont Morgan and Friends, the Anatomy of a Myth,* Prentice Hall, N.J. 1973.

[56] Lyndon H. LaRouche, Jr., Dope, Inc., The New Benjamin Franklin House Publishing Company, Nowy Jork 1978.

założone przez Cecila Rhodesa, jego bankiera lorda Rothschilda, zięcia Rothschilda lorda Rosebery'ego oraz lorda Curzona. Twierdzi on, że w Stanach Zjednoczonych Grupa Okrągłego Stołu była reprezentowana przez grupę Morgana. Dr Carrol Quigley w książce „Tragedy and Hope" nazywa tę grupę „Brytyjsko-amerykańskim tajnym stowarzyszeniem", stwierdzając, że „głównym filarem tej organizacji była istniejąca już współpraca finansowa między bankiem Morgana w Nowym Jorku a grupą międzynarodowych finansistów w Londynie, na czele której stali bracia Lazard (w 1901 r.)".[57]

William Guy Carr w *książce „Pawns In The Game"* stwierdza, że „w 1899 roku J.P. Morgan i Drexel udali się do Anglii, aby wziąć udział w Międzynarodowej Konwencji Bankierów. Po powrocie J.P. Morgan został mianowany głównym przedstawicielem interesów Rotszyldów w Stanach Zjednoczonych. W wyniku konferencji londyńskiej nawiązano współpracę między J.P. Morgan and Company z Nowego Jorku, Drexel and Company z Filadelfii, Grenfell and Company z Londynu, Morgan Harjes Cie z Paryża, M.M. Warburg Company z Niemiec i Ameryki oraz rodem Rotszyldów".[58]

Najwyraźniej nieświadomy powiązań Peabody'ego z Rotszyldami oraz faktu, że Morganowie zawsze byli powiązani z rodem Rotszyldów, Carr przypuszczał, że odkrył tę relację w 1899 roku, podczas gdy w rzeczywistości sięgała ona aż do 1835 roku.[59]

Po I wojnie światowej Okrągły Stół stał się znany jako Rada Stosunków Zagranicznych w Stanach Zjednoczonych oraz Królewski Instytut Spraw Międzynarodowych w Londynie.

---

[57] Dr Carrol Quigley, *Tragedy and Hope*, Macmillan Co., N.Y.

[58] William Guy Carr, *Pawns In The Game*, wydanie prywatne, 1956, str. 60.

[59] 30 lipca 1930 r. McFadden: Podstawy kontroli warunków gospodarczych. Ta kontrola światowej struktury biznesowej oraz ludzkiego szczęścia i postępu przez niewielką grupę jest przedmiotem ogromnego zainteresowania opinii publicznej. Analizując ją, musimy zacząć od wewnętrznej grupy skupionej wokół firmy J.P. Morgan. Nigdy wcześniej nie istniała tak potężna, scentralizowana kontrola nad finansami, produkcją przemysłową, kredytami i płacami, jak ta, którą obecnie sprawuje grupa Morgana... Kontrola Morgana nad Systemem Rezerwy Federalnej jest sprawowana poprzez kontrolę nad zarządzaniem Bankiem Rezerwy Federalnej w Nowym Jorku.

Czołowi urzędnicy rządowi zarówno w Anglii, jak i w Stanach Zjednoczonych byli wybierani spośród jego członków. W latach 60. XX wieku, gdy coraz większa uwaga skupiała się na potajemnych działaniach rządowych Rady Stosunków Zagranicznych, rozpoczęły działalność grupy pomocnicze, znane jako Komisja Trójstronna i Bilderbergers, reprezentujące te same interesy finansowe, a ważniejsi urzędnicy, tacy jak Robert Roosa, byli członkami wszystkich trzech grup.

George F. Peabody w książce „History of the Great American Fortunes" (Gustavus Myers, Mod. Lib. 537) zauważa, że ojciec J.P. Morgana, Junius S. Morgan, został partnerem George'a Peabody'ego w branży bankowej. „Kiedy wybuchła wojna secesyjna, firma George Peabody and Company została mianowana przedstawicielem finansowym rządu Stanów Zjednoczonych w Anglii... wraz z tym mianowaniem ich majątek nagle zaczął się powiększać; podczas gdy dotychczas gromadzili bogactwa stopniowo, w niezbyt szybkim tempie, teraz w ciągu zaledwie kilku lat powiększyli je o wiele milionów". Według ówczesnych pisarzy metody firmy George Peabody & Company były nie tylko nieuzasadnione, ale stanowiły podwójną zdradę, ponieważ udzielając pomocy wrogowi, firma George Peabody & Company była pełnomocnikiem rządu Stanów Zjednoczonych i otrzymywała wysokie wynagrodzenie za dbanie o jego interesy.

„*Springfield* Republic", 1866: „Wszyscy, którzy znają się na tej sprawie, doskonale wiedzą, że Peabody i jego partnerzy nie okazali nam żadnego zaufania ani pomocy w naszej walce o narodowe przetrwanie. W pełni podzielali powszechną angielską nieufność wobec naszej sprawy i naszego sukcesu w wojnie secesyjnej oraz wypowiadali się i działali raczej na rzecz Południa niż naszego narodu. Żadna osoba nie przyczyniła się tak bardzo do zalania naszych rynków pieniężnych i osłabienia zaufania finansowego do naszej narodowości jak George Peabody & Company, a nikt nie zarobił więcej na tej operacji. Wszystkie pieniądze, które pan Peabody tak hojnie rozdaje wśród naszych instytucji edukacyjnych, zostały zdobyte dzięki spekulacjom jego firmy na naszych nieszczęściach".

Również „*New York Times*", 31 października 1866 r.: Fundusz pieniężny spekulantów z okresu odbudowy. Błyskawica nad budynkiem Skarbu Państwa, John Elson, Meador Publishing Co.,

Boston 41, str. 53: „*Bank Anglii* wraz ze swoimi bankami zależnymi w Ameryce (pod dominacją J.P. Morgana), Bank Francji oraz niemiecki Reichsbank stworzyły powiązany i współpracujący system bankowy, którego głównym celem było wyzyskiwanie ludzi".

Według Williama Guya Carra, w *książce „Pawns In The Game"* ([60]), pierwsze spotkanie tych z urzędu planistów odbyło się w sklepie złotniczym Mayera Amschela Bauera we Frankfurcie w 1773 roku. Bauer, który przyjął nazwisko „Rothschild" (Czerwona Tarcza) od czerwonej tarczy, którą zawiesił nad drzwiami, aby reklamować swoją działalność (czerwona tarcza jest dziś oficjalnym herbem miasta Frankfurtu) (patrz okładka), „miał zaledwie trzydzieści lat, kiedy zaprosił dwunastu innych zamożnych i wpływowych mężczyzn na spotkanie we Frankfurcie. Jego celem było przekonanie ich, że jeśli zgodzą się połączyć swoje zasoby, będą mogli sfinansować i kontrolować Światowy Ruch Rewolucyjny oraz wykorzystać go jako swój Podręcznik Działania, aby zdobyć ostateczną kontrolę nad bogactwem, zasobami naturalnymi i siłą roboczą całego świata. Po osiągnięciu tego porozumienia Mayer przedstawił swój rewolucyjny plan. Projekt miał być wspierany przez całą potęgę, jaką można było nabyć za pomocą ich połączonych zasobów.

Dzięki sprytnej manipulacji ich połączonym bogactwem możliwe byłoby stworzenie tak niekorzystnych warunków gospodarczych, że masy zostałyby zredukowane do stanu graniczącego z głodem przez bezrobocie... Ich opłacani propagandyści budziliby uczucia nienawiści i zemsty wobec klas rządzących, ujawniając wszystkie rzeczywiste i domniemane przypadki rozrzutności, rozwiązłego postępowania, niesprawiedliwości, ucisku i prześladowań. Wymyślaliby również oszczerstwa, aby zhańbić innych, którzy mogliby, gdyby pozostawiono ich w spokoju, zakłócić ich ogólne plany... Rothschild sięgnął po rękopis i zaczął czytać starannie przygotowany plan działania.

---

[60] William Guy Carr, *Pawns In The Game*, wydanie prywatne, 1956.

1. Twierdził, że PRAWO jest jedynie ukrytą FORMĄ SIŁY. Doszedł do wniosku, że logiczne jest stwierdzenie: „Zgodnie z prawami natury prawo wynika z siły".

2. Wolność polityczna jest ideą, a nie faktem. Aby przejąć władzę polityczną, wystarczyło głosić „liberalizm", tak aby elektorat, w imię idei, oddał część swojej władzy i przywilejów, które spiskowcy mogliby następnie zgromadzić w swoich rękach.

3. Mówca twierdził, że władza złota przejęła władzę liberalnych władców... Wskazał, że dla powodzenia jego planu nie miało znaczenia, czy istniejące rządy zostaną zniszczone przez wrogów zewnętrznych, czy wewnętrznych, ponieważ zwycięzca musiałby z konieczności poprosić o pomoc „kapitał", który „jest całkowicie w naszych rękach".

4. Twierdził, że użycie wszelkich środków w celu osiągnięcia ostatecznego celu jest uzasadnione tym, że władca rządzący zgodnie z kodeksem moralnym nie jest wprawnym politykiem, ponieważ naraża się na zagrożenie i znajduje się w niestabilnej pozycji.

5. Twierdził, że „Nasze prawo leży w sile. Słowo PRAWO jest abstrakcyjną myślą i niczego nie dowodzi. Odnajduję nowe PRAWO... do ataku w imię Prawa Silniejszych, do przebudowy wszystkich istniejących instytucji i do stania się suwerennym Panem wszystkich tych, którzy pozostawili nam Prawa do swojej władzy, oddając je nam w ramach swojego liberalizmu.

6. Siła naszych zasobów musi pozostać niewidoczna aż do momentu, gdy osiągnie taką potęgę, że żadna przebiegłość ani siła nie będą w stanie jej podważyć.

7. Następnie nakreślił dwadzieścia pięć punktów.

Punkt 8 dotyczył używania napojów alkoholowych, narkotyków, moralnej deprawacji i wszelkich występków w celu systematycznego demoralizowania młodzieży wszystkich narodów.

9. Mieli prawo przejmować własność wszelkimi środkami i bez wahania, jeśli w ten sposób zapewniali sobie posłuszeństwo i suwerenność.

10. To my jako pierwsi włożyliśmy hasła Wolność, Równość i Braterstwo w usta mas, co doprowadziło do powstania nowej

arystokracji. Warunkiem przynależności do tej arystokracji jest BOGACTWO, które jest od nas zależne.

11. Wojny powinny być tak prowadzone, aby narody zaangażowane po obu stronach popadały w coraz większe zadłużenie wobec nas.

12. Kandydaci na urzędy publiczne powinni być służalczy i posłuszni naszym rozkazom, aby można ich było łatwo wykorzystać.

13. Propaganda – ich połączone bogactwo pozwoliłoby kontrolować wszystkie kanały informacji publicznej.

14. Panika i kryzysy finansowe doprowadzą ostatecznie do powstania rządu światowego, nowego porządku jednego rządu światowego.

Rodzina Rothschildów od dwóch stuleci odgrywa kluczową rolę w międzynarodowych finansach, jak pisze Frederick Morton w książce „The Rothschilds":

„Przez ostatnie sto pięćdziesiąt lat historia rodu Rothschildów była w zadziwiającym stopniu historią kulisów Europy Zachodniej."38 (Przedmowa)... Dzięki sukcesom w udzielaniu pożyczek nie osobom fizycznym, ale państwom, osiągnęli ogromne zyski, chociaż, jak pisze Morton na stronie 36: „Ktoś kiedyś powiedział, że bogactwo Rothschildów składa się z bankructw narodów".[61]

E.C. Knuth pisze w *książce „The Empire of the City"*: „Fakt, że ród Rothschildów zarobił swoje pieniądze podczas wielkich krachów i wielkich wojen w historii, czyli właśnie w okresach, kiedy inni tracili swoje pieniądze, jest bezsprzeczny".[62]

W Wielkiej Encyklopedii Radzieckiej stwierdza się: „Najbardziej wyraźnym przykładem powiązań osobistych (międzynarodowych zarządów) w skali Europy Zachodniej jest rodzina Rothschildów. Oddziały Rothschildów w Londynie i Paryżu są powiązane nie tylko więzami rodzinnymi, ale także osobistymi

[61] Frederick Morton, *The Rothschilds*, Fawcett Publishing Company, N.Y., 1961.

[62] E.C. Knuth, *„Empire of the City"*, s. 71.

powiązaniami w spółkach wspólnie kontrolowanych".[63] Encyklopedia opisała ponadto te spółki jako międzynarodowe monopole.

Założyciel rodziny, Mayer Amschel Rothschild, założył w 1743 r. we Frankfurcie niewielką firmę zajmującą się handlem monetami. Chociaż wcześniej znany był jako Bauer,[64] reklamował swój zawód, umieszczając szyld przedstawiający orła na czerwonej tarczy, będącą adaptacją herbu miasta Frankfurtu, do którego dodał pięć złotych strzał wychodzących ze szponów, symbolizujących jego pięciu synów. Z powodu tego znaku przyjął nazwisko „Rothschild" lub „Czerwona Tarcza". Kiedy elektor Hesji zbił fortunę, wynajmując brytyjskiej armii heskich najemników do stłumienia buntu w amerykańskich koloniach, Rothschildowi powierzono te pieniądze do zainwestowania. Osiągnął znakomity zysk zarówno dla siebie, jak i dla elektora, co przyciągnęło kolejnych klientów. W 1785 roku przeniósł się do większego domu przy Judengasse 148, pięciopiętrowego budynku znanego jako „Zielona Tarcza", który dzielił z rodziną Schiffów.

Pięciu synów założyło oddziały w głównych miastach Europy, z których największy sukces odnieśli James w Paryżu i Nathan Mayer w Londynie. Ignatius Balla w książce „The Romance of the Rothschilds"[65] opowiada, w jaki sposób londyński Rothschild zbudował swoją fortunę. Udał się do Waterloo, gdzie ważyły się losy Europy, zobaczył, że Napoleon przegrywa bitwę, i pośpiesznie wrócił do Brukseli. W Ostendzie próbował wynająć łódź do Anglii, ale z powodu szalejącej burzy nikt nie chciał wypłynąć. Rothschild zaoferował 500 franków, potem 700, a w końcu 1000 franków za łódź. Jeden z marynarzy powiedział: „Zabiorę cię za 2000 franków; wtedy przynajmniej moja wdowa będzie miała coś, jeśli utoniemy". Pomimo burzy przepłynęli kanał La Manche.

Następnego ranka Rothschild zasiadł na swoim zwyczajowym miejscu na londyńskiej giełdzie. Wszyscy zauważyli, jak blady i

---

[63] *Wielka Encyklopedia Radziecka*, wydanie 3, 1973, Macmillan, Londyn, tom 14, str. 691

[64] „Pierwotne nazwisko Rothschildów brzmiało Bauer". str. 397, Henry Clews, *Twenty-eight years in Wall Street.*

[65] Ignatius Balla, *The Romance of the Rothschilds*, Everleigh Nash, Londyn, 1913

wyczerpany wyglądał. Nagle zaczął sprzedawać, wyrzucając na rynek ogromne ilości papierów wartościowych. Na giełdzie natychmiast zapanowała panika. Rothschild sprzedaje; wie, że przegraliśmy bitwę pod Waterloo. Rothschild i wszyscy jego znani agenci nadal zrzucali papiery wartościowe na rynek. Balla pisze: „Nic nie mogło powstrzymać tej katastrofy". W tym samym czasie po cichu skupował wszystkie papiery wartościowe za pośrednictwem tajnych agentów, o których nikt nie wiedział. W ciągu jednego dnia zarobił prawie milion funtów szterlingów, co dało początek powiedzeniu: „Sojusznicy wygrali bitwę pod Waterloo, ale tak naprawdę to Rothschild wygrał".[66]

W książce „The Profits of War" Richard Lewinsohn pisze: „Zyski Rothschilda z wojen napoleońskich sfinansowały jego późniejsze spekulacje giełdowe. Pod rządami Metternicha Austria, po długich wahaniach, w końcu zgodziła się przyjąć kierownictwo finansowe od rodu Rothschildów".[67]

Po sukcesie w Waterloo Nathan Mayer Rothschild przejął kontrolę nad Bankiem Anglii dzięki niemal monopolistycznej pozycji w zakresie „Consols" i innych akcji. W Europie powstało kilka „centralnych" banków, czyli banków posiadających uprawnienia do emisji waluty: Bank Szwecji w 1656 r., który rozpoczął emisję banknotów w 1661 r., a najwcześniejszym z nich był Bank Amsterdamski, który sfinansował przejęcie władzy przez Olivera Cromwella w Anglii w 1649 r., rzekomo z powodu różnic

---

[66] *„The New York Times"* z 1 kwietnia 1915 r. donosił, że w 1914 r. baron Nathan Mayer de Rothschild wystąpił do sądu o zakazanie publikacji książki Ignatiusa Balla, twierdząc, że opowieść o jego dziadku z Waterloo jest nieprawdziwa i zniesławiająca. Sąd orzekł, że opowieść jest prawdziwa, oddalił pozew Rothschilda i nakazał mu pokrycie wszystkich kosztów. *„The New York Times"* odnotował w tym artykule, że „całkowity majątek Rothschildów szacuje się na 2 miliardy dolarów". Wcześniejszy artykuł w *„The New York Times"* (z 27 maja 1905 r.) wspominał, że baron Alphonse de Rothschild, głowa francuskiego rodu Rothschildów, posiadał w swoim majątku amerykańskie papiery wartościowe o wartości 60 milionów dolarów, chociaż podobno Rothschildowie nie prowadzili aktywnej działalności w Stanach Zjednoczonych. To wyjaśnia, dlaczego ich agent, J.P. Morgan, miał w swoim majątku tylko 19 milionów dolarów w papierach wartościowych, kiedy zmarł w 1913 roku, a papiery wartościowe, którymi zajmował się Morgan, były w rzeczywistości własnością jego pracodawcy, Rothschilda.

[67] Richard Lewinsohn, *The Profits of War*, E.P. Dutton, 1937.

religijnych. Cromwell zmarł w 1657 r., a tron Anglii został przywrócony, gdy w 1660 r. koronowano Karola II. Zmarł on w 1685 r. W 1689 r. ta sama grupa bankierów odzyskała władzę w Anglii, umieszczając na tronie króla Wilhelma Orańskiego. Wkrótce wynagrodził on swoich sponsorów, nakazując brytyjskiemu skarbowi państwa zaciągnięcie pożyczki w wysokości 1 250 000 funtów od tych bankierów. Wydał im również Królewską Kartę dla Banku Anglii, która pozwalała im skonsolidować dług publiczny (który właśnie powstał w wyniku tej pożyczki) oraz zabezpieczyć spłatę odsetek i kapitału poprzez bezpośrednie opodatkowanie ludu. Karta zabraniała prywatnym złotnikom przechowywania złota i wystawiania pokwitowań, co dało akcjonariuszom Banku Anglii zrzeszonym w Stowarzyszeniu Złotników monopol pieniężny. Złotnicy zostali również zobowiązani do przechowywania swojego złota w skarbcach Banku Anglii. Nie tylko odebrano im dekretem rządowym przywilej emitowania środków płatniczych, ale ich majątki trafiły teraz w ręce tych, którzy ich wyparli.[68]

W swoich „Cantos", 46; 27, Ezra Pound odnosi się do wyjątkowych przywilejów, które William Paterson reklamował w swoim prospekcie dotyczącym Karty Banku Anglii:

„Powiedział Paterson

Czerpie korzyści z odsetek od wszystkich pieniędzy, które bank tworzy z niczego".

„Nic", o którym mowa, to oczywiście operacja księgowa banku, który „tworzy" pieniądze poprzez wpisanie adnotacji, że „pożyczył" ci tysiąc dolarów – pieniądze, które nie istniały, dopóki bank nie dokonał tego wpisu.

W 1698 r. brytyjski skarb państwa był winien Bankowi Anglii 16 milionów funtów szterlingów. Do 1815 r., głównie z powodu narastania odsetek, dług wzrósł do 885 milionów funtów szterlingów. Część tego wzrostu wynikała z wojen, które miały

[68] W Stanach Zjednoczonych, po tym jak akcjonariusze Systemu Rezerwy Federalnej umocnili swoją władzę w 1934 roku, nasz rząd wydał również rozporządzenia, zgodnie z którymi prywatni obywatele nie mogli przechowywać ani posiadać złota.

miejsce w tym okresie, w tym wojen napoleońskich oraz wojen, które Anglia stoczyła, aby zachować swoją kolonię amerykańską.

Sam William Paterson (1658-1719) niewiele skorzystał na „pieniądzach, które bank tworzy z niczego", ponieważ po sporze dotyczącym polityki wycofał się z Banku Anglii rok po jego założeniu. Późniejszy William Paterson stał się jednym z twórców Konstytucji Stanów Zjednoczonych, podczas gdy jego imię przetrwało, podobnie jak sam szkodliwy bank centralny.

Paterson nie był w stanie współpracować z akcjonariuszami Banku Anglii. Wielu z nich pozostawało anonimowych, ale wczesny opis Banku Anglii stwierdzał, że było to „stowarzyszenie około 1330 osób, w tym król i królowa Anglii, którzy posiadali 10 000 funtów akcji, książę Leeds, książę Devonshire, hrabia Pembroke i hrabia Bradford".

Dzięki sukcesom w spekulacjach baron Nathan Mayer de Rothschild, jak teraz się nazywał, panował jako najwyższa potęga finansowa w Londynie. Podczas przyjęcia w swojej rezydencji wygłosił aroganckie stwierdzenie: „Nie obchodzi mnie, jaka marionetka zasiądzie na tronie Anglii, by rządzić Imperium, nad którym słońce nigdy nie zachodzi. Człowiek, który kontroluje podaż pieniądza w Wielkiej Brytanii, kontroluje Imperium Brytyjskie, a ja kontroluję podaż pieniądza w Wielkiej Brytanii".

Jego brat James w Paryżu również osiągnął dominację we francuskich finansach. W książce „Baron Edmond de Rothschild" David Druck pisze: „Majątek (Jamesa) Rothschilda osiągnął poziom 600 milionów. Tylko jeden człowiek we Francji posiadał więcej. Był to król, którego majątek wynosił 800 milionów. Łączny majątek wszystkich bankierów we Francji był o 150 milionów mniejszy niż majątek Jamesa Rothschilda. To naturalnie dawało mu niewyobrażalną władzę, sięgającą nawet do obalania rządów, kiedy tylko zechciał. Powszechnie wiadomo na przykład, że obalił on rząd premiera Thiersa".[69]

Ekspansji Niemiec pod rządami Bismarcka towarzyszyła jego zależność od Samuela Bleichrodera, nadwornego bankiera cesarza pruskiego, znanego od 1828 roku jako agent Rotszyldów. Późniejszy kanclerz Niemiec, dr von Bethmann Hollweg, był synem

[69] David Druck, *Baron Edmond de Rothschild*, (wydanie prywatne), N.Y. 1850.

Moritza Bethmanna z Frankfurtu, który zawarł związek małżeński z członkami rodziny Rotszyldów. Cesarz Wilhelm I również w dużym stopniu polegał na Bischoffsheimie, Goldschmidcie i sir Ernestie Casselu z Frankfurtu, który wyemigrował do Anglii i został osobistym bankierem księcia Walii, późniejszego Edwarda VII. Córka Cassela poślubiła lorda Mountbattena, dzięki czemu rodzina ta nawiązała bezpośrednie powiązania z obecną koroną brytyjską.

Josephson w książce „[70] ” podaje, że Philip Mountbatten był spokrewniony poprzez rodzinę Casselów z rodziną Meyerów Rothschildów z Frankfurtu. Tym samym angielska dynastia Windsorów ma bezpośrednie powiązania rodzinne z rodziną Rothschildów z. W 1901 roku, kiedy syn królowej Wiktorii, Edward, został królem Edwardem VII, odnowił on więzi z rodziną Rothschildów.

Paul Emden w książce „Behind The Throne" pisze:

„Przygotowanie Edwarda do pełnienia swojej funkcji znacznie różniło się od tego, jakie przeszła jego matka, stąd też „rządził" on w mniejszym stopniu niż ona. Na szczęście otoczył się ludźmi, którzy towarzyszyli mu w czasach budowy Kolei Bagdadzkiej... do grona doradców dołączyli Leopold i Alfred de Rothschild, różni członkowie rodziny Sassoon, a przede wszystkim jego prywatny doradca finansowy, sir Ernest Cassel".[71]

Ogromna fortuna, którą Cassel zgromadził w stosunkowo krótkim czasie, dała mu ogromną władzę, której nigdy nie nadużył. Połączył firmę Vickers Sons z Naval Construction Company oraz Maxim-Nordenfeldt Guns and Ammunition Company, co dało początek światowej firmie Vickers Sons and Maxim. Zupełnie inną rolę niż Cassel pełnili biznesmeni tacy jak Rothschildowie. Firma była zarządzana zgodnie z zasadami demokracji, a wszyscy partnerzy musieli być członkami rodziny. Dzięki wielkiej gościnności i książęcemu stylowi życia prowadzili oni życie wielkich panów, więc naturalne było, że Edward VII uznał ich za sympatycznych. Dzięki międzynarodowym powiązaniom rodzinnym i jeszcze szerszym kontaktom biznesowym znali cały

---

[70] E.M. Josephson, *The Strange Death of Franklin D. Roosevelt*, str. 39, Chedney Press, N.Y. 1948.

[71] Paul Emden, *Behind The Throne*, Hoddard Stoughton, Londyn, 1934.

świat, byli dobrze poinformowani o wszystkich i posiadali rzetelną wiedzę na temat spraw, które nie pojawiały się na powierzchni. To połączenie finansów i polityki było znakiem rozpoznawczym Rothschildów od samego początku. Ród Rothschildów zawsze wiedział więcej niż można było znaleźć w gazetach, a nawet więcej niż można było przeczytać w raportach, które docierały do Ministerstwa Spraw Zagranicznych. Również w innych krajach powiązania Rothschildów sięgały za tron. Dopiero gdy w latach po wojnie pojawiły się liczne publikacje dyplomatyczne, szersza opinia publiczna dowiedziała się, jak silny wpływ miał Alfred de Rothschild na politykę Europy Środkowej w ciągu dwudziestu lat przed wojną (I wojną światową).

Wraz z kontrolą nad pieniędzmi przyszła kontrola nad mediami. Kent Cooper, szef Associated Press, pisze w swojej autobiografii „Barriers Down":

„Międzynarodowi bankierzy z rodu Rothschildów nabyli udziały w trzech wiodących europejskich agencjach".[72]

W ten sposób Rotszyldowie przejęli kontrolę nad agencją Reuters International News Agency z siedzibą w Londynie, francuską agencją Havas oraz niemiecką agencją Wolf, które kontrolowały rozpowszechnianie wszystkich wiadomości w Europie.

[73]W książce „Inside Europe" („Wewnątrz Europy") z 1936 r. John Gunther napisał, że każdy francuski premier pod koniec 1935 r. był marionetką w rękach oligarchii finansowej, a oligarchia ta była zdominowana przez dwunastu regentów, z których sześciu było bankierami, a na czele stał baron Edmond de Rothschild.

Żelazna kontrola „London Connection" nad mediami została ujawniona w niedawnej książce Bena J. Bagdikiana „The Media Monopoly", opisanej jako „zaskakujący raport o 50 korporacjach, które kontrolują to, co Ameryka widzi, słyszy i czyta".[74] Bagdikian, który redagował najbardziej wpływowy magazyn w kraju, Saturday Evening Post, dopóki monopol nagle go nie zamknął, ujawnia

[72] Kent Cooper, *Barriers Down*, str. 21.

[73] John Gunther, *Inside Europe*, 1936.

[74] Ben H. Bagdikian, *Monopol mediów*, Beacon Press, Boston 1983.

powiązania między zarządami pięćdziesięciu korporacji kontrolujących wiadomości, ale nie śledzi ich aż do pięciu londyńskich domów bankowych, które nimi rządzą. Wspomina, że CBS jest powiązane z Washington Post, Allied Chemical, Wells Fargo Bank i innymi, ale nie informuje czytelnika, że Brown Brothers Harriman kontroluje CBS, ani że rodzina Eugene'a Meyera (Lazard Freres) kontroluje Allied Chemical i Washington Post, a Kuhn Loeb Co. – Wells Fargo Bank. Pokazuje powiązania „*The New York Times*" z Morgan Guaranty Trust, American Express, First Boston Corporation i innymi, ale nie pokazuje, jak powiązane są banki. W całej swojej książce nie wspomina o Systemie Rezerwy Federalnej, co rzuca się w oczy.

Bagdikian dokumentuje, że monopol mediów stopniowo doprowadza do zamykania kolejnych gazet i czasopism. Waszyngton,, z jedną gazetą, The Post, jest wyjątkowy wśród światowych stolic. Londyn ma jedenaście dzienników, Paryż czternaście, Rzym osiemnaście, Tokio siedemnaście, a Moskwa dziewięć. Cytuje on badanie z World Press Encyclopaedia z 1982 roku, z którego wynika, że Stany Zjednoczone zajmują ostatnie miejsce wśród krajów uprzemysłowionych pod względem liczby sprzedanych dzienników na 1000 mieszkańców. Szwecja prowadzi listę z wynikiem 572, a Stany Zjednoczone zajmują ostatnie miejsce z wynikiem 287. Amerykanie powszechnie nie ufają mediom z powodu ich notorycznego monopolu i stronniczości. Media jednogłośnie domagają się wyższych podatków dla ludzi pracy, większych wydatków rządowych, państwa opiekuńczego o totalitarnych uprawnieniach, bliskich stosunków z Rosją oraz zaciekłego potępiania każdego, kto sprzeciwia się komunizmowi. Taki jest program „London Connection". Program ten afiszuje się z maniakalnym rasizmem, a jego mottem jest sentencja jego najwyższej kapłanki, Susan Sontag, że „rasa biała jest rakiem historii". Każdy powinien być przeciwny rakowi. Monopol medialny radzi sobie ze swoimi przeciwnikami na dwa sposoby: albo poprzez frontalny atak zniesławienia, na którego proces przeciętny człowiek nie może sobie pozwolić, albo poprzez żelazną kurtynę milczenia, standardowe postępowanie wobec każdej pracy, która ujawnia jego tajne działania.

Chociaż plan Rotszyldów nie pasuje do żadnego pojedynczego ruchu politycznego lub gospodarczego od czasu jego ogłoszenia w

1773 roku, jego istotne elementy można dostrzec we wszystkich rewolucjach politycznych od tego czasu. LaRouche[75] wskazuje, że Okrągłe Stoły sponsorowały socjalizm fabiański w Anglii, jednocześnie wspierając reżim nazistowski poprzez członka Okrągłego Stołu w Niemczech, dr Hjalmara Schachta, oraz że wykorzystywały rząd nazistowski przez całą II wojnę światową poprzez członka Okrągłego Stołu, admirała Canarisa, podczas gdy Allen Dulles prowadził kolaboracyjną operację wywiadowczą w Szwajcarii dla aliantów.

75 Lyndon H. LaRouche, Jr., *Dope, Inc.*, New Benjamin Franklin House Publishing Co., Nowy Jork, 1978.

ROZDZIAŁ SZÓSTY

POWIĄZANIA Z LONDYNEM

„Widzisz więc, mój drogi Coningsby, że światem rządzą zupełnie inne osoby niż te, które wyobrażają sobie ci, którzy nie są za kulisami".[76] – Disraeli, premier Anglii za panowania królowej Wiktorii.

W 1775 roku koloniści amerykańscy ogłosili niepodległość od Wielkiej Brytanii, a następnie wywalczyli wolność w wyniku rewolucji amerykańskiej. Chociaż osiągnęli wolność polityczną, niezależność finansowa okazała się znacznie trudniejszym zadaniem. W 1791 roku Alexander Hamilton, na zlecenie europejskich bankierów, utworzył pierwszy Bank Stanów Zjednoczonych – bank centralny o uprawnieniach zbliżonych do tych, jakie posiadał Bank Anglii. Wpływy zagraniczne stojące za tym bankiem, ponad sto lat później, doprowadziły do uchwalenia przez Kongres ustawy o Rezerwie Federalnej, dając im w końcu bank centralny emitujący pieniądze dla naszej gospodarki. Chociaż Bank Rezerwy Federalnej nie był ani federalny, ponieważ należał do prywatnych akcjonariuszy, ani rezerwowy, ponieważ miał na celu tworzenie pieniądza, a nie utrzymywanie go w rezerwie, osiągnął ogromną potęgę finansową, tak wielką, że stopniowo wyparł popularny, wybieralny rząd Stanów Zjednoczonych. Poprzez System Rezerwy Federalnej amerykańska niezależność została potajemnie, ale nieodwracalnie wchłonięta z powrotem do

---

[76] *Coningsby*, autor: Disraeli, Longmans Co., Londyn, 1881, str. 252.

brytyjskiej strefy wpływów. W ten sposób „Londyńskie Połączenie" stało się arbitrem polityki Stanów Zjednoczonych.

W związku z utratą przez Anglię imperium kolonialnego po II wojnie światowej wydawało się, że jej wpływ jako światowej potęgi politycznej słabnie. Zasadniczo było to prawdą. Anglia z 1980 roku nie jest Anglią z 1880 roku. Nie panuje już na falach; jest potęgą militarną drugiej, a może nawet trzeciej kategorii, ale paradoksalnie, wraz ze słabnięciem jej potęgi politycznej i militarnej, rosła jej potęga finansowa. W książce „Capital City" czytamy: „Pod niemal każdym względem Londyn jest wiodącym centrum finansowym świata... W latach 60. dominacja Londynu wzrosła...".[77]

Podano częściowe wyjaśnienie tego faktu:

„Daniel Davison, szef londyńskiej firmy Morgan Grenfell, powiedział: »Amerykańskie banki wniosły niezbędne pieniądze, klientów, kapitał i umiejętności, które zapewniły Londynowi obecną pozycję... tylko amerykańskie banki mają pożyczkodawcę ostatniej instancji. Rada Rezerwy Federalnej Stanów Zjednoczonych może *tworzyć dolary w razie potrzeby* i faktycznie to robi. Bez Amerykanów nie da się zrealizować wielkich transakcji dolarowych. Bez nich Londyn nie byłby wiarygodny jako międzynarodowe centrum finansowe".[78]

Tak więc Londyn jest światowym centrum finansowym, ponieważ może dysponować ogromnymi sumami kapitału, tworzonymi na jego polecenie przez Radę Rezerwy Federalnej Stanów Zjednoczonych. Ale jak to jest możliwe? Ustaliliśmy już, że polityka pieniężna Stanów Zjednoczonych, stopy procentowe, wielkość i wartość pieniądza oraz sprzedaż obligacji są ustalane nie przez figuranta stojącego na czele Rady Gubernatorów Rezerwy Federalnej, ale przez Bank Rezerwy Federalnej w Nowym Jorku. Udawana decentralizacja Systemu Rezerwy Federalnej i jego dwunastu, równie autonomicznych „regionalnych" banków jest i była oszustwem od momentu uchwalenia ustawy o Rezerwie Federalnej w 1913 roku. To, że polityka pieniężna Stanów Zjednoczonych wynika wyłącznie z decyzji Banku Rezerwy Federalnej w Nowym Jorku, jest kolejnym błędnym przekonaniem.

---

[77] McRae i Cairncross, *Capital City*, Eyre Methuen, Londyn, 1963, s. 1.

[78] Tamże, s. 225.

Szczególnie nieprawdziwe jest twierdzenie, że Bank Rezerwy Federalnej w Nowym Jorku jest sam w sobie autonomiczny i ma swobodę ustalania polityki pieniężnej dla całych Stanów Zjednoczonych bez jakiejkolwiek ingerencji z zewnątrz.

Moglibyśmy wierzyć w tę autonomię, gdybyśmy nie wiedzieli, że większość akcji Banku Rezerwy Federalnej w Nowym Jorku to akcje typu zakupione przez trzy nowojorskie banki: First National Bank, National City Bank i National Bank of Commerce. Analiza głównych akcjonariuszy tych banków w 1914 r. i obecnie ujawnia bezpośrednie powiązania z Londynem.

W 1812 roku National City Bank rozpoczął działalność jako City Bank, w tym samym pomieszczeniu, w którym działał nieistniejący już Bank Stanów Zjednoczonych, którego statut wygasł. Reprezentował on wielu tych samych udziałowców, którzy obecnie działali na podstawie legalnego amerykańskiego statutu. Na początku XIX wieku najbardziej znaną postacią związaną z City Bankiem był Moses Taylor (1806–1882). Ojciec Taylora był tajnym agentem zatrudnionym do kupowania nieruchomości w interesie Astora, ukrywając fakt, że to Astor był nabywcą. Dzięki tej taktyce Astorowi udało się kupić wiele gospodarstw rolnych, a także sporo potencjalnie wartościowych nieruchomości na Manhattanie. Chociaż kapitał Astora miał pochodzić z handlu futrami, wiele źródeł wskazuje, że reprezentował on również interesy zagraniczne. LaRouche w książce „[79] " stwierdza, że Astor, w zamian za dostarczanie informacji wywiadowczych Brytyjczykom w latach przed i po wojnie o niepodległość oraz za podżeganie Indian do ataków i zabijania amerykańskich osadników na pograniczu, otrzymał pokaźną nagrodę. Nie otrzymał on zapłaty w gotówce, ale procent od brytyjskiego handlu opium z Chinami. To właśnie dochody z tej lukratywnej koncesji stanowiły podstawę fortuny Astora.

Dzięki powiązaniom ojca z rodziną Astorów młody Moses Taylor nie miał trudności ze znalezieniem miejsca jako praktykant w domu bankowym w wieku 15 lat. Podobnie jak wielu innych bohaterów tych stron, największe możliwości znalazł w czasie, gdy wielu innych Amerykanów bankrutowało w wyniku gwałtownego

[79] Lyndon H. LaRouche, *Dope, Inc.*, New Benjamin Franklin House Publishing Co., N.Y. 1978.

załamania kredytowego. Podczas paniki z 1837 roku, kiedy upadło ponad połowa firm w Nowym Jorku, podwoił swoją fortunę. W 1855 roku został prezesem City Bank. Podczas paniki z 1857 roku City Bank zyskał na upadku wielu swoich konkurentów. Podobnie jak George Peabody i Junius Morgan, Taylor wydawał się dysponować wystarczającą ilością gotówki, by wykupić akcje firm znajdujących się w trudnej sytuacji. Nabył prawie wszystkie akcje Delaware Lackawanna Railroad za 5 dolarów za sztukę. Siedem lat później sprzedawano je po 240 dolarów za akcję. Moses Taylor był teraz wart pięćdziesiąt milionów dolarów.

W sierpniu 1861 roku Taylor został mianowany przewodniczącym Komisji Pożyczkowej, której zadaniem było finansowanie rządu Unii podczas wojny secesyjnej. Komisja zaskoczyła Lincolna, proponując rządowi 5 000 000 dolarów przy oprocentowaniu 12% na sfinansowanie wojny. Lincoln odmówił i sfinansował wojnę, emitując za pośrednictwem Departamentu Skarbu USA słynne „greenbacki", które były zabezpieczone złotem. Taylor nadal powiększał swoją fortunę przez cały okres wojny, a w późniejszych latach jego protegowanym został młody James Stillman. W 1882 roku, kiedy Moses Taylor zmarł, pozostawił po sobie siedemdziesiąt milionów dolarów.[80] Jego zięć, Percy Pyne, zastąpił go na stanowisku prezesa City Bank, który stał się wówczas National City Bank. Pyne był sparaliżowany i ledwo radził sobie z obowiązkami w banku. Przez dziewięć lat bank znajdował się w stagnacji, a niemal cały jego kapitał stanowił majątek Mosesa Taylora. William Rockefeller, brat Johna D. Rockefellera, nabył udziały w banku i bardzo zależało mu na jego rozwoju. W 1891 roku przekonał Pyne'a do ustąpienia na rzecz Jamesa Stillmana, a wkrótce National City Bank stał się głównym miejscem przechowywania dochodów z ropy naftowej rodziny Rockefellerów. Syn Williama Rockefellera, William, poślubił Isabel, córkę Jamesa Stillmana. Podobnie jak wielu innych przedstawicieli nowojorskiego świata bankowości, James Stillman również miał powiązania z Wielką

---

[80] W wydaniu z 24 maja 1882 r. *„The New York Times"* odnotował, że Moses Taylor był w 1861 r. przewodniczącym Komitetu Kredytowego Stowarzyszonych Banków Miasta Nowy Jork. Powierzono mu papiery wartościowe o wartości dwustu milionów dolarów. To prawdopodobnie w większym stopniu dzięki niemu niż jakiejkolwiek innej osobie rząd w 1861 r. dysponował środkami niezbędnymi do prowadzenia wojny.

Brytanią. Jego ojciec, Don Carlos Stillman, przybył do Brownsville w Teksasie jako brytyjski agent i przemytnik podczas wojny secesyjnej. Dzięki swoim kontaktom w nowojorskim świecie bankowości Don Carlos zdołał znaleźć dla syna miejsce jako praktykanta w domu bankowym. W 1914 roku, kiedy National City Bank nabył prawie dziesięć procent akcji nowo utworzonego Federal Reserve Bank of New York, dwaj wnukowie Mosesa Taylora, Moses Taylor Pyne i Percy Pyne, posiadali 15 000 akcji National City. Syn Mosesa Taylora, H.A.C. Taylor, posiadał 7699 akcji National City Bank. Prawnik banku, John W. Sterling z kancelarii Shearman and Sterling, również posiadał 6000 akcji National City Bank. Jednak James Stillman posiadał 47 498 akcji, czyli prawie dwadzieścia procent wszystkich akcji banku, których liczba wynosiła 250 000. [Zobacz wykres I]

Drugim co do wielkości nabywcą akcji Federal Reserve Bank of New York w 1914 r. był First National Bank, był powszechnie znany jako („Bank Morgana") ze względu na obecność przedstawicieli rodziny Morganów w zarządzie, chociaż założyciel banku, George F. Baker, posiadał 20 000 akcji, a jego syn, G.F. Baker Jr., posiadał 5000 akcji, co stanowiło dwadzieścia pięć procent całkowitej liczby akcji banku wynoszącej 100 000. Córka George'a F. Bakera Sr. poślubiła George'a F. St. George'a z Londynu. Państwo St. George osiedlili się później w Stanach Zjednoczonych, gdzie ich córka, Katherine St. George, przez wiele lat była znaną kongresmenką. Dr E.M. Josephson napisał o niej: „Pani St. George, kuzynka FDR i zwolenniczka Nowego Ładu, powiedziała: »Demokracja to porażka«".[81]

Córka George'a Bakera Jr., Edith Brevoort Baker, poślubiła w 1934 r. wnuka Jacoba Schiffa, Johna M. Schiffa. John M. Schiff jest obecnie honorowym prezesem Lehman Brothers Kuhn Loeb Company.

Trzecim dużym nabywcą akcji Federal Reserve Bank of New York w 1914 r. był National Bank of Commerce, który wyemitował 250 000 akcji. J.P. Morgan, poprzez swoje pakiety kontrolne w Equitable Life, która posiadała 24 700 akcji, oraz Mutual Life, która posiadała 17 294 akcji National Bank of Commerce, posiadał

[81] E.M. Josephson, *The Strange Death of Franklin D. Roosevelt*, Chedney Press, Nowy Jork 1948.

również kolejne 10 000 akcji National Bank of Commerce poprzez J.P. Morgan and Company (7800 akcji), J.P. Morgan Jr. (1100 akcji) oraz partnera Morgana, H.P. Davisona (1100 akcji). Paul Warburg, członek Rady Gubernatorów Rezerwy Federalnej, posiadał również 3000 akcji National Bank of Commerce. Jego partner, Jacob Schiff, posiadał 1000 akcji National Bank of Commerce. Bank ten był wyraźnie kontrolowany przez Morgana, który był w rzeczywistości spółką zależną Junius S. Morgan Company w Londynie oraz N.M. Rothschild Company z Londynu, a także Kuhn, Loeb Company, znanej również jako główny agent Rotszyldów.

W 1914 r. finansista Thomas Fortune Ryan posiadał również 5100 akcji National Bank of Commerce. Jego syn, John Barry Ryan, poślubił córkę Otto Kahna, który był partnerem Warburga i Schiffa w Kuhn, Loeb Company, a wnuczka Ryana, Virginia Fortune Ryan, poślubiła lorda Airlie, obecnego szefa J. Henry Schroder Banking Corporation w Londynie i Nowym Jorku.

Innym dyrektorem National Bank of Commerce w 1914 r. był A.D. Juillard, prezes A.D. Juillard Company, powiernik New York Life i Guaranty Trust, z których wszystkie były kontrolowane przez J.P. Morgana. Juillard miał również powiązania z Wielką Brytanią, będąc dyrektorem North British and Mercantile Insurance Company. Juillard posiadał 2000 akcji National Bank of Commerce, a także był dyrektorem Chemical Bank.

W książce „The Robber Barons" autorstwa Matthew Josephsona, Josephson pisze, że do 1900 roku Morgan zdominował New York Life, Equitable Life i Mutual Life, które miały aktywa o wartości miliarda dolarów i dysponowały kwotą pięćdziesięciu milionów dolarów rocznie do zainwestowania. Pisze on:

„W ramach tej kampanii tajnych sojuszy on (Morgan) przejął bezpośrednią kontrolę nad National Bank of Commerce; następnie część udziałów w First National Bank, sprzymierzając się z bardzo silnym i konserwatywnym finansistą, George'em F. Bakerem, który stał na jego czele; następnie, dzięki posiadaniu akcji i powiązanym zarządom, połączył z wymienionymi bankami inne wiodące banki: Hanover, Liberty i Chase".[82]

---

82 Matthew Josephson, *The Robber Barons*, s. 409.

Mary W. Harriman, wdowa po E.H. Harrimanie, również posiadała w 1914 roku 5000 akcji National Bank of Commerce. Imperium kolejowe E.H. Harrimana zostało w całości sfinansowane przez Jacoba Schiffa z Kuhn, Loeb Company. Levi P. Morton również posiadał w 1914 roku 1500 akcji National Bank of Commerce. Był dwudziestym drugim wiceprezydentem Stanów Zjednoczonych, byłym ambasadorem USA we Francji oraz prezesem L.P. Morton Company w Nowym Jorku, Morton-Rose and Company oraz Morton Chaplin w Londynie. Był dyrektorem Equitable Life Insurance Company, Home Insurance Company, Guaranty Trust oraz Newport Trust.

Zaskakująca koncepcja, że System Rezerwy Federalnej Stanów Zjednoczonych jest w rzeczywistości kierowany z Londynu, zostanie prawdopodobnie odrzucona przez większość Amerykanów już przy pierwszym kontakcie z tą tezą. Jednak Minsky zasłynął dzięki swojej teorii „ramy dominującej". Twierdzi on, że w każdej konkretnej sytuacji istnieje „rama dominująca", z którą wiąże się wszystko w tej sytuacji i przez pryzmat której można ją interpretować. „Dominującą ramą" w decyzjach dotyczących polityki pieniężnej Systemu Rezerwy Federalnej jest to, że decyzje te są podejmowane przez tych, którzy odniosą z nich największe korzyści. Na pierwszy rzut oka wydawałoby się, że są to główni akcjonariusze Banku Rezerwy Federalnej w Nowym Jorku. Widzieliśmy jednak, że wszyscy ci akcjonariusze mają „powiązania z Londynem". „Powiązania z Londynem" stają się bardziej oczywistą siłą dominującą, gdy dowiadujemy się z książki The Capital City[83], że tylko siedemnaście firm może działać jako bankierzy inwestycyjni w City of London, angielskiej dzielnicy finansowej. Wszystkie muszą być zatwierdzone przez Bank Anglii. W rzeczywistości większość prezesów Banku Anglii pochodzi spośród partnerów tych siedemnastu firm. Clarke klasyfikuje te siedemnaście firm według ich kapitalizacji. Numer 2 to Schroder Bank. Numer 6 to Morgan Grenfell, londyński oddział House of Morgan, a właściwie jego dominujący oddział. Lazard Brothers zajmuje 8. miejsce. N.M. Rothschild jest numerem 9. Brown Shipley Company, londyński oddział Brown Brothers Harriman, zajmuje 14. miejsce. Te pięć londyńskich firm zajmujących się bankowością inwestycyjną faktycznie kontroluje nowojorskie

[83] McRae i Cairncross, *Capital City*, Eyre Methuen, Londyn, 1963.

banki, które posiadają pakiet kontrolny w Federal Reserve Bank of New York.

Kontrola nad decyzjami Systemu Rezerwy Federalnej opiera się również na innej wyjątkowej sytuacji. Każdego dnia przedstawiciele czterech innych londyńskich firm bankowych spotykają się w biurach N.M. Rothschild Company w Londynie, aby ustalić cenę złota na dany dzień. Pozostali czterej bankierzy pochodzą z firmy Samuel Montagu Company, która zajmuje piąte miejsce na liście siedemnastu londyńskich firm bankowości inwestycyjnej, a także z firm Sharps Pixley, Johnson Matheson oraz Mocatta and Goldsmid.

Pomimo ogromnej fali papierowej waluty piramidalnej i banknotów, które obecnie zalewają świat, w pewnym momencie każde udzielenie kredytu musi powrócić do oparcia się, choćby w najmniejszym stopniu, na jakiejś rezerwie złota w jakimś banku gdzieś na świecie. Z tego powodu londyńscy bankierzy handlowi, dzięki swojej władzy ustalania codziennej ceny złota, stają się ostatecznymi arbitrami wielkości pieniądza i jego ceny w tych krajach, które muszą podporządkować się ich władzy. Nie mniej ważnym z nich są Stany Zjednoczone.

Żaden urzędnik Banku Rezerwy Federalnej w Nowym Jorku ani Rady Gubernatorów Rezerwy Federalnej nie ma takiej władzy nad światowymi pieniędzmi, jaką mają londyńscy bankierzy. Wielka Brytania, choć traci na znaczeniu politycznym i militarnym, ma dziś największą potęgę finansową. To właśnie dlatego Londyn jest obecnie finansowym centrum świata.

ROZDZIAŁ SIÓDMY

POWIĄZANIA Z HITLEREM

J. Henry Schroder Banking Company zajmuje drugie miejsce pod względem kapitalizacji w Capital City[84] na liście siedemnastu bankierów handlowych tworzących ekskluzywny Komitet Domów Akceptacyjnych w Londynie. Chociaż jest prawie nieznana w Stanach Zjednoczonych, odegrała dużą rolę w naszej historii. Podobnie jak inne podmioty z tej listy, musiała najpierw uzyskać zgodę Banku Anglii. Podobnie jak rodzina Warburgów, von Schroderowie rozpoczęli swoją działalność bankową w Hamburgu w Niemczech. Na przełomie XIX i XX wieku, w 1900 r., baron Bruno von Schroder założył londyński oddział firmy. Wkrótce dołączył do niego Frank Cyril Tiarks, w 1902 r. Tiarks poślubił Emmę Franziskę z Hamburga i był dyrektorem Banku Anglii w latach 1912–1945.

Podczas I wojny światowej firma J. Henry Schroder Banking Company odegrała ważną rolę za kulisami. Żaden historyk nie ma rozsądnego wyjaśnienia, jak rozpoczęła się I wojna światowa. Arcyksiążę Ferdynand został zamordowany w Sarajewie przez Gavrila Princepsa, Austria zażądała przeprosin od Serbii, a Serbia wysłała notę z przeprosinami. Mimo to Austria wypowiedziała wojnę, a wkrótce do walki włączyły się inne narody Europy. Gdy wojna już się rozpoczęła, okazało się, że nie jest łatwo ją kontynuować. Głównym problemem był fakt, że Niemcy desperacko potrzebowały żywności i węgla, a bez Niemiec wojna nie mogła trwać. John Hamill w książce „The Strange Career of Mr.

---

[84] McRae i Cairncross, *Capital City*, Eyre Methuen, Londyn, 1963.

Hoover"[85] wyjaśnia, w jaki sposób rozwiązano ten problem.[86] Cytuje on artykuł z Nordeutsche Allgemeine Zeitung z 4 marca 1915 r.: „Sprawiedliwość wymaga jednak, aby nagłośnić wybitną rolę, jaką odegrały władze niemieckie w Belgii w rozwiązaniu tego problemu. Inicjatywa wyszła od nich i to wyłącznie dzięki ich stałym kontaktom z Amerykańskim Komitetem Pomocy udało się rozwiązać kwestię zaopatrzenia". Hamill zwraca uwagę: „Właśnie w tym celu zorganizowano Belgijski Komitet Pomocy – aby zapewnić Niemcom żywność".

Belgijską Komisję Pomocy zorganizowali Emile Francqui, dyrektor dużego belgijskiego banku Societe Generale, oraz londyński promotor górniczy, Amerykanin Herbert Hoover, który był powiązany z Francquim w wielu skandalach, które stały się głośnymi sprawami sądowymi, zwłaszcza w sprawie skandalu Kaiping Coal Company w Chinach, który podobno wywołał powstanie bokserów, mające na celu wydalenie wszystkich zagranicznych biznesmenów z Chin. Hooverowi zakazano prowadzenia działalności na londyńskiej giełdzie papierów wartościowych z powodu jednego wyroku skazującego, a jego wspólnik, Stanley Rowe, został skazany na dziesięć lat więzienia. W tym kontekście Hoovera uznano za idealnego kandydata do pracy humanitarnej.

Chociaż jego nazwisko nie jest znane w Stanach Zjednoczonych, to właśnie Emile Francqui był siłą napędową, która przyczyniła się do wzbogacenia się Herberta Hoovera. Hamill (na stronie 156) wskazuje Francqui jako sprawcę wielu okrucieństw popełnionych wobec tubylców w Kongo. „Za każdy wystrzelony nabój musieli przynieść odciętą rękę mężczyzny". Przerażająca historia Francqui mogła być źródłem zarzutu, jaki później postawiono niemieckim żołnierzom w Belgii, że odcinali ręce kobietom i dzieciom – twierdzenie to okazało się bezpodstawne. Hamill twierdzi również, że Francqui „w 1901 roku wymanewrował Amerykanów z koncesji na linię kolejową Hankow-Kanton w Chinach, a jednocześnie był

---

85 John Hamill, *The Strange Career of Mr. Hoover,* William Faro, Nowy Jork, 1931.

86 Egzemplarze książki Hamilla były systematycznie wyszukiwane i niszczone przez agentów rządowych, ponieważ została ona opublikowana w przededniu kampanii reelekcyjnej prezydenta Hoovera.

gotowy do pomocy, gdyby Hoover potrzebował dalszego wsparcia w przejęciu kopalń węgla w Kaiping. To właśnie ten humanitarysta był wyłącznym odpowiedzialnym za dystrybucję belgijskiej „pomocy humanitarnej" podczas wojny światowej, za której zakup i transport odpowiadał Hoover. Francqui był dyrektorem wraz z Hooverem w Chinese Engineering and Mining Company (kopalnie w Kaiping), za pośrednictwem której Hoover przetransportował 200 000 chińskich robotników niewolników do Konga, aby pracowali w kopalniach miedzi Francquiego".

Hamill pisze na stronie 311, że „Francqui otworzył biura Belgijskiej Pomocy w swoim banku, Societe Generale, jako jednoosobowe przedsięwzięcie, na podstawie pisma zezwalającego od niemieckiego gubernatora generalnego von der Goltza z dnia 16 października 1914 r.

W wydaniu New York Herald Tribune z 18 lutego 1930 r., cytowanym przez kongresmana Louisa McFaddena w Izbie Reprezentantów 26 lutego 1930 r., napisano: „Jednym z dwóch belgijskich dyrektorów w Banku Rozrachunków Międzynarodowych będzie Emile Francqui z Societe Generale, członek zarówno Komitetu Planu Younga, jak i Komitetu Planu Dawesa. W zarządzie tego międzynarodowego banku nie będzie bardziej barwnej postaci niż Emile Francqui, były minister finansów, weteran Konga i Chin... jest on uznawany za najbogatszego człowieka w Belgii i jednego z dwunastu najbogatszych ludzi w Europie".

Pomimo swojej znaczącej pozycji, indeks „*The New York Times*" wspomina o Francquim zaledwie kilka razy w ciągu dwóch dekad poprzedzających jego śmierć. 3 października 1931 r. „*The New York Times*" zacytował brukselską gazetę „Le Peuple", która podała, że Francqui zamierza odwiedzić Stany Zjednoczone. „Jako przyjaciel prezydenta Hoovera, Monsieur Francqui z pewnością złoży wizytę prezydentowi".

30 października 1931 r. „*The New York Times*" poinformował o tej wizycie pod nagłówkiem „Rozmowa Hoovera z Francquim miała charakter nieoficjalny". „Stwierdzono, że pan Francqui spędził wtorkowy wieczór jako osobisty gość prezydenta i że rozmawiali oni ogólnie o światowych problemach finansowych, ściśle nieoficjalnie. Pan Francqui był współpracownikiem prezydenta

Hoovera podczas jego służby w Belgii w czasie wojny. Ich spotkanie nie miało żadnego oficjalnego znaczenia. Pan Francqui jest prywatną osobą i nie pełni żadnej oficjalnej misji".

Nie ma tu żadnej wzmianki o powiązaniach biznesowych Hoovera i Francquiego, które były przedmiotem głośnych procesów sądowych w Londynie. Wizyta Francquiego prawdopodobnie dotyczyła ogłoszonego przez Hoovera moratorium na spłatę niemieckich długów wojennych, co wywołało ogromne poruszenie w świecie finansów. 15 grudnia 1931 r. przewodniczący McFadden poinformował Izbę Reprezentantów o depeszy opublikowanej w gazecie „Public Ledger" z Filadelfii z 24 października 1931 r. pt. „NIEMIEC UJAWNIA TAJEMNICĘ HOOVERA. Amerykański prezydent prowadził poufne negocjacje z rządem niemieckim w sprawie rocznego zawieszenia spłaty długów już w grudniu 1930 r." McFadden kontynuował: „Za ogłoszeniem Hoovera kryło się wiele miesięcy pośpiesznych i potajemnych przygotowań zarówno w Niemczech, jak i w biurach niemieckich bankierów na Wall Street. Niemcy, niczym gąbka, musiały zostać nasycone amerykańskimi pieniędzmi. Sam pan Hoover musiał zostać wybrany, ponieważ ten plan rozpoczął się, zanim został prezydentem. Gdyby niemieccy międzynarodowi bankierzy z Wall Street – to znaczy Kuhn Loeb Company, J. & W. Seligman, Paul Warburg, J. Henry Schroder – oraz ich satelitów nie mieli tego zadania do wykonania, Herbert Hoover nigdy nie zostałby wybrany na prezydenta Stanów Zjednoczonych. Wybór pana Hoovera na prezydenta nastąpił dzięki wpływom braci Warburg, dyrektorów wielkiego banku Kuhn Loeb Company, którzy pokryli koszty jego kampanii wyborczej. W zamian za tę współpracę pan Hoover obiecał wprowadzić moratorium na niemieckie długi. Hoover starał się wyłączyć pożyczkę Kreugera dla Niemiec w wysokości 125 milionów dolarów z zakresu moratorium Hoovera. Charakter oszustwa Kreugera był znany już w styczniu, kiedy odwiedził on swojego przyjaciela, pana Hoovera, w Białym Domu.

Hoover gościł w Białym Domu nie tylko Francquiego, ale także Ivara Kreugera, najsłynniejszego oszusta XX wieku.

Kiedy Francqui zmarł 13 listopada 1935 r., „*The New York Times*" upamiętnił go jako „króla miedzi z Konga... Pan Francqui, który w zeszłym roku zdobył dyktatorską władzę nad Belgią, utrzymał ją na standardzie złota w czasie kryzysu. W 1891 r.

poprowadził wyprawę do Konga i zdobył go dla króla Leopolda. Jako człowiek wielkiego bogactwa, zaliczany do dwunastu najbogatszych ludzi w Europie, zapewnił sobie ogromne złoża miedzi. W 1926 r. pełnił funkcję ministra stanu, a w 1934 r. ministra finansów. Był dumny z tego, że nigdy nie przyjął ani centyma wynagrodzenia za swoje usługi na rzecz rządu. Pełniąc funkcję konsula generalnego w Szanghaju, zapewnił cenne koncesje, w szczególności na kopalnie węgla w Kaiping oraz koncesję kolejową na linię Tientsin Railroad. Był prezesem Societe Generale de Belgique, Lloyd Royal Belge oraz regentem La Banque Nationale de Belgique".

The Times nie wspomina o partnerstwach biznesowych Francquiego z Hooverem. Podobnie jak Francqui, Hoover również odmawiał wynagrodzenia za „służbę rządową", a jako sekretarz handlu i jako prezydent Stanów Zjednoczonych z ram u zwracał swoje wynagrodzenie rządowi.

13 grudnia 1932 r. przewodniczący McFadden przedstawił wielo stronicową uchwałę o postawieniu prezydenta Hoovera w stan oskarżenia za poważne przestępstwa i wykroczenia, obejmującą m.in. naruszenie umów, bezprawne roztrwonienie zasobów finansowych Stanów Zjednoczonych oraz mianowanie Eugene'a Meyera do Rady Rezerwy Federalnej. Uchwała została odłożona i nigdy nie została rozpatrzona przez Izbę Reprezentantów.

Krytykując moratorium Hoovera na niemieckie długi wojenne, McFadden odniósł się do „niemieckich" zwolenników Hoovera. Chociaż wszyscy główni członkowie „londyńskiej siatki" pochodzili z Niemiec, w większości z Frankfurtu, w czasie, gdy wspierali kandydaturę Hoovera na prezydenta Stanów Zjednoczonych, działali z Londynu, tak jak sam Hoover przez większość swojej kariery.

Ponadto moratorium Hoovera nie miało na celu „pomocy" Niemcom, ponieważ Hoover nigdy nie był „proniemiecki". Moratorium na niemieckie długi wojenne było konieczne, aby Niemcy miały środki na ponowne uzbrojenie. W 1931 r. prawdziwie dalekowzroczni dyplomaci przewidywali wybuch II wojny światowej, a nie mogło być wojny bez „agresora".

Hoover przeprowadził również szereg działań promocyjnych związanych z górnictwem w różnych częściach świata jako tajny agent Rotszyldów, za co otrzymał stanowisko dyrektorskie w jednym z głównych przedsiębiorstw Rotszyldów – kopalniach Rio Tinto w Hiszpanii i Boliwii. Francqui i Hoover rzucili się w wir pozornie niemożliwego zadania zaopatrzenia Niemiec podczas I wojny światowej. Ich sukces odnotowano w Nordeutsche Allgemeine Zeitung z 13 marca 1915 r., gdzie zaznaczono, że duże ilości żywności docierają teraz z Belgii koleją. Rocznik Schmollera poświęcony ustawodawstwu, administracji i ekonomii politycznej z 1916 r. pokazuje, że w tym roku z Belgii do Niemiec wysłano miliard funtów mięsa, półtora miliarda funtów ziemniaków, półtora miliarda funtów chleba oraz sto dwadzieścia jeden milionów funtów masła. Patriotyczna Brytyjka, Edith Cavell, która przez kilka lat prowadziła mały szpital w Belgii, napisała 15 kwietnia 1915 r. do londyńskiego czasopisma „Nursing Mirror", skarżąc się, że dostawy w ramach „Belgian Relief" są wysyłane do Niemiec, aby wyżywić niemiecką armię. Niemcy uznali pannę Cavell za osobę nieistotną i nie zwracali na nią uwagi, ale brytyjskie służby wywiadowcze w Londynie były zbulwersowane odkryciem panny Cavell i zażądały od Niemców aresztowania jej jako szpieg.

Sir William Wiseman, szef brytyjskiego wywiadu i partner firmy Kuhn Loeb, obawiał się, że zagrożone jest dalsze trwanie wojny, i potajemnie poinformował Niemców, że panna Cavell musi zostać stracona.

Niemcy niechętnie ją aresztowali i oskarżyli o pomoc jeńcom wojennym w ucieczce. Zwykle za to przestępstwo groziło trzy miesiące więzienia, ale Niemcy ugięli się przed żądaniami sir Williama Wisemana i rozstrzelali Edith Cavell, tworząc w ten sposób jedną z głównych męczenniczek I wojny światowej.

Po usunięciu Edith Cavell operacja „Belgian Relief" była kontynuowana, chociaż w 1916 roku niemieccy wysłannicy ponownie zwrócili się do londyńskich urzędników z informacją, że nie wierzą, iż Niemcy będą w stanie kontynuować działania wojskowe, nie tylko z powodu niedoborów żywności, ale także z powodu problemów finansowych. Wysłano więcej „pomocy nadzwyczajnej", a Niemcy kontynuowały wojnę do listopada 1918 roku. Dwóch głównych asystentów Hoovera to były urzędnik ds. transportu drewna z Zachodniego Wybrzeża, Prentiss Gray, oraz Julius H. Barnes, sprzedawca zboża z Duluth. Obaj mężczyźni zostali po wojnie wspólnikami w J. Henry Schroder Banking

Corporation w Nowym Jorku i zgromadzili ogromne fortuny, głównie na handlu zbożem i cukrem.

Wraz z przystąpieniem Stanów Zjednoczonych do wojny Barnes i Gray otrzymali ważne stanowiska w nowo utworzonej Amerykańskiej Administracji Żywnościowej, która również została podporządkowana kierownictwu Herberta Hoovera. W latach 1917–1918 Barnes był prezesem Korporacji Zbożowej Amerykańskiej Administracji Żywnościowej, a Gray szefem Transportu Morskiego. Inny partner J. Henry'ego Schrodera, G. A. Zabriskie, został mianowany szefem Amerykańskiej Komisji Wyrównawczej ds. Cukru. W ten sposób podczas I wojny światowej „Londyńskie Połączenie" kontrolowało całe zaopatrzenie w żywność w Stanach Zjednoczonych poprzez swoich „carów" zboża i cukru. Pomimo wielu skarg dotyczących korupcji i skandali w Amerykańskiej Administracji Żywnościowej, nikogo nigdy nie postawiono w stan oskarżenia. Po wojnie partnerzy z firmy J. Henry Schroder Company, działający w ramach, odkryli, że są teraz właścicielami większości kubańskiego przemysłu cukrowniczego. Jeden z partnerów, M.E. Rionda, był prezesem Cuba Cane Corporation oraz dyrektorem Manati Sugar Company, American British and Continental Corporation i innych firm. Baron Bruno von Schroder, starszy partner firmy, był dyrektorem North British and Mercantile Insurance Company. Jego ojciec, baron Rudolph von Schroder z Hamburga, był dyrektorem Sao Paulo Coffee Ltd., jednej z największych brazylijskich firm kawowych, wraz z F.C. Tiarksem, również z firmy Schroder.[87]

Po wojnie Zabriskie, który był „carem cukru" w Stanach Zjednoczonych, przewodnicząc Amerykańskiej Komisji ds. Wyrównania Cen Cukru, został prezesem kilku największych korporacji piekarniczych w Stanach Zjednoczonych: Empire Biscuit, Southern Baking Corporation, Columbia Baking i innych firm.

Jako swojego głównego asystenta w Amerykańskiej Administracji Żywnościowej Hoover wybrał Lewisa Lichtensteina

---

[87] W wydaniu z 11 października 1923 r. „*The New York Times*" odnotował: „Frank C. Tiarks, prezes Banku Anglii, spędzi tu dwa tygodnie, aby przygotować otwarcie oddziału londyńskiego domu bankowego J. Henry Schroder".

Straussa, który wkrótce miał zostać partnerem w firmie Kuhn Loeb, poślubiając córkę Jerome'a Hanauera z Kuhn Loeb. Przez cały okres swojej wybitnej działalności humanitarnej w Belgijskiej Komisji Pomocy, Amerykańskiej Administracji Żywnościowej, a po wojnie w Amerykańskiej Administracji Pomocy, najbliższym współpracownikiem Hoovera był niejaki Edgar Rickard, urodzony w Pontgibaud we Francji. W Who's Who stwierdza on, że był „asystentem administracyjnym Herberta Hoovera podczas I wojny światowej we wszystkich organizacjach wojennych i powojennych, w tym w Komisji Pomocy dla Belgii. W latach 1914–1924 pracował również w Amerykańskiej Administracji Żywnościowej". Pozostał jednym z najbliższych przyjaciół Hoovera, a rodziny Rickardów i Hooverów zazwyczaj spędzały razem wakacje. Hamill pisze, że po tym, jak Hoover został sekretarzem handlu w administracji Coolidge'a, przyznał swojemu przyjacielowi patenty Hazeltine Radio, które przynosiły mu milion dolarów rocznie z tytułu tantiem.

W 1928 roku „londyńska grupa" postanowiła wystawić Herberta Hoovera na prezydenta Stanów Zjednoczonych. Był tylko jeden problem: chociaż Herbert Hoover urodził się w Stanach Zjednoczonych i zgodnie z konstytucją kwalifikował się do sprawowania urzędu prezydenta, nigdy nie miał adresu służbowego ani adresu domowego w Stanach Zjednoczonych, ponieważ wyjechał za granicę zaraz po ukończeniu studiów na Uniwersytecie Stanforda. W rezultacie podczas kampanii prezydenckiej Herbert Hoover podał jako swój amerykański adres Suite 2000, 42 Broadway, Nowy Jork, który był biurem Edgara Rickarda. Suite 2000 dzielił również potentat zbożowy i partner J. Henry Schroder Banking Corporation, Julius H. Barnes.

Po tym, jak Herbert Hoover został wybrany na prezydenta Stanów Zjednoczonych, nalegał na mianowanie jednego ze swoich dawnych londyńskich znajomych, Eugene'a Meyera, na stanowisko prezesa Rady Rezerwy Federalnej. Ojciec Meyera był jednym z partnerów w firmie Lazard Freres w Paryżu oraz Lazard Brothers w Londynie. Meyer, wraz z Baruchem, był jednym z najpotężniejszych ludzi w Stanach Zjednoczonych podczas I wojny światowej, członkiem słynnego triumwiratu, który sprawował niezrównaną władzę; Meyer jako przewodniczący War Finance Corporation, Bernard Baruch jako przewodniczący War Industries Board, a Paul Warburg jako prezes Systemu Rezerwy Federalnej.

Louis McFadden, przewodniczący Komisji Bankowości i Waluty Izby Reprezentantów, od dawna krytykujący Eugene'a Meyera, został zacytowany w *„The New York Times"* z 17 grudnia 1930 r. jako osoba, która wygłosiła przemówienie na forum Izby Reprezentantów, atakując decyzję Hoovera o mianowaniu Meyera i zarzucając mu, że „reprezentuje on interesy Rotszyldów i pełni rolę łącznika między rządem francuskim a J.P. Morganem". 18 grudnia *„The Times"* poinformował, że „Herbert Hoover jest głęboko zaniepokojony" i że przemówienie McFaddena było „niefortunnym wydarzeniem". 20 grudnia *„The Times"* skomentował na stronie redakcyjnej pod nagłówkiem „McFadden znowu": „Przemówienie to powinno zapewnić ratyfikację przez Senat pana Meyera na stanowisku szefa Rezerwy Federalnej. Przemówienie było niespójne, jak to zwykle bywa w przypadku wystąpień pana McFaddena". Zgodnie z przewidywaniami *„The Times"*, Meyer został należycie zatwierdzony przez Senat.

Nie zadowalając się posiadaniem przyjaciela w Białym Domu, J. Henry Schroder Corporation wkrótce rozpoczęła kolejne międzynarodowe przedsięwzięcia, nic mniej niż plan wywołania II wojny światowej. Miało to nastąpić poprzez zapewnienie, w kluczowym momencie, finansowania przejęcia władzy przez Adolfa Hitlera w Niemczech. Chociaż finansowanie Hitlera przypisuje się wielu magnatom, w tym Fritzowi Thyssenowi, Henry'emu Fordowi i J.P. Morganowi, to oni, podobnie jak inni, rzeczywiście przekazali miliony dolarów na jego kampanie polityczne w latach 20. XX wieku, tak samo jak zrobili to w przypadku innych osób, które również miały szansę na zwycięstwo, ale zniknęły i nigdy więcej o nich nie słyszano. W grudniu 1932 roku wielu obserwatorom niemieckiej sceny politycznej wydawało się nieuniknione, że Hitler również jest gotowy na zjazd na sankach w zapomnienie. Pomimo tego, że dobrze radził sobie w kampaniach krajowych, wydał wszystkie pieniądze ze swoich zwykłych źródeł i teraz borykał się z ogromnymi długami. W swojej książce „Aggression" Otto Lehmann-Russbeldt pisze, że „4 stycznia 1933 r. Hitler został zaproszony na spotkanie w banku Schroder w Berlinie. Czołowi niemieccy przemysłowcy i bankierzy pomogli Hitlerowi przezwyciężyć trudności finansowe i umożliwili mu spłatę ogromnego długu, który zaciągnął w związku z utrzymaniem swojej prywatnej armii. W zamian obiecał złamać potęgę związków zawodowych. 2 maja 1933 r. dotrzymał tej obietnicy".[88]

Na spotkaniu 4 stycznia 1933 r. obecni byli bracia Dulles, John Foster Dulles i Allen W. Dulles z nowojorskiej kancelarii prawnej Sullivan and Cromwell, która reprezentowała bank Schroder. Bracia Dulles często pojawiali się na ważnych spotkaniach. Reprezentowali Stany Zjednoczone na konferencji pokojowej w Paryżu (1919 r.); John Foster Dulles zmarł na stanowisku sekretarza stanu w administracji Eisenhowera, a Allen Dulles przez wiele lat stał na czele Centralnej Agencji Wywiadowczej. Ich apologeci rzadko próbowali bronić obecności braci Dulles na spotkaniu, które ustanowiło Hitlera kanclerzem Niemiec, woląc udawać, że to się nigdy nie wydarzyło. Biograf Leonard Mosley omija tę kwestię w swojej książce „Dulles", stwierdzając:

„Obaj bracia spędzili dużo czasu w Niemczech, gdzie Sullivan i Cromwell mieli znaczne interesy na początku lat 30., reprezentując kilka rządów prowincjonalnych, duże koncerny przemysłowe, wiele dużych amerykańskich firm posiadających interesy w Rzeszy oraz niektórych zamożnych osób".[89]

Allen Dulles został później dyrektorem firmy J. Henry Schroder Company. Ani on, ani J. Henry Schroder nie byli podejrzani o sympatie pronazistowskie lub prohitlerowskie; nie dało się jednak zaprzeczyć, że gdyby Hitler nie został kanclerzem Niemiec, prawdopodobieństwo wybuchu II wojny światowej – wojny, która podwoiłaby ich zyski – byłoby niewielkie.[90]

Wielka Encyklopedia Radziecka podaje: „Dom bankowy Schroder Bros. (był to bankier Hitlera) został założony w 1846 r.;

---

[88] Otto Lehmann-Russbeldt, *Aggression*, Hutchinson & Co., Ltd., Londyn, 1934, s. 44.

[89] Leonard Mosley, *Dulles*, Dial Publishing Co., Nowy Jork 1978, s. 88.

[90] Ezra Pound w audycji radiowej wyemitowanej 18 kwietnia 1943 r. w Radio Rome stwierdził: „...a ludzie w Ameryce, nie zadowalając się tą wojną, już celują w następną. Czas na sprzeciw jest teraz".

jego dzisiejszymi wspólnikami są baronowie von Schroeder, powiązani z oddziałami w Stanach Zjednoczonych i Anglii".[91][92]

Redaktor finansowy londyńskiego „The Daily Herald" napisał 30 września 1933 r. o „decyzji pana Normana o udzieleniu nazistom wsparcia ze strony Banku (Anglii)". John Hargrave w swojej biografii Montagu Normana pisze:

„Jest całkiem pewne, że Norman zrobił wszystko, co mógł, aby pomóc hitleryzmowi zdobyć i utrzymać władzę polityczną, działając na płaszczyźnie finansowej ze swojej twierdzy przy Threadneedle Street" [tj. Banku Anglii – red.].

Baron Wilhelm de Ropp, dziennikarz, którego najbliższym przyjacielem był major F.W. Winterbotham, szef wywiadu lotniczego brytyjskich służb specjalnych, sprowadził do Londynu nazistowskiego filozofa Alfreda Rosenberga i przedstawił go lordowi Hailshamowi, sekretarzowi ds. wojny, Geoffreyowi Dawsonowi, redaktorowi „*The Times*", oraz Normanowi, prezesowi Banku Anglii.

Po rozmowie z Normanem Rosenberg spotkał się z przedstawicielem londyńskiego banku Schroder. Dyrektor zarządzający banku Schroder, F.C. Tiarks, był również dyrektorem Banku Anglii. Hargrave pisze (str. 217): „Na początku 1934 r. wybrana grupa finansistów z City zebrała się w pokoju Normana za bezokiennymi ścianami, w składzie: sir Robert Kindersley, partner w firmie Lazard Brothers, Charles Hambro, F.C.

Tiarks, sir Josiah Stamp (również dyrektor Banku Anglii). Prezes Norman omówił sytuację polityczną w Europie. Ukształtowała się nowa potęga, wielka „siła stabilizująca", a mianowicie nazistowskie Niemcy. Norman poradził swoim współpracownikom, by uwzględnili Hitlera w swoich planach

91 *Wielka Encyklopedia Radziecka*, Macmillan, Londyn, 1973, t. 2, s. 620.

92 „*The New York Times*" odnotował 11 października 1944 r.: „Senator Claude Pepper skrytykował Johna Fostera Dullesa, doradcę ds. stosunków zagranicznych gubernatora Deweya, za jego powiązania z kancelarią prawną Sullivan and Cromwell oraz za udzielenie Hitlerowi pomocy finansowej w 1933 r. Pepper opisał spotkanie Franza von Papena i Hitlera, które odbyło się 4 stycznia 1933 r. w domu barona Schrodera w Kolonii, i od tego momentu naziści mogli kontynuować swój marsz do władzy".

dotyczących finansowania Europy. Nie spotkało się to z żadnym sprzeciwem.

W książce *„Wall Street and the Rise of Hitler”* Antony C. Sutton pisze: „Nazistowski baron Kurt von Schroeder pełnił rolę pośrednika w przekazywaniu pieniędzy z I.T.T. do organizacji SS Heinricha Himmlera w 1944 r., podczas II wojny światowej, kiedy Stany Zjednoczone były w stanie wojny z Niemcami”.[93] Kurt von Schroeder, urodzony w 1889 roku, był wspólnikiem w kolońskim Bankhaus, J.H. Stein & Co., który został założony w 1788 roku. Po dojściu nazistów do władzy w 1933 roku Schroeder został mianowany niemieckim przedstawicielem w Banku Rozrachunków Międzynarodowych. Komisja Kilgore'a stwierdziła w 1940 r., że wpływ Schroedera na administrację Hitlera był tak duży, że doprowadził on do mianowania Pierre'a Lavala szefem rządu francuskiego podczas okupacji nazistowskiej. Komisja Kilgore'a wymieniła kilkanaście ważnych stanowisk, które Kurt von Schroeder piastował w latach 40., w tym prezesa Deutsche Reichsbahn, Rady Gospodarczej Rzeszy, starszego przywódcy SS, Rady Poczty Rzeszy, Deutsche Reichsbank oraz innych wiodących banków i grup przemysłowych. Schroeder zasiadał w zarządach wszystkich spółek zależnych International Telephone and Telegraph w Niemczech.

W 1938 r. londyński Schroder Bank stał się niemieckim agentem finansowym w Wielkiej Brytanii. Nowojorski oddział Schrodera połączył się w 1936 r. z firmą Rockefellerów, tworząc Schroder, Rockefeller, Inc. przy 48 Wall Street. Carlton P. Fuller z firmy Schroder był prezesem tej firmy, a Avery Rockefeller wiceprezesem. Od lat był on partnerem J. Henry'ego Schrodera działającym za kulisami i założył firmę budowlaną Bechtel Corporation, której pracownicy (obecnie na urlopie) odgrywają obecnie wiodącą rolę w administracji Reagana jako sekretarz obrony i sekretarz stanu.

Ladislas Farago w *książce „The Game of the Foxes”* ([94]) napisał, że baron William de Ropp, podwójny agent, przed II wojną światową przeniknął do najwyższych kręgów władzy, a Hitler ufał

[93] Antony C. Sutton, *Wall Street And The Rise Of Hitler*, 76 Press, Seal Beach, Kalifornia, 1976, s. 79.

[94] Ladislas Farago, *The Game of the Foxes*, 1973

mu jako swojemu poufnemu doradcy w sprawach brytyjskich. To właśnie radą de Roppa kierował się Hitler, gdy odmówił inwazji na Anglię.

Victor Perlo pisze w książce „The Empire of High Finance":

„Rząd Hitlera uczynił londyński Schroder Bank swoim agentem finansowym w Wielkiej Brytanii i Ameryce. Osobiste konto bankowe Hitlera znajdowało się w J.M. Stein Bankhaus, niemieckiej filii Schroder Banku. F.C. Tiarks z brytyjskiej firmy J. Henry Schroder Company był członkiem Anglo-German Fellowship wraz z dwoma innymi partnerami jako członkami oraz członkostwem korporacyjnym".[95]

Historia sięga znacznie dalej, niż podejrzewa Perlo. J. Henry Schroder BYŁ Anglo-German Fellowship, angielskim odpowiednikiem ruchu America First, przyciągającym również patriotów, którzy nie chcieli, aby ich naród angażował się w niepotrzebną wojnę z Niemcami. W latach 30., aż do wybuchu II wojny światowej, Schroderowie wpompowywali pieniądze w Anglo-German Fellowship, w wyniku czego Hitler był przekonany, że ma w Anglii potężną pro-niemiecką piątą kolumnę, złożoną z wielu prominentnych polityków i finansistów. Dwie rozbieżne grupy polityczne w Anglii w latach 30. to Partia Wojenna, kierowana przez Winstona Churchilla, który zaciekle domagał się, by Anglia wypowiedziała wojnę Niemcom, oraz Partia Uspokojenia, kierowana przez Neville'a Chamberlaina. Po Monachium Hitler uważał grupę Chamberlaina za dominującą partię w Anglii, a Churchilla za drugorzędnego podżegacza. Ponieważ jego własni sponsorzy, rodzina Schroderów, wspierali Partię Uspokojenia, Hitler wierzył, że nie dojdzie do wojny. Nie podejrzewał, że sponsorzy Partii Uspokojenia, teraz, gdy Chamberlain spełnił swoją rolę w oszukaniu Hitlera, odsuną Chamberlaina na bok i uczynią Churchilla premierem. Nie tylko Chamberlain, ale także Hitler wyszedł z Monachium wierząc, że będzie to „pokój w naszych czasach".

Sukces rodziny Schroderów w oszukaniu Hitlera i wmówieniu mu tego przekonania wyjaśnia kilka najbardziej zagadkowych

---

95 Victor Perlo, *The Empire of High Finance*, International Publishers, 1957, s. 177.

kwestii II wojny światowej. Dlaczego Hitler pozwolił armii brytyjskiej opuścić Dunkierkę i wrócić do domu, skoro mógł ją zniszczyć? Wbrew gorącym radom swoich generałów, którzy chcieli zadać angielskiej armii ostateczny cios, Hitler powstrzymał się, ponieważ nie chciał zrazić do siebie rzekomo licznych zwolenników w Anglii. Z tego samego powodu odmówił inwazji na Anglię w okresie, gdy miał przewagę militarną, wierząc, że nie będzie to konieczne, ponieważ grupa Anglo-German Fellowship była gotowa zawrzeć z nim pokój. Lot Rudolfa Hessa do Anglii był próbą potwierdzenia, że grupa Schrodera była gotowa zawrzeć pokój i stworzyć wspólny sojusz przeciwko Sowietom. Rudolf Hess nadal cierpi w więzieniu, wiele lat po wojnie, ponieważ gdyby został zwolniony, zeznałby, że udał się do Anglii, aby skontaktować się z członkami Anglo-German Fellowship, czyli grupy Schrodera, w sprawie zakończenia wojny.[96]

Jeśli ktoś sądzi, że to wszystko to już zamierzchła historia, nie mająca żadnego związku z obecną sceną polityczną, przedstawiamy postać Johna Lowery'ego Simpsona z Sacramento w Kalifornii. Chociaż po raz pierwszy pojawia się on w Who's Who in America z 1952 roku, pan Simpson twierdzi, że służył pod dowództwem Herberta Hoovera w Komisji Pomocy dla Belgii w latach 1915–

[96] Poniższe relacje pochodzą z „*The New York Times*": 21 października 1945 r., „W audycji radiowej w Luksemburgu podano dziś wieczorem, że baron Kurt von Schroder, były bankier, który pomógł sfinansować powstanie partii nazistowskiej, został rozpoznany w amerykańskim obozie jenieckim i aresztowany". 1 listopada 1945 r.: „Kwatera główna armii brytyjskiej: Baron Kurt von Schroder, 55-letni bankier i przyjaciel Heinricha Himmlera, przebywa w areszcie w Dusseldorfie w oczekiwaniu na decyzję w sprawie postawienia mu zarzutów jako zbrodniarzowi wojennemu – poinformował dzisiaj w oficjalnym komunikacie przedstawiciel rządu wojskowego". 29 lutego 1948 r.: „Wczoraj Stowarzyszenie na rzecz Zapobiegania III Wojnie Światowej zażądało natychmiastowego wszczęcia dochodzenia w sprawie tego, dlaczego niemiecki nazistowski bankier Kurt von Schroder nie został osądzony jako zbrodniarz wojenny przez sojuszniczy trybunał wojskowy". Zwracając uwagę, że w listopadzie ubiegłego roku von Schroder został skazany przez niemiecki sąd denazyfikacyjny w Bielefeldzie, w strefie brytyjskiej, na trzy miesiące więzienia i grzywnę w wysokości 1500 marek niemieckich, sekretarz stowarzyszenia C. Monteith Gilpin stwierdził, że należy zadać pytanie, dlaczego pozwolono von Schroderowi uniknąć sprawiedliwości aliantów i dlaczego nasi urzędnicy nie zażądali, by von Schroder został osądzony przez aliancki trybunał wojskowy. „Von Schroder jest tak samo winny jak Hitler czy Goering".

1917; w Amerykańskiej Administracji Żywnościowej w latach 1917–1918, w Amerykańskiej Komisji Pomocy w 1919 r. oraz u boku P.N. Graya w firmie „ Company" w Wiedniu w latach 1919–1921. Gray był szefem transportu morskiego w Amerykańskiej Administracji Żywnościowej, co umożliwiło mu założenie własnej firmy żeglugowej po wojnie. Podobnie jak inni działacze humanitarni z otoczenia Hoovera, Simpson dołączył również do J. Henry Schroder Banking Company (osobistych bankierów Adolfa Hitlera) oraz J. Henry Schroder Trust Company. Został również partnerem w Schroder-Rockefeller Company, gdy ten fundusz inwestycyjny wsparł firmę budowlaną, która stała się największą na świecie – Bechtel Incorporated. Simpson był przewodniczącym komisji finansowej Bechtel Company, Bechtel International oraz Canadian Bechtel. Simpson twierdzi, że był konsultantem w sprawach interesów Bechtel-McCone związanych z produkcją wojenną podczas II wojny światowej. W latach 1943-44 zasiadał w Komisji Kontroli Alianckiej we Włoszech. Ożenił się z Margaret Mandell, pochodzącą z rodziny kupieckiej, od której imienia pochodzi nazwisko pułkownika Edwarda Mandella House'a, i wspierał osobistość z Kalifornii, najpierw w wyborach na gubernatora, a następnie na prezydenta. W rezultacie Simpson i firma J. Henry Schroder Company mają obecnie na swoim usługach sekretarza obrony, byłego pracownika Bechtel, Caspara Weinbergera. Jako sekretarz stanu służy im George Pratt Schultz, również pracownik Bechtel, który jest spadkobiercą Standard Oil, co potwierdza powiązania między firmami Schroder i Rockefeller. W ten sposób „konserwatywna" administracja Reagana ma sekretarza obrony z firmy Schroder, sekretarza stanu z firmy Schroder-Rockefeller oraz wiceprezydenta, którego ojciec był starszym partnerem w Brown Brothers Harriman.

Fundacja Heritage odegrała również istotną rolę w kształtowaniu polityki administracji Reagana. Okazuje się jednak, że Fundacja Heritage wchodzi w skład sieci Instytutu Tavistock, kierowanego przez brytyjskie służby wywiadowcze. Decyzje finansowe nadal podejmowane są w Banku Anglii, a kto stoi na czele Banku Anglii? Sir Gordon Richardson, prezes J. Henry Schroder Co. w Londynie i Nowym Jorku w latach 1962–1972, kiedy to został prezesem Banku Anglii. „Londyńskie powiązania" nigdy nie miały tak silnej pozycji w rządzie Stanów Zjednoczonych.

3 lipca 1983 r. „*The New York Times*" ogłosił, że Gordon Richardson, prezes Banku Anglii przez ostatnie dziesięć lat, został zastąpiony przez Roberta Leigh-Pembertona, prezesa National Westminster Bank. Lista dyrektorów National Westminster Bank przypomina katalog brytyjskiej klasy rządzącej. Znajdują się na niej m.in. prezes Lord Aldenham, który jest również prezesem Antony Gibbs & Son, banku inwestycyjnego, jednej z siedemnastu uprzywilejowanych firm posiadających koncesję Banku Anglii; Sir Walter Barrie, prezes British Broadcasting System; F.E. Harmer, rektor London School of Economics, szkoły kształcącej międzynarodowych bankierów, oraz prezes New Zealand Shipping Company; Sir E.C. Mieville, prywatny sekretarz króla Anglii w latach 1937–1945; markiz Salisbury, lord Cecil, lord pieczęci prywatnej (rodzina Cecilów od średniowiecza uważana jest za jedną z trzech rządzących rodzin Anglii); lord Leathers, baron Purfleet, minister transportu wojennego w latach 1941–1945, prezes grupy przedsiębiorstw William Cory; sir W.H. Coates i W.J. Worboys z Imperial Chemical Industries (angielski odpowiednik firmy DuPont); Hrabia Dudley, prezes British Iron & Steel, Sir W. Benton Jones, prezes United Steel i wielu innych firm stalowych; Sir G.E. Schuster, Bank of New Zealand; East India Coal Company; A. d'A. Willis, Ashanti Goldfields oraz wiele banków, firm herbacianych i innych przedsiębiorstw; V.W. Yorke, prezes Mexican Railways Ltd.

Richardson, były prezes Schroders, którego nowojorska spółka zależna posiadała akcje Federal Reserve Bank of New York, został zastąpiony przez prezesa National Westminster, którego nowojorska spółka zależna posiadała akcje Federal Reserve Bank of New York. Robert Leigh Pemberton, dyrektor Equitable Life Assurance Society (J.P. Morgan), poślubił córkę markizy Exeter (rodzina Cecil Burghley). W ten sposób kontrola nad London Connection pozostaje nieprzerwanie w mocy.

Lista obecnych dyrektorów J. Henry Schroder Bank and Trust pokazuje utrzymujące się międzynarodowe wpływy od czasów I wojny światowej. George A. Braga jest również dyrektorem Czarnikow-Rionda Company, wiceprezesem Francisco Sugar Company, prezesem Manati Sugar Company oraz wiceprezesem New Tuinicui Sugar Company. Jego krewny, Rionda B. Braga, jest prezesem Francisco Sugar Company i wiceprezesem Manati Sugar Company. Kontrola Schrodera nad cukrem sięga czasów amerykańskiej Agencji Żywnościowej pod kierownictwem Herberta Hoovera i Lewisa L. Straussa z Kuhn, Loeb, Company podczas I wojny światowej. Prawnikami Schrodera jest kancelaria Sullivan and Cromwell. John Foster Dulles z tej kancelarii był obecny podczas historycznego porozumienia w sprawie finansowania Hitlera, a później był sekretarzem stanu w administracji Eisenhowera. Alfred Jaretzki Jr. z kancelarii Sullivan and Cromwell jest również dyrektorem Manati Sugar Company i Francisco Sugar Company.

Kolejnym dyrektorem J. Henry Schroder jest Norris Darrell Jr., urodzony w Berlinie, partner w kancelarii Sullivan and Cromwell oraz dyrektor Schroder Trust Company. Bayless Manning, partner w kancelarii prawnej Paul, Weiss, Rifkind and Wharton na Wall Street, jest również dyrektorem J. Henry Schroder. W latach 1971–1977 był prezesem Rady Stosunków Zagranicznych, a obecnie jest redaktorem naczelnym Yale Law Review.

Paul H. Nitze, wybitny „negocjator ds. rozbrojenia" rządu Stanów Zjednoczonych, jest dyrektorem Schroder's Inc. Ożenił się z Phyllis Pratt, spadkobierczynią fortuny Standard Oil, której ojciec podarował rezydencję rodziny Pratt jako siedzibę Rady Stosunków Zagranicznych.

ROZDZIAŁ ÓSMY

I WOJNA ŚWIATOWA

„Pieniądze są najgorszym z wszelkich kontrabandy" – William Jennings Bryan

Obecnie wydaje się oczywiste, że bez Systemu Rezerwy Federalnej mogłoby nie dojść do wojny światowej. Miała miejsce dziwna sekwencja wydarzeń, z których żadne nie było przypadkowe. Gdyby nie kandydatura Theodore'a Roosevelta z ramienia partii „Bull Moose", popularny prezydent Taft zostałby ponownie wybrany, a Woodrow Wilson powróciłby w zapomnienie.[97] Gdyby Wilson nie został wybrany, mogłoby nie dojść do uchwalenia ustawy o Rezerwie Federalnej, a I wojnie światowej można by było uniknąć. Kraje europejskie zostały zmuszone do utrzymywania dużych armii stałych w ramach polityki banków centralnych, która dyktowała decyzje rządowe. W kwietniu 1887 r. w „Quarterly Journal of Economics" wskazano:

„Szczegółowy przegląd długu publicznego w Europie pokazuje, że odsetki i spłaty funduszu amortyzacyjnego wynoszą 5 343 mln dolarów rocznie (pięć i jedna trzecia miliarda). Wniosek M. Neymarcka jest bardzo podobny do wniosku pana Atkinsona. Finanse Europy są tak skomplikowane, że rządy mogą zadawać

---

[97] UWAGA: Str. 34. „House wyjawił mi w poufnej rozmowie: »Wilson został wybrany przez Teddy'ego Roosevelta«". *The Strangest Friendship in History, Woodrow Wilson and Col. House*, George Sylvester Viereck, Liveright, N.Y. 1932.

sobie pytanie, czy wojna, ze wszystkimi jej straszliwymi konsekwencjami, nie jest lepsza niż utrzymywanie tak niepewnego i kosztownego pokoju. Jeśli przygotowania wojskowe Europy nie zakończą się wojną, mogą one równie dobrze zakończyć się bankructwem państw. A jeśli takie szaleństwa nie doprowadzą ani do wojny, ani do ruiny, to z pewnością wskazują one na rewolucję przemysłową i gospodarczą".

W latach 1887–1914 ten chwiejny system silnie uzbrojonych, ale zbankrutowanych państw europejskich utrzymywał się, podczas gdy Stany Zjednoczone pozostawały krajem zadłużonym, pożyczającym pieniądze z zagranicy, ale udzielającym niewiele międzynarodowych pożyczek, ponieważ nie posiadały one banku centralnego ani systemu „mobilizacji kredytowej". System pożyczek krajowych opracowany przez Rotszyldów służył do finansowania europejskich konfliktów w XIX wieku, ponieważ były one rozłożone na oddziały Rotszyldów w kilku krajach. W 1900 roku stało się oczywiste, że kraje europejskie nie mogą sobie pozwolić na wielką wojnę. Posiadały one duże armie stałe, powszechną służbę wojskową i nowoczesną broń, ale ich gospodarki nie były w stanie pokryć ogromnych wydatków. System Rezerwy Federalnej rozpoczął działalność w 1914 roku, zmuszając Amerykanów do pożyczenia aliantom dwudziestu pięciu miliardów dolarów, które nie zostały spłacone, chociaż znaczne odsetki zostały wypłacone nowojorskim bankierom. Amerykanie zostali zmuszeni do wypowiedzenia wojny Niemcom, z którymi nie mieliśmy żadnego politycznego ani gospodarczego sporu. Co więcej, Stany Zjednoczone były największym na świecie krajem zamieszkałym przez Niemców; prawie połowa obywateli miała niemieckie pochodzenie, a niemiecki język został odrzucony jako język narodowy zaledwie niewielką większością głosów.[98] Niemiecki ambasador w Turcji, baron Wangeheim, zapytał amerykańskiego ambasadora w Turcji, Henry'ego Morgenthau, dlaczego Stany Zjednoczone zamierzają wypowiedzieć wojnę Niemcom. „My, Amerykanie" – odpowiedział Morgenthau, przemawiając w imieniu grupy harlemskich przedsiębiorców z branży nieruchomości, której był szefem – „idziemy na wojnę w imię zasady moralnej". J.P. Morgan otrzymał wpływy z pierwszej pożyczki Liberty Loan, aby spłacić 400 000 000 dolarów, które pożyczył Wielkiej Brytanii na

[98] Konwent Konstytucyjny z 1787 r.

początku wojny. Aby pokryć tę pożyczkę, wyemitowano obligacje o wartości 68 000 000 dolarów na mocy przepisów ustawy Aldrich-Vreeland Act dotyczącej emisji obligacji zabezpieczonych papierami wartościowymi. Był to jedyny przypadek zastosowania tego przepisu. Obligacje zostały wycofane z obiegu zaraz po rozpoczęciu działalności przez banki Rezerwy Federalnej i zastąpione banknotami Rezerwy Federalnej.

W latach 1915 i 1916 Wilson dotrzymał słowa bankierom, którzy kupili mu Biały Dom, kontynuując udzielanie pożyczek aliantom. Jego sekretarz stanu, William Jennings Bryan, nieustannie protestował, twierdząc, że „pieniądze są najgorszym z wszelkich kontrabandy". Do 1917 roku Morganowie i firma Kuhn, Loeb Company udzielili aliantom pożyczek o wartości półtora miliarda dolarów. Bankierzy sfinansowali również szereg organizacji „pokojowych", które działały na rzecz naszego zaangażowania w wojnę światową. Komisja Pomocy Belgii fabrykowała historie o okrucieństwach Niemców, podczas gdy organizacja Carnegie'ego, Liga na rzecz Egzekwowania Pokoju, agitowała w Waszyngtonie za naszym przystąpieniem do wojny. Organizacja ta przekształciła się później w Fundację Carnegie'ego na rzecz Pokoju Międzynarodowego, której w latach 40. przewodniczył Alger Hiss. Pewien pisarz[99] twierdził, że nigdy nie widział żadnego „ruchu pokojowego", który nie zakończyłby się wojną.

Ambasador USA w Wielkiej Brytanii, Walter Hines Page, skarżył się, że nie stać go na to stanowisko, i otrzymał 25 tysięcy dolarów rocznie na wydatki od Clevelanda H. Dodge'a, prezesa National City Bank. H.L. Mencken otwarcie oskarżył Page'a w 1916 roku o bycie brytyjskim agentem, co było niesprawiedliwe. Page był jedynie agentem bankierów.

5 marca 1917 roku Page wysłał poufny list do Wilsona. „Myślę, że presja zbliżającego się kryzysu przekroczyła możliwości Agencji Finansowej Morgana działającej na rzecz rządów brytyjskiego i francuskiego... Największą pomocą, jaką moglibyśmy udzielić aliantom, byłby kredyt. O ile nie wejdziemy w stan wojny z

[99] UWAGA: Emmett Tyrell, Jr., *Richmond Times Dispatch*, 15 lutego 1983 r. „Po każdym ruchu pokojowym tego stulecia następowała wojna".

Niemcami, nasz rząd oczywiście nie może udzielić takiego bezpośredniego kredytu".

Rothschildowie obawiali się, że Niemcy nie będą w stanie kontynuować wojny, pomimo chaosu finansowego spowodowanego przez ich agentów, Warburgów, którzy finansowali cesarza, oraz brata Paula Warburga, Maxa, który jako szef niemieckich służb specjalnych zezwolił pociągowi Lenina na przejazd przez linie frontu i przeprowadzenie rewolucji bolszewickiej w Rosji. Według podsekretarza marynarki wojennej Franklina D. Roosevelta amerykański przemysł ciężki przygotowywał się do wojny od roku. Zarówno Departament Armii, jak i Departament Marynarki Wojennej kupowały duże ilości zaopatrzenia wojennego od początku 1916 roku. Cordell Hull zauważa w swoich wspomnieniach:

„Konflikt wymusił dalszy rozwój zasady podatku dochodowego. Ustawę o podatku dochodowym, mającą na celu jedno wielkie, nieopodatkowane źródło dochodów, uchwalono w samą porę, aby sprostać wymaganiom wojny. Konflikt ten pomógł również w uruchomieniu Systemu Rezerwy Federalnej, również w samą porę".[100]

Można zapytać, w samą porę dla kogo? Z pewnością nie dla Amerykanów, którzy nie potrzebowali „mobilizacji kredytu" na wojnę w Europie ani uchwalenia podatku dochodowego w celu sfinansowania wojny. Wypowiedź Hulla pozwala rzadko spotykane spojrzeć na intrygi naszych „urzędników państwowych".

W „Notes of the Journal of Political Economy" z października 1917 r. czytamy:

„Wpływ wojny na działalność banków Rezerwy Federalnej wymagał ogromnego rozbudowania kadry tych banków, co wiązało się z odpowiednim wzrostem wydatków. Nie będąc oczywiście w stanie przewidzieć tak wczesnego i rozległego zapotrzebowania na ich usługi w tym zakresie, twórcy ustawy o Rezerwie Federalnej przewidzieli, że banki Rezerwy Federalnej powinny pełnić rolę agentów fiskalnych rządu".

---

[100] Cordell Hull, *Memoirs,* Macmillan, Nowy Jork, 1948, tom 1, strona 76.

Bankierzy czekali od 1887 r., aż Stany Zjednoczone uchwalą plan utworzenia banku centralnego, aby mogli sfinansować wojnę w Europie między krajami, które już doprowadzili do bankructwa programami zbrojeniowymi i „obronnymi". Najbardziej wymagającą funkcją mechanizmu banku centralnego jest finansowanie wojny.

13 października 1917 r. Woodrow Wilson wygłosił ważne przemówienie, w którym stwierdził:

„Jest oczywistą koniecznością całkowita mobilizacja rezerw bankowych Stanów Zjednoczonych. Ciężar i przywilej (związane z pożyczkami dla aliantów) muszą zostać rozłożone na wszystkie instytucje bankowe w kraju. Uważam, że współpraca ze strony banków jest w tej chwili patriotycznym obowiązkiem, a członkostwo w Systemie Rezerwy Federalnej stanowi wyraźny i znaczący dowód patriotyzmu".

E.W. Kemmerer pisze, że „jako agenci skarbowi rządu banki Rezerwy Federalnej świadczyły na rzecz narodu usługi o nieocenionej wartości po naszym przystąpieniu do wojny. W znacznym stopniu pomogły one w ochronie naszych zasobów złota, regulacji rynku walutowego oraz centralizacji naszych zasobów finansowych. Aż ciarki przechodzą na myśl o tym, co mogłoby się stać, gdyby wojna zastała nas z naszym dawnym, zdecentralizowanym i przestarzałym systemem bankowym".

Dreszcze pana Kemmerera pomijają fakt, że gdybyśmy zachowali „nasz przestarzały system bankowy", nie bylibyśmy w stanie sfinansować wojny światowej ani w niej uczestniczyć.

Sam Woodrow Wilson nie wierzył w swoją krucjatę na rzecz ocalenia świata dla demokracji. Później napisał, że „wojna światowa była kwestią rywalizacji gospodarczej".

W odpowiedzi na pytanie senatora McCumbera dotyczące okoliczności naszego przystąpienia do wojny, Wilson został zapytany: „Czy uważa pan, że gdyby Niemcy nie dopuściły się żadnego aktu wojny ani żadnego aktu niesprawiedliwości wobec naszych obywateli, weszlibyśmy w tę wojnę?".

„Tak sądzę" – odpowiedział Wilson.

„Uważa pan, że i tak byśmy w nią weszli?" – naciskał McCumber.

„Tak" – odparł Wilson.

W swoim przesłaniu wojennym z 1917 roku Wilson zawarł niesamowity hołd dla komunistów w Rosji, którzy zajęci byli mordowaniem klasy średniej w tym nieszczęsnym kraju.

„Nasze nadzieje na przyszły pokój na świecie wzmocniły wspaniałe i budujące wydarzenia, które miały miejsce w ostatnich tygodniach w Rosji. Oto odpowiedni partner dla Ligi Honorowej".[101]

Pean Wilsona na cześć krwiożerczego reżimu, który od tamtej pory zamordował sześćdziesiąt sześć milionów swoich mieszkańców w najbardziej barbarzyński sposób, obnaża jego prawdziwe sympatie i prawdziwych zwolenników – bankierów, którzy sfinansowali krwawą czystkę w Rosji. Kiedy rewolucja komunistyczna wydawała się zagrożona, Wilson wysłał do Rosji swojego osobistego wysłannika, Elihu Roota, z stu milionami dolarów ze swojego Specjalnego Funduszu Wojennego, aby uratować upadający reżim bolszewicki.

Dokumentacja dotycząca udziału firmy Kuhn, Loeb w ustanowieniu komunizmu w Rosji jest zbyt obszerna, by ją tutaj przytoczyć, ale zamieszczamy jedną krótką wzmiankę, typową dla literatury na ten temat. W swojej książce „Caryzm i rewolucja" gen. Arsene de Goulevitch pisze:

„Pan Bakmetiew, nieżyjący już rosyjski ambasador cesarski w Stanach Zjednoczonych, informuje nas, że bolszewicy po zwycięstwie w latach 1918–1922 przekazali firmie Kuhn, Loeb Company 600 milionów rubli w złocie".

Po przystąpieniu Stanów Zjednoczonych do I wojny światowej Woodrow Wilson przekazał rządy w kraju trójce swoich sponsorów wyborczych: Paulowi Warburgowi, Bernardowi Baruchowi i Eugene'owi Meyerowi. Baruch został mianowany szefem Rady Przemysłu Wojennego, dysponując uprawnieniami decydującymi o losie każdej fabryki w Stanach Zjednoczonych. Eugene Meyer

---

[101] Dokumenty publiczne Woodrowa Wilsona, Dodd & Baker, tom 5, str. 12–13.

został mianowany szefem Korporacji Finansów Wojennych, odpowiedzialnej za program pożyczek finansujących wojnę. Paul Warburg sprawował kontrolę nad krajowym systemem bankowym.[102]

Wiedząc, że w latach 1915 i 1916 przeważające nastroje wśród Amerykanów były antybrytyjskie i proniemieckie, nasi brytyjscy sojusznicy z pewnym niepokojem obserwowali znaczącą rolę Paula Warburga i firmy Kuhn, Loeb Company w prowadzeniu wojny. Niepokoiła ich jego wysoka pozycja w administracji, ponieważ jego brat, Max Warburg, pełnił wówczas funkcję szefa niemieckich służb specjalnych. 12 grudnia 1918 r. raport Służby Wywiadowczej Marynarki Wojennej Stanów Zjednoczonych dotyczący pana Warburga brzmiał następująco:

„WARBURG, PAUL: Nowy Jork. Niemiec, obywatel naturalizowany w 1911 r., odznaczony przez cesarza w 1912 r., był wiceprzewodniczącym Rady Rezerwy Federalnej. Zarządzał dużymi sumami w firmie przekazanymi przez Niemcy dla Lenina i Trockiego. Ma brata, który jest przywódcą niemieckiego systemu szpiegowskiego".

Co dziwne, raport ten, który musiał zostać sporządzony znacznie wcześniej, kiedy byliśmy w stanie wojny z Niemcami, jest datowany dopiero na 12 grudnia 1918 r. PO podpisaniu rozejmu. Ponadto nie zawiera on informacji, że Paul Warburg zrezygnował z funkcji w Radzie Rezerwy Federalnej w maju 1918 r., co wskazuje, że został sporządzony przed majem 1918 r., kiedy to Paul Warburg teoretycznie mógłby zostać oskarżony o zdradę ze względu na kontrolę, jaką sprawował jego brat nad niemieckimi służbami specjalnymi.

Brat Paula Warburga, Felix, mieszkający w Nowym Jorku, był dyrektorem Pruskiej Towarzystwa Ubezpieczeń na Życie w Berlinie i prawdopodobnie nie chciałby, aby zbyt wielu jego ubezpieczonych zginęło na wojnie. 26 września 1920 r. *„The New York Times"* wspomniał w nekrologu Jacoba Schiffa, odnosząc się do firmy Kuhn, Loeb and Company: „Podczas wojny światowej niektórzy z jej członków pozostawali w stałym kontakcie z rządem, pełniąc

---

[102] UWAGA: *New York Times*, 10 sierpnia 1918 r.; „Pan (Paul) Warburg był autorem planu utworzenia Korporacji Finansowania Wojennego".

funkcję doradczą. Firma brała udział w konferencjach dotyczących organizacji i utworzenia Systemu Rezerwy Federalnej".

W nekrologu Schiffa z 1920 roku po raz pierwszy ujawniono, że Jacob Schiff, podobnie jak Warburgowie, miał również dwóch braci w Niemczech podczas I wojny światowej – Philipa i Ludwiga Schiffów z Frankfurtu nad Menem, którzy również działali jako bankierzy niemieckiego rządu! Nie była to okoliczność, którą można było lekceważyć, ponieważ po obu stronach Atlantyku wspomniani bankierzy nie byli byle kim i mieli znaczący wpływ na przebieg wojny. Wręcz przeciwnie, partnerzy z firmy Kuhn, Loeb zajmowali najwyższe stanowiska rządowe w Stanach Zjednoczonych podczas I wojny światowej, podczas gdy w Niemczech Max i Fritz Warburgowie oraz Philip i Ludwig Schiffowie obracali się w najwyższych kręgach rządowych. Z „Wspomnień Maxa Warburga": „Cesarz gwałtownie uderzył pięścią w stół i krzyknął: »Czy zawsze musisz mieć rację?«, ale potem uważnie wysłuchał opinii Maxa na temat spraw finansowych".[103]

W czerwcu 1918 roku Paul Warburg napisał prywatną notatkę do Woodrowa Wilsona: „Mam dwóch braci w Niemczech, którzy są bankierami. Oni naturalnie służą teraz swojemu krajowi najlepiej jak potrafią, tak jak ja służę mojemu".[104]

Ani Wilson, ani Warburg nie postrzegali tej sytuacji jako niepokojącej, a Paul Warburg pełnił swoją kadencję w Radzie Gubernatorów Rezerwy Federalnej, podczas gdy I wojna światowa nadal szalała.

Kontekst działalności firmy Kuhn, Loeb & Company został ujawniony w magazynie „Truth Magazine", redagowanym przez George'a Conroya:

„Pan Schiff jest szefem wielkiego prywatnego domu bankowego Kuhn, Loeb & Co., który reprezentuje interesy Rotszyldów po tej stronie Atlantyku. Opisywano go jako stratega finansowego i od lat pełnił funkcję ministra finansów wielkiej, bezosobowej potęgi znanej jako Standard Oil.

---

[103] Max Warburg, *Memoirs of Max Warburg*, Berlin, 1936.

[104] David Farrar, *The Warburgs*, Michael Joseph, Ltd., Londyn, 1974.

Był w ścisłym kontakcie z Harrimanami, Gouldami i Rockefellerami we wszystkich ich przedsięwzięciach kolejowych i stał się dominującą siłą w świecie kolei i finansów w Ameryce.

Louis Brandeis, ze względu na swoje wielkie zdolności jako prawnika oraz z innych powodów, które pojawią się później, został wybrany przez Schiffa jako narzędzie, dzięki któremu Schiff miał nadzieję zrealizować swoje ambicje w Nowej Anglii. Jego zadaniem było prowadzenie agitacji, która podważyłaby zaufanie publiczne do systemu New Haven i spowodowała spadek cen jego papierów wartościowych, zmuszając w ten sposób do ich wprowadzenia na rynek, aby mogli je kupić spekulanci.[105]

Wspominamy tutaj o prawniku Schiffa, Brandeisie, ponieważ pierwsze dostępne stanowisko w Sądzie Najwyższym Stanów Zjednoczonych, które Woodrow Wilson mógł obsadzić, zostało przyznane prawnikowi z firmy Kuhn, Loeb, Brandeisowi.

Nie tylko Amerykańska Administracja Żywnościowa była zarządzana przez dyrektora Hoovera, Lewisa Lichtensteina Straussa, który związał się z firmą Kuhn, Loeb & Company poprzez małżeństwo z Alice Hanauer, córką partnera Jerome'a Hanauera, ale w najbardziej krytycznej dziedzinie, wywiadzie wojskowym, sir William Wiseman, szef brytyjskich służb specjalnych, był partnerem w firmie Kuhn, Loeb & Company. Najściślej współpracował z alter ego Wilsona, pułkownikiem House'em. „Między House'em a sir Williamem Wisemanem wkrótce nie było już prawie żadnych tajemnic politycznych, a z ich wzajemnego zrozumienia w dużej mierze wynikała nasza ścisła współpraca z Brytyjczykami".[106]

Jednym z przykładów współpracy House'a z Wisemanem była poufna umowa, którą House wynegocjował, zobowiązując Stany Zjednoczone do przystąpienia do I wojny światowej po stronie aliantów. Dziesięć miesięcy przed wyborami, które w 1916 r. przywróciły Wilsona do Białego Domu „ponieważ utrzymał nas z dala od wojny", pułkownik House wynegocjował w imieniu

---

[105] „Truth Magazine", redaktor George Conroy, Boston, wydanie z 16 grudnia 1912 r.

[106] Edward M. House, *The Intimate Papers of Col. House*, pod redakcją Charlesa Seymoura, tom II, str. 399. Houghton, Mifflin Co.

Wilsona tajną umowę z Anglią i Francją, która zobowiązywała Stany Zjednoczone do interwencji w imieniu aliantów. 9 marca 1916 r. Wilson formalnie zatwierdził to zobowiązanie.[107]

Nic nie mogło lepiej zilustrować dwulicowości Woodrowa Wilsona niż jego ogólnokrajowa kampania pod hasłem „Uchronił nas przed wojną", podczas gdy dziesięć miesięcy wcześniej zobowiązał się do zaangażowania nas w wojnę po stronie Anglii i Francji. To wyjaśnia, dlaczego był on traktowany z taką pogardą przez tych, którzy poznali fakty dotyczące jego kariery. H.L. Mencken napisał, że Wilson był „doskonałym wzorem chrześcijańskiego łajdaka" i że powinniśmy „wykopać jego kości i zrobić z nich kości do gry".

Według *„The New York Times"* w liście rezygnacyjnym Paula Warburga stwierdzono, że zgłoszono pewne zastrzeżenia, ponieważ miał on brata w szwajcarskich służbach specjalnych. *„The New York Times"* nigdy nie sprostował tego rażącego kłamstwa, być może dlatego, że firma Kuhn, Loeb Company posiadała pakiet kontrolny w jego akcjach. Max Warburg nie był Szwajcarem i chociaż prawdopodobnie miał kontakt ze szwajcarskimi służbami specjalnymi podczas swojej kadencji jako szef niemieckich służb specjalnych, żaden odpowiedzialny redaktor w *The New York Times* nie mógł nie wiedzieć, że Max Warburg był Niemcem, że jego rodzinny dom bankowy znajdował się w Hamburgu oraz że piastował szereg wysokich stanowisk w niemieckim rządzie. Reprezentował Niemcy na konferencji pokojowej w Wersalu i pozostawał w Niemczech w spokoju do 1939 roku, w okresie, gdy osoby wyznające jego religię były prześladowane. Aby uniknąć obrażeń podczas zbliżającej się wojny, kiedy na Niemcy spadną bomby, Max Warburg otrzymał pozwolenie na wypłynięcie do Nowego Jorku z nienaruszonymi funduszami.

Na początku I wojny światowej firma Kuhn, Loeb Company odegrała rolę w przeniesieniu niemieckich interesów żeglugowych pod inną kontrolę. Sir Cecil Spring-Rice, brytyjski ambasador w Stanach Zjednoczonych, w liście do lorda Greya napisał:

---

[107] George Sylvester Viereck, *The Strangest Friendship in History, Woodrow Wilson and Col. House*, str. 106.

„Kolejną kwestią jest sprawa przekazania flagi statkom Hamburg-Amerika. Firma ta jest praktycznie własnością rządu niemieckiego. Statki są wykorzystywane do celów rządowych, a sam cesarz jest jednym z głównych udziałowców, podobnie jak wielki dom bankowy Kuhn, Loeb Company. Członek tego domu (Warburg) został mianowany na bardzo odpowiedzialne stanowisko w Nowym Jorku, mimo że dopiero co uzyskał obywatelstwo. Prowadzi interesy z sekretarzem skarbu, który jest zięciem prezydenta. To właśnie on prowadzi negocjacje w imieniu Hamburg Amerika Shipping Company".[108]

13 listopada 1914 r. w liście do sir Valentine'a Chirola Spring-Rice napisał (s. 241, t. 2):

„Dowiedziałem się dzisiaj, że *The New York Times* został praktycznie przejęty przez Kuhn, Loeb i Schiff, specjalnych protegowanych (niemieckiego) cesarza. Warburg, blisko spokrewniony z Kuhn Loeb i Schiff, jest bratem znanego Warburga z Hamburga, wspólnika Ballina (Hamburg-Amerika Line), jest członkiem Rady Rezerwy Federalnej, a raczej JEDYNYM członkiem. Praktycznie kontroluje politykę finansową administracji, a Paish & Blackett (Anglia) musieli negocjować głównie z nim. Oczywiście było to dokładnie tak, jakby negocjować z Niemcami. Wszystko, co zostało powiedziane, było własnością niemiecką".

Pułkownik Garrison napisał w książce „Roosevelt, Wilson and the Federal Reserve Law", że „poprzez dom bankowy Kuhn Loeb Company w ręce niemieckiego cesarza trafiłaby potężna broń, która decydowałaby o losach amerykańskiego biznesu i obywateli".[109]

Garrison odnosił się do afery Hamburg Amerika.

Wydawało się dziwne, że Woodrow Wilson uznał za konieczne powierzenie losów narodu trzem mężczyznom, których historia osobista była pełna bezwzględnej spekulacji i dążenia do osobistych korzyści, lub że podczas wojny z Niemcami uznał za osoby godne najwyższego zaufania niemieckiego imigranta naturalizowanego w 1911 roku, syna imigranta z Polski oraz syna imigranta z Francji.

---

[108] Letters and Friendships of Sir Cecil Spring-Rice, str. 219-220.

[109] Pułkownik Elisha Garrison, Roosevelt, *Wilson and the Federal Reserve Law*, Christopher Publishing House, Boston, 1931, str. 260.

Bernard Baruch po raz pierwszy zwrócił na siebie uwagę na Wall Street w 1890 roku, pracując dla A.A. Housman & Co.

W 1896 roku połączył sześć głównych firm tytoniowych w Stanach Zjednoczonych w Consolidated Tobacco Company, zmuszając Jamesa Duke'a i American Tobacco Trust do przystąpienia do tego połączenia. Drugi wielki trust utworzony przez Barucha przekazał przemysł miedziowy w ręce rodziny Guggenheimów, która kontroluje go od tamtej pory. Baruch współpracował z Edwardem H. Harrimanem, który był figurantem Schiffa w kontrolowaniu amerykańskiego systemu kolejowego dla rodziny Rothschildów. Baruch i Harriman połączyli również swoje talenty, aby przejąć kontrolę nad systemem transportu publicznego w Nowym Jorku, który od tamtej pory znajduje się w niebezpiecznej sytuacji finansowej.

W 1901 roku Baruch wraz ze swoim bratem Hermanem założył w Nowym Jorku firmę bankową Baruch Brothers. W 1917 roku, kiedy Baruch został mianowany przewodniczącym Rady Przemysłu Wojennego, nazwa została zmieniona na Hentz Brothers.

Zeznając przed Komisją Nye'a 13 września 1937 roku, Bernard Baruch stwierdził, że „wszystkie wojny mają podłoże ekonomiczne". Tyle jeśli chodzi o spory religijne i polityczne, które były specjalnie przedstawiane jako przyczyna wojen.[110]

W profilu opublikowanym w magazynie „New Yorker" podano, że Baruch zarobił 750 tysięcy dolarów w ciągu jednego dnia podczas I wojny światowej, po tym jak w Waszyngtonie rozpowszechniono fałszywą plotkę o pokoju. W „Who's Who" Baruch wspomina, że był członkiem Komisji, która zajmowała się wszystkimi zakupami dla aliantów z Ligi Narodów podczas I wojny światowej. W rzeczywistości Baruch BYŁ tą komisją. Wydawał pieniądze amerykańskich podatników w tempie dziesięciu miliardów dolarów rocznie, a także był dominującym członkiem Komitetu ds. Ustalania Cen Amunicji. To on ustalał ceny, po

[110] UWAGA: Baruch stwierdził również w tym zeznaniu: „W czasie wojny zrealizowałem trzy duże inwestycje: Alaska Juneau Gold Mining Company (wspólnie z partnerem Eugene'em Meyerem), Texas Gulf Sulphur oraz Atolia Mining Company (wolfram)". Reprezentant Mason z Illinois poinformował Izbę Reprezentantów 21 lutego 1921 r., że Baruch zarobił podczas wojny ponad 50 milionów dolarów na handlu miedzią.

których rząd kupował materiały wojenne. Naiwnością byłoby zakładać, że zamówienia nie trafiały do firm, w których on i jego współpracownicy mieli więcej niż tylko grzecznościowy udział, dyktując warunki amerykańskim producentom.[111]

Podczas przesłuchań przed Komisją Nye'a w 1935 roku Baruch zeznał: „Prezydent Wilson dał mi list upoważniający mnie do przejęcia dowolnego zakładu lub fabryki. Był tam sędzia Gary, prezes United States Steel, z którym mieliśmy kłopoty, a kiedy pokazałem mu ten list, powiedział: »Chyba będziemy musieli to załatwić«, i załatwił to".

Niektórzy członkowie Kongresu byli ciekawi, jakie kwalifikacje posiadał Baruch, by w czasie wojny sprawować władzę nad amerykańskim przemysłem, decydując o życiu i śmierci. Nie był on przemysłowcem i nigdy nie był w fabryce. Kiedy wezwano go przed komisję kongresową, Bernard Baruch stwierdził, że jego zawód to „spekulant". Hazardzista z Wall Street został mianowany carem amerykańskiego przemysłu.

[111] Baruch wybrał na wiceprzewodniczącego Rady Przemysłu Wojennego innego spekulanta z Wall Street, Clarence'a Dillona (Lapowitza). Zobacz biografie.

THE NEW YORK TIMES.
WEDNESDAY, SEPTEMBER 23, 1914.

BANKS' STOCK LIST FULL OF SURPRISES

Many Names Associated by Public with Big Stockholdings Not Found.

HETTY GREEN'S 30 SHARES

Frank Vanderlip Missing from Among Large Interests in National City.

Publication yesterday of lists of stockholders in some of New York City's largest banks aroused considerable interest in the financial district, as much because of the absences of expected names as of the amounts of the principal holdings. The date at which the lists were compiled was not made known, and important changes may have taken place since, although as a rule there is little activity in bank shares and the controlling interests in most institutions have been in the same hands for many years.

Among the surprises in the lists, as published by Dow, Jones & Co., was the discovery that Hetty Green, often spoken of as a very important factor in the conduct of the Chemical National, owns only 31 of the 30,000 shares of that institution. Frank Vanderlip, President of the National City Bank, is not down among the principal shareholders, while James Stillman, Chairman of the Board of Directors, holds 47,498 shares of the total of 250,000. Mr. Stillman is also a large holder in the Hanover and the Citizens' Central. J. P. Morgan & Co. have the biggest holdings of any firm.

The shareholders, capitalization, number of shares, dividends, and book value, follow:

National City Bank—Capital, $25,000; total stockholders, 1,018; book value, $280; par value, $100; annual dividend, 10 per cent. Stock also includes $10,000,000 capital of National City Company, which pays annual dividend of 6 per cent.

James Stillman	47,498	W. A. Rockefeller	10
J. P. Morgan & Co.	14,000	A. T. Russell	8,287
W. Rockefeller	10,000	*M. A. C. Taylor	7,000
M. T. Pyne	8,267	J. W. Sterling	6,067
Percy Pyne	8,267	U. S. Trust Co., New York	4,500
J. D. Rockefeller	1,750	J. P. Morgan, Jr.	1,000
J. S. Rockefeller	100		

*Trustee.

National Bank of Commerce—Capital, $25,000,000; total stockholders, 3,013; book value, $180; par value, $100; annual dividend, 8 per cent.

Equitable Life	24,700	A. D. Juilliard	2,000
Mutual Life	17,294	J. J. Gerdan	1,606
G. F. Baker	10,000	J. P. Goodhart & Co.	1,297
North. Finance Corporation	9,300	J. N. Jarvine	1,285
J. P. Morgan & Co.	7,800	F. A. V. Twombly	1,250
Mary W. Harriman	5,650	Kidder, Peabody & Co.	1,125
E. J. Berwind	5,650	J. P. Morgan, Jr.	1,100
T. F. Ryan	5,100	L. P. Morton	1,500
R. W. Winthrop Co., agents	4,900	H. B. Davison	1,100
S. J. Saltus	4,757	W. W. Astor	1,000
T. A. Reynolds	3,175	J. H. Schiff	1,000
*P. M. Warburg	3,000	V. P. Snyder	1,000
A. J. Hemphill	2,000	G. Whittell	1,000
		E. T. Nichols	1,000

*Since sold his holdings.

First National—Capital, $10,000,000; total stockholders, 826; book value, $529; par value, $100; annual dividend, 40 per cent. Of this 28 per cent. is paid on bank's stock and 12 per cent. on stock of First Security Company.

G. F. Baker	20,000	G. F. Baker, Jr.	5,000
J. P. Morgan & Co.	13,900	J. J. Hill	4,000
H. C. Fahnestock	10,000	North'n Fin. Co.	1,700
Garland, Dodson & Emmer, Tr. of est. of J. A. Garland	[illegible]	F. L. Hine	1,400
		H. P. Davison	1,010
		Mary C. Thompson	9,000

Chase National—Capital, $5,000,000; total shareholders, 409; book value, $299; par value, $100; annual dividend, 20 per cent.

G. F. Baker	13,408	H. W. Cannon	1,400
A. H. Wiggin	6,892	G. B. Schley	500
C. A. Edwards	3,000	S. Miller	500
A. B. Hepburn	2,873	J. J. Mitchell	500
J. J. Hill	1,500	Faith Moore	500
L. G. Thompson	1,500	W. H. Porter	500
E. Tuck	1,500	F. S. Thompson, U. S. T. Co., Tr.	1,000
Trustees Princeton Univ.	1,000		

Hanover National—Capital, $3,000,000; total stockholders, 404; book value, $579; par value, $100; annual dividend, 18 per cent.

Wm. Woodward	6,800	Bessemer Invest. Co.	523
James Stillman	4,000	Wm. J. Clark	423
Wm. Rockefeller	1,540	Wm. J. Halls	410
Wm. Barbour	1,200	C. Wodsworth	730
Jas. M. Donald	1,023	Robt. M. Goelet	400

Faksymile artykułu, który ukazał się w The New York Times z dnia 23 września 1914 r. Wymieniono w nim głównych akcjonariuszy pięciu nowojorskich banków, które nabyły 40% z 203 053 akcji Banku Rezerwy Federalnej w Nowym Jorku, gdy system ten został zorganizowany w 1914 r. W ten sposób uzyskali oni kontrolę nad tym Bankiem Rezerwy Federalnej i utrzymują ją od tamtej pory.

We wtorek, 26 lipca 1983 r., pięć największych banków w Nowym Jorku zwiększyło swoje udziały w Federal Reserve Bank of New York do 53%.

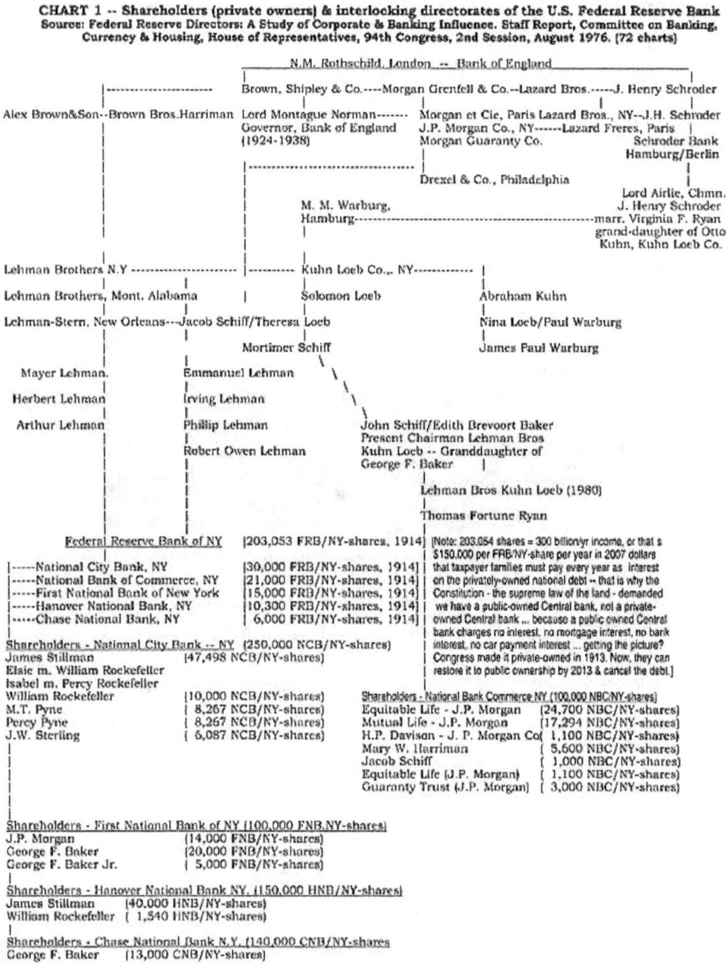

WYKRES I

Wykres I ukazuje bezpośredni związek między rodziną Rothschildów a Bankiem Anglii oraz londyńskimi domami bankowymi, które ostatecznie kontrolują banki Rezerwy Federalnej poprzez posiadane akcje bankowe oraz swoje spółki zależne w Nowym Jorku. Dwóch głównych przedstawicieli Rotszyldów w Nowym Jorku, J.P. Morgan Co. oraz Kuhn, Loeb & Co., to firmy, które zorganizowały konferencję na wyspie Jekyll, podczas której opracowano ustawę o Rezerwie Federalnej, kierowały późniejszą udaną kampanią mającą na celu uchwalenie tego planu przez

Kongres oraz nabyły w 1914 r. kontrolne pakiety akcji Banku Rezerwy Federalnej w Nowym Jorku. W 1914 r. główni przedstawiciele tych firm zostali mianowani do Rady Gubernatorów Rezerwy Federalnej oraz Federalnej Rady Doradczej.

W 1914 r. kilka rodzin (powiązanych więzami krwi lub biznesowymi), posiadających pakiety kontrolne w istniejących bankach (np. w Nowym Jorku), skłoniło te banki do nabycia pakietów kontrolnych w regionalnych bankach Rezerwy Federalnej.

Analiza wykresów i tekstu zawartego w raporcie personelu Komisji Bankowej Izby Reprezentantów z sierpnia 1976 r. oraz aktualnej listy akcjonariuszy 12 regionalnych banków Rezerwy Federalnej wskazuje na tę samą kontrolę sprawowaną przez rodziny.

Były partner Barucha, Eugene Meyer (Alaska-Juneau Gold Mining Co.), twierdził później, że Baruch był głupcem, a to Meyer, dzięki rodzinnym powiązaniom bankowym (Lazard Freres), kierował karierą inwestycyjną Barucha. Twierdzenia te pojawiły się w wydaniu z okazji pięćdziesiątej rocznicy „The Washington Post", na stronie redakcyjnej, 4 czerwca 1983 r., wraz z końcową uwagą redaktora Meyera, Ala Friendly'ego, że „każdy dziennikarz w Waszyngtonie, w tym Meyer, wiedział, że Bernard M. Baruch był zadufanym w sobie oszustem".

Trzecim członkiem triumwiratu był Eugene Meyer, syn partnera w międzynarodowym domu bankowym Lazard Freres z siedzibą w Paryżu i Nowym Jorku. W książce „My Own Story" Baruch wyjaśnia, w jaki sposób Meyer został szefem War Finance Corporation. „Na początku pierwszej wojny światowej" – pisze – „zwróciłem się do Eugene'a Meyera Jr., który był człowiekiem o najwyższej uczciwości i głębokim pragnieniu służby publicznej".[112]

Naród bardzo ucierpiał z powodu osób, które pragnęły służyć społeczeństwu, ponieważ ich pragnienia często znacznie wykraczały poza ich pasję do sprawowania urzędu. W rzeczywistości Meyer i Baruch prowadzili w 1915 r. przedsięwzięcie na Alasce, Alaska-Juneau Gold Mining Company, i współpracowali przy innych przedsięwzięciach finansowych.

---

[112] Bernard Baruch, *My Own Story*, Henry-Holt Company, Nowy Jork, 1957, s. 194.

Rodzinny dom Meyera, Lazard Freres, specjalizował się w międzynarodowym obrocie złotem.

Zarządzanie War Finance Corporation przez Eugene'a Meyera stanowi jedną z najbardziej niesamowitych operacji finansowych, jakie kiedykolwiek częściowo odnotowano w tym kraju. Mówimy „częściowo udokumentowane", ponieważ późniejsze dochodzenia kongresowe ujawniły, że każdej nocy księgi były zmieniane przed dostarczeniem ich na następny dzień w celu przeprowadzenia kontroli. Louis McFadden, przewodniczący Komisji Bankowości i Waluty Izby Reprezentantów, brał udział w dwóch dochodzeniach dotyczących Meyera, w 1925 r. i ponownie w 1930 r., kiedy to Meyer został zaproponowany na stanowisko prezesa Rady Rezerwy Federalnej. Komisja Specjalna ds. Zniszczenia Obligacji Rządowych przedłożyła 2 marca 1925 r. raport „Przygotowanie i zniszczenie obligacji rządowych – 68. Kongres, 2. sesja, raport nr 1635: str. 2. „Duplikaty obligacji w liczbie 2314 par oraz duplikaty kuponów w liczbie 4698 par o nominałach od 50 do 10 000 dolarów zostały wykupione do 1 lipca 1924 r. Niektóre z tych duplikatów powstały w wyniku błędu, a inne w wyniku oszustwa".

Te dochodzenia mogą wyjaśniać, dlaczego pod koniec I wojny światowej Eugene Meyer był w stanie przejąć kontrolę nad Allied Chemical and Dye Corporation, a później nad najbardziej wpływową gazetą w kraju, The Washington Post. Powielanie obligacji, „jedna dla rządu, jedna dla mnie", o nominałach po 10 000 dolarów każda, dało pokaźną sumę.

str. 6 tych przesłuchań. „Transakcje Skarbu Państwa przed 20 czerwca 1920 r. (w tym rozliczenia zakupów i sprzedaży), przeprowadzone przez War Finance Corporation (Eugene Meyer, dyrektor zarządzający), były w dużej mierze kierowane przez dyrektora zarządzającego War Finance Corporation, a rozliczenia ze Skarbem Państwa dokonywał głównie on wraz z zastępcą sekretarza skarbu, a księgi pokazują, że podstawą ceny zapłaconej przez rząd za obligacje o wartości ponad 1 894 mln dolarów (1 894 000 000,00 dolarów), które Skarb Państwa nabył za pośrednictwem War Finance Corporation, nie była cena rynkowa ani koszt obligacji powiększony o odsetki, a elementy składające się na rozliczenie nie zostały ujawnione w korespondencji. Dyrektor zarządzający War Finance Corporation oświadczył, że on i zastępca sekretarza skarbu (Jerome J. Hanauer, partner w Kuhn, Loeb Co., którego córka poślubiła Lewisa L. Straussa) uzgodnili cenę, a była to po prostu arbitralna kwota ustalona przez zastępcę sekretarza skarbu w odniesieniu do obligacji zakupionych w ten sposób przez War Finance Corporation.

W okresie tych transakcji i aż do całkiem niedawna dyrektor zarządzający War Finance Corporation, Eugene Meyer Jr., prywatnie utrzymywał biuro przy Wall Street 14 w Nowym Jorku i za pośrednictwem War Finance Corporation sprzedał rządowi obligacje o wartości około 70 milionów dolarów, a także kupił za pośrednictwem War Finance Corporation obligacje o wartości około 10 milionów dolarów i zatwierdził rachunki za większość, jeśli nie wszystkie, z tych obligacji, pełniąc oficjalną funkcję dyrektora zarządzającego War Finance Corporation.

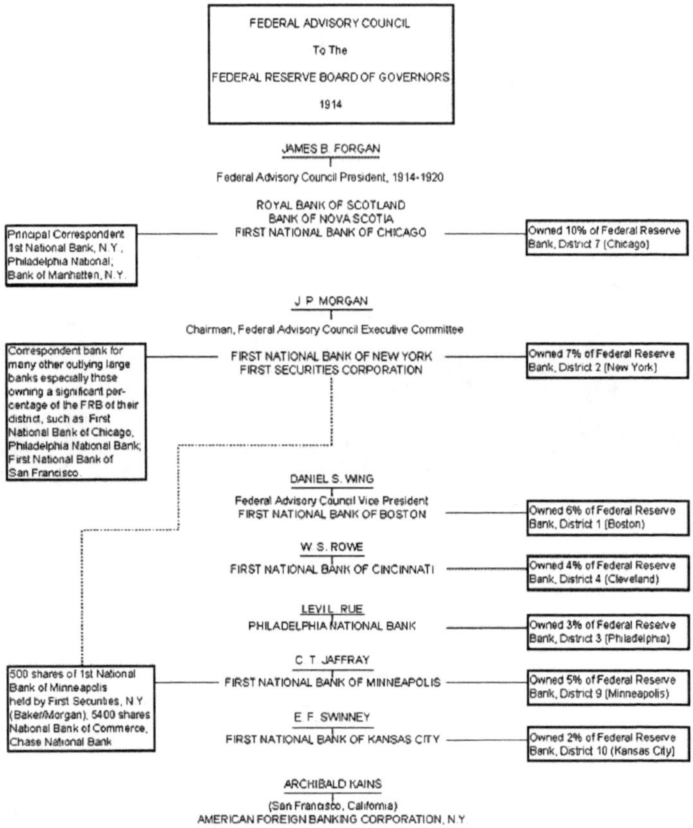

CHART II

Wykres ten pokazuje powiązania między zarządami banków, które ujawniły się w kontekście przeszłości urzędników wybranych na pierwszych członków Federalnej Rady Doradczej w 1914 roku. Głównymi postaciami byli ci sami bankierzy, którzy byli obecni lub reprezentowani na konferencji na wyspie Jekyll w 1910 roku oraz podczas kampanii na rzecz uchwalenia przez Kongres ustawy o Rezerwie Federalnej w 1913 roku. Urzędnicy ci reprezentowali największych udziałowców w bankach nowojorskich, które nabyły pakiet kontrolny w Banku Rezerwy Federalnej w Nowym Jorku, a także byli głównymi bankami korespondencyjnymi banków w innych okręgach Rezerwy Federalnej, które z kolei wybrały swoich urzędników do reprezentowania ich w Federalnej Radzie Doradczej.

Kiedy wspomniane powyżej transakcje zostały ujawnione komisji podczas jawnego posiedzenia, dyrektor zarządzający stawił się przed komisją i poinformował, że za transakcje te wypłacono prowizje, które z kolei zostały wypłacone brokerom wybranym przez dyrektora zarządzającego, którzy realizowali zlecenia wydane przez jego dom maklerski, a natychmiast po ujawnieniu tego faktu komisji dyrektor zarządzający zatrudnił Ernst and Ernst, biegłych rewidentów, do przeprowadzenia audytu ksiąg War Finance Corporation, którzy po zakończeniu badania tych ksiąg poinformowali komisję, że wszystkie środki pieniężne otrzymane przez dom maklerski dyrektora zarządzającego zostały rozliczone.

Podczas gdy równolegle z badaniem przeprowadzanym przez komisję wspomniani wcześniej biegli rewidenci co noc kontynuowali swoje badanie, komisja odkryła, że w księgach rachunkowych dotyczących tych transakcji dokonywano zmian i poprawek, a gdy zwrócono na to uwagę skarbnikowi War Finance Corporation, przyznał on przed komisją, że zmiany były wprowadzane. Komisja nie była w stanie ustalić, w jakim stopniu księgi te zostały zmienione w trakcie tego procesu. Po czerwcu 1921 r. zniszczono papiery wartościowe o wartości około 10 miliardów dolarów".

CHART 2

J. Henry Schroder

Baron Rudolph Von Schroder
Hamburg - 1858 - 1934

Baron Bruno Von Schroder
Hamburg - 1867 - 1940

F. C. Tiarks
1874-1952
marr. Emma Franziska
(Hamburg)
J. Henry Schroder, 1902
Dir. Bank of England
Dir. Anglo-Iranian Oil Co.

Helmut B. Schroder

J. Henry Schroder Banking Co. N.Y.

J. Henry Schroder Trust Co. N.Y.

Allen Dulles
Sullivan & Cromwell
Director -- CIA

John Foster Dulles
Sullivan & Cromwell
U.S. Secretary of State
Rockefeller Foundation

Prentiss Gray
Belgian Relief Comm.
Chief Marine Transportation
U.S. Food Administration WW I
Manati Sugar Co. American &
British Continental Corp.

Lord Airlie
Chairman; Virginia Fortune
Ping Coal Mines, Tientsin
Ryan daughter of Otto Kahn
of Kuhn, Loeb Co.

M. E. Rionda
Pres., Cuba Cane Sugar Co.
Manati Sugar Co. & many other
sugar companies.

G. A. Zabriskie
Chmn U.S. Sugar Equalization Board
Board 1917-18, Pres Empire
Biscuit Co., Columbia Baking
Co., Southern Baking Co.

Emile Francqui
Belgian Relief Comm. Kai
Ping Coal Mines, Tientsin
Railroad, Congo Copper,
Banque Nationale de Belgique

Suite 2000 42 Broadway, NY

Edgar Richard
Belgium Relief Comm
Amer Relief Comm
U.S. Food Admin
1918-24, Hazeltine Corp.

Julius H. Barnes
Belgium Relief Comm
Pres. Grain Corp.
U.S. Food Admin
1917-18, C.B Pitney
Bowes Corp, Manati
Sugar Corp.

Herbert Hoover
Chmn Belgium Relief
U.S. Food Admin
Sec of Commerce 24-28
Kaiping Coal Mines
Congo Copper
U.S. President, 1928-32

John Lowery Simpson
Sacramento, Calif Belgium Relief
Comm. U. S. Food Administration
Prentiss Gray Co. J. Henry Schroder
Trust, Schroder-Rockefeller, Chmn
Fin Comm, Bechtel International
Co. Bechtel Co. (Casper Weinberger
Sec of Defense; George P. Schultz
Sec of State (Reagan Admin)
SS Senior Group Leader

Baron Kurt Von Schroder
Schroder Banking Corp. J.H. Stein
Bankhaus (Hitler's personal bank
account) served on board of all
German subsidiaries of ITT
Bank for International Settlements

Himmler's Circle of Friends (Nazi Fund)
Schroder-Rockefeller & Co., NY
Deutsche Reichsbank, pres.
Avery Rockefeller, J. Henry Schroder
Banking Corp., Bechtel Co., Bechtel
International Co., Canadian Bechtel Co.

Sir Gordon Richardson
Governor, Bank of England
1973-PRESENT C.B. of J. Henry Schroder N.Y.
Schroder Banking Co., New York, Lloyds Bank
Rolls Royce

CHART 3

David Rockefeller, Chairman, Chase Manhattan Corp

Chase Manhattan Corp. Officer & Director Interlocks

Private Investment Co. for America	Allied Chemicals Corp.
Firestone Tire & Rubber Co.	General Motors
Orion Multinational Services Ltd	Rockefeller Family & Associates
ASARCO. Inc	Chrysler Corp.
Southern Peru Copper Corp.	Intl' Basic Economy Corp.
Industrial Minerva Mexico S.A.	R.H. Macy & Co.
Continental Corp.	Selected Risk Investments S.A.
Honeywell Inc.	Omega Fund, Inc.
Northwest Airlines, Inc.	Squibb Corp.
Northwestern Bell Telephone Co.	Olin Foundation
Minnesota Mining & Mfg Co (3M)	Mutual Benefit Life Ins. Co. NJ
American Express Co.	AT&T
Hewlett Packard	Pacific Northwestern Bell Co.
FMC Corporation	BeachviLime Ltd.
Utah Intl' Inc.	Eveleth Expansion Co.
Exxon Corporation	Fidelity Union Bancorporation
International Nickel/Canada	Cypress Woods Corp.
Federated Capital Corp.	Intl' Minerals & Chemical Corp.
Equitable Life Assurance Soc U.S.	Burlington Industries
Federated Dept Stores	Wachovia Corporation
General Electric	Jefferson Pilot Corp.
Scott Paper Co.	R. J. Reynolds Industries Inc.
American Petroleum Institute	United States Steel Corp.
Richardson Merril Inc.	Metropolitan Life Insurance Co.
May Department Stores Co.	Norton-Simon Inc.
Sperry Rand Corporation	Stone-Webster Inc.
San Salvador Development Co.	Standard Oil of Indiana

Chart 4

Alan Pifer, President, Carnegie Corp. of NY

Carnegie Corp. Trustee Interlocks

Rockefeller Center, Inc	J. Henry Schroder Trust Co.
The Cabot Corp.	Paul Revere Investors, Inc.
Fed. Reserve Bank of Boston	Qualpeco, Inc.
Owens Corning Fiberglas	
New England Telephone Co.	
Fisher Scientific Co.	
Mellon National Corporation	
Equitable Life Assurance Society	
Twentieth Century Fox Corp.	
J. Henry Schroder Banking Corp.	

Chart 5

Maurice F. Granville, Chairman, Texaco Incorporated

Texaco Officer & Director Interlocks---Liggett & Myers, Inc.

London	Arabian American Oil Co.	St John del Ray Mining Ltd.
Connection	Brown Brothers Harriman	National Steel Corp.
	Brown Harriman & Intl' Banks Ltd.	Massey-Ferguson Ltd.
	American Express	Mutual Life Insurance Co.
	Amer. Express	Intl' Bank Mass Mutual Income Invest
	Anaconda Copper	United Services Life Ins. Co.
	Rockefeller Foundation	Fairchild Industries
	Owens-Corning Fiberglas	Blount, Inc.
	Nat'l City Bank (Cleveland)	William Wrigley Jr. Co
I.M. Roths-	Sun Life Assurance Co.	Nat'l Bvd. Bank of Chicago
child &	General Reinsurance	Lykes Youngstown Corp.
Sons, Ltd.	General Electric (NBC)	Inmount Corp.

<>

errata

A lot of people during my presidency ...and, during both Presidents Bush, attack the Bush Dynasty ...because, *they* co-owned Hamburg Amerika shipping company. Horse-pucky. History says, the financial panic of 1897 forced Union Pacific Railroad into bankruptcy. So, in 1898, Edward H. Harriman and Robert Lovett bought that railroad for 110 million dollars, in a deal brokered by New York-based Kuhn Loeb

Schemat działalności J. Henry Schroder Banking Company obejmuje całą historię XX wieku, uwzględniając program (Belgian Relief Commission), który zaopatrywał Niemcy w latach 1915–1918 i zniechęcił je do dążenia do pokoju w 1916 r.; finansowanie Hitlera w 1933 r. w celu umożliwienia wybuchu II wojny światowej; wspieranie kampanii prezydenckiej Herberta Hoovera; a nawet obecnie, gdy dwóch głównych dyrektorów jej spółki zależnej,

Bechtel Corporation, pełni funkcje sekretarza obrony i sekretarza stanu w administracji Reagana.

Szef Banku Anglii od 1973 r., sir Gordon Richardson, prezes Banku Anglii (kontrolowanego przez ród Rothschildów), był prezesem J. Henry Schroder w Nowym Jorku i Schroder Banking Corporation w Nowym Jorku, a także Lloyd's Bank of London i Rolls Royce. Posiada rezydencję przy Sutton Place w Nowym Jorku i jako szef „The London Connection" można go uznać za najbardziej wpływowego bankiera na świecie.

To właśnie „*Washington Post*" Eugene'a Meyera (pod kierownictwem jego córki, Katherine Graham) doprowadził później do usunięcia prezydenta Stanów Zjednoczonych z Białego Domu pod pretekstem, że wiedział o włamaniu. Co mamy sądzić o ujawnionych faktach dotyczących podwójnego wystawiania obligacji o wartości setek milionów dolarów w czasie, gdy Meyer był dyrektorem War Finance Corporation, o fałszowaniu ksiąg podczas śledztwa prowadzonego przez Kongres oraz o tym, że Meyer wyszedł z tej sytuacji z wieloma milionami dolarów, za które następnie kupił Allied Chemical Corporation, „*The Washington Post*" i inne nieruchomości? Nawiasem mówiąc, Lazard Brothers, rodzinny dom bankowy Meyera, osobiście zarządza majątkami wielu naszych politycznych luminarzy, w tym majątkiem rodziny Kennedy.

Oprócz tych mężczyzn, Warburga, Barucha i Meyera, po 1917 roku do Waszyngtonu przybyło wielu partnerów, pracowników i współpracowników J.P. Morgan Co. oraz Kuhn, Loeb Co., aby kierować losami narodu amerykańskiego.

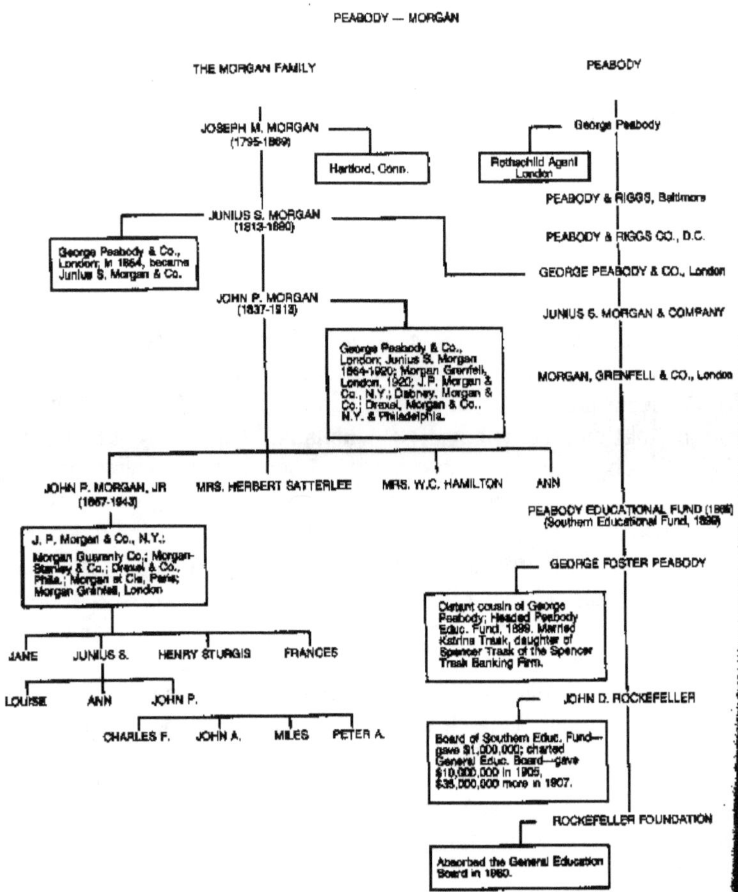

CHART IV

Wykres Peabody-Morgan pokazuje powiązania londyńskie tych znanych firm bankowych, które od początku miały siedzibę w Londynie. W 1865 r. z majątku Peabody'ego utworzono Fundusz Edukacyjny, który później, w 1905 r., został włączony przez Johna D. Rockefellera do General Educational Board, a ten z kolei został wchłonięty przez Fundację Rockefellera w 1960 r.

Liberty Loans, które sprzedawały obligacje naszym obywatelom, nominalnie podlegały jurysdykcji Departamentu Skarbu Stanów Zjednoczonych pod kierownictwem sekretarza skarbu Wilsona, Williama G. McAdoo, którego firma Kuhn, Loeb Co. powierzyła kierownictwo nad Hudson-Manhattan Railway Co. w 1902 roku. Paul Warburg miał przy sobie większość firmy Kuhn Loeb Co. w Waszyngtonie podczas wojny. Jerome Hanauer, partner w firmie Kuhn, Loeb Co., był zastępcą sekretarza skarbu odpowiedzialnym za Liberty Loans. Dwaj podsekretarze skarbu w czasie wojny to S. Parker Gilbert i Roscoe C. Leffingwell. Zarówno Gilbert, jak i Leffingwell przeszli do Departamentu Skarbu z kancelarii prawnej Cravath and Henderson i powrócili do tej firmy po wypełnieniu swojej misji dla Kuhn, Loeb Co. w Departamencie Skarbu. Cravath and Henderson byli prawnikami firmy Kuhn Loeb Co. Gilbert i Leffingwell zostali następnie partnerami w J.P. Morgan Co. Firma Kuhn, Loeb Company, największy właściciel nieruchomości kolejowych w tym kraju i w Meksyku, chroniła swoje interesy podczas I wojny światowej, nakłaniając Woodrowa Wilsona do utworzenia Administracji Kolejowej Stanów Zjednoczonych. Dyrektorem generalnym był William McAdoo, kontroler waluty. Warburg zastąpił tę strukturę w 1918 r. bardziej zwartą organizacją, którą nazwał Federalną Radą Transportu. Celem obu tych organizacji było zapobieganie strajkom przeciwko firmie Kuhn, Loeb Company w czasie wojny, na wypadek gdyby pracownicy kolei próbowali uzyskać w postaci wynagrodzeń część z milionów dolarów zysków wojennych, które firma Kuhn, Loeb otrzymała od rządu Stanów Zjednoczonych.

Wśród ważnych bankierów obecnych w Waszyngtonie podczas wojny był Herbert Lehman z szybko rozwijającej się firmy Lehman Brothers, Bankers z Nowego Jorku. Lehman został natychmiast włączony do Sztabu Generalnego Armii i otrzymał stopień pułkownika.

Lehmanowie mieli już wcześniejsze doświadczenie w „czerpaniu zysków z wojny", co było dwuznacznym wyrażeniem i jednym z ulubionych zwrotów Barucha. W *książce „Men Who Rule America"* Arthur D. Howden Smith pisze o Lehmanach w czasie wojny secesyjnej: „Często byli agentami, pośrednikami dla obu stron, pośrednikami w poufnej komunikacji i organizatorami wielu nielegalnych transakcji dotyczących bawełny i narkotyków dla Konfederacji, a także dostawcami informacji dla Północy”. Lehmanowie, z Mayerem w Montgomery, pierwszej stolicy Konfederacji, Henrym w Nowym Orleanie i Emanuelem w Nowym Jorku, znajdowali się w idealnej sytuacji, by wykorzystać każdą pojawiającą się okazję do zysku. Wydaje się, że niewiele okazji im umknęło”.[113]

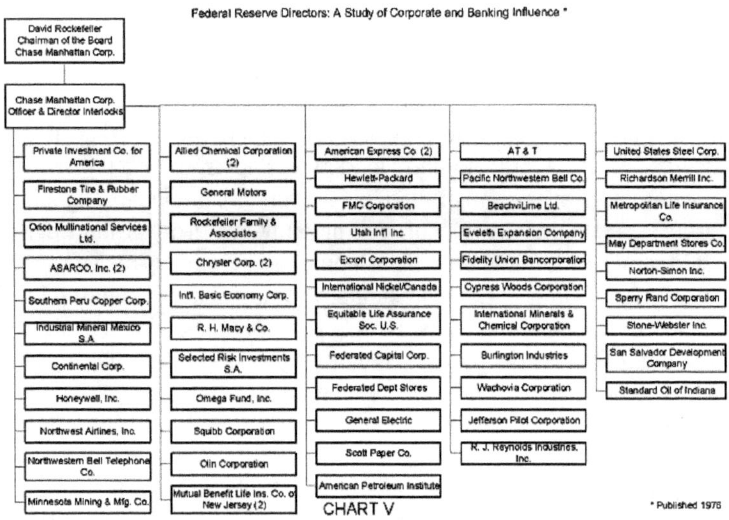

Wykres Davida Rockefellera pokazuje powiązania między Bankiem Rezerwy Federalnej w Nowym Jorku, Standard Oil of Indiana, General Motors oraz Allied Chemical Corporation (rodzina Eugene'a Meyera) i Equitable Life (J.P. Morgan).

Inne nominacje podczas I wojny światowej były następujące:

J.W. McIntosh, dyrektor trustu mięsnego Armour, który w 1918 r. został szefem zaopatrzenia armii amerykańskiej. Później został kontrolerem waluty podczas administracji Coolidge'a oraz członkiem z urzędu Rady Rezerwy Federalnej.

[113] Arthur D. Howden Smith, *Men Who Rule America*, Bobbs Merrill, N.Y. 1935, s. 112.

W czasie rządów Hardinga pełnił funkcję dyrektora finansowego w Amerykańskiej Komisji Żeglugi, kiedy to komisja ta sprzedała statki firmie Dollar Lines za jedną setną ich wartości, a następnie pozwoliła tej firmie na niewywiązanie się z płatności. Po odejściu ze służby publicznej J.W. McIntosh został wspólnikiem w firmie J.W. Wollman Co., zajmującej się pośrednictwem giełdowym w Nowym Jorku.

W.P.G. Harding, prezes Rady Rezerwy Federalnej, był również dyrektorem zarządzającym Korporacji Finansów Wojennych pod kierownictwem Eugene'a Meyera.

George R. James, członek Rady Rezerwy Federalnej w latach 1923-24, był szefem Sekcji Bawełny w Radzie Przemysłu Wojennego.

Henry P. Davison, starszy partner w J.P. Morgan Co., został mianowany szefem Amerykańskiego Czerwonego Krzyża w 1917 r., aby przejąć kontrolę nad trzystoma siedemdziesięcioma milionami dolarów w gotówce, które zebrano od Amerykanów w ramach darowizn.

Ronald Ransom, bankier z Atlanty i gubernator Rady Rezerwy Federalnej za kadencji Roosevelta w latach 1938–1939, był w 1918 r. dyrektorem odpowiedzialnym za personel służby zagranicznej Amerykańskiego Czerwonego Krzyża.

John Skelton Williams, kontroler waluty, został mianowany skarbnikiem krajowym Amerykańskiego Czerwonego Krzyża.

Federal Reserve Directors: A Study of Corporate and Banking Influence *

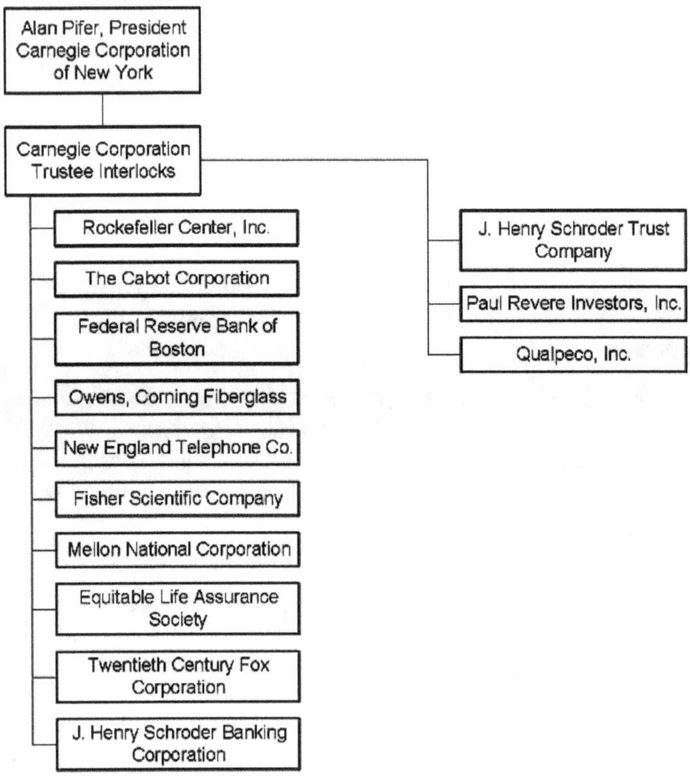

*Published 1976

CHART VI

Wykres ten pokazuje powiązania między Bankiem Rezerwy Federalnej w Nowym Jorku, J. Henry Schroder Banking Corp., J. Henry Schroder Trust Co., Rockefeller Center, Inc., Equitable Life Assurance Society (J.P. Morgan) oraz Bankiem Rezerwy Federalnej w Bostonie.

Prezydent Woodrow Wilson, wielki liberał, który podpisał ustawę o Rezerwie Federalnej i wypowiedział wojnę Niemcom, miał dość dziwną karierę jak na człowieka, który jest obecnie czczony jako obrońca zwykłych ludzi. Jego głównym zwolennikiem w obu kampaniach prezydenckich był Cleveland H. Dodge z Kuhn Loeb, który kontrolował National City Bank of New York. Dodge był również prezesem Winchester Arms Company i Remington Arms Company. Był bardzo blisko związany z prezydentem Wilsonem przez całą karierę polityczną tego wielkiego demokraty. 12 lutego 1914 r. Wilson zniosł embargo na dostawy broni do Meksyku, dzięki czemu Dodge mógł wysłać broń i amunicję o wartości miliona dolarów do Carranzy i wspierać rewolucję meksykańską. Firma Kuhn, Loeb Co., która była właścicielem meksykańskiego systemu kolei państwowych, była niezadowolona z rządów Huerty i doprowadziła do jego usunięcia.

Kiedy w 1915 r. zatopiono brytyjski okręt pomocniczy Lusitania, był on załadowany amunicją z fabryk Dodge'a. Dodge został przewodniczącym „Funduszu Ocalonych ofiar Lusitanii", który tak bardzo przyczynił się do podburzenia opinii publicznej przeciwko Niemcom. Dodge był również znany z wykorzystywania zawodowych gangsterów przeciwko strajkującym w swoich zakładach, jednak liberalny Wilson nie wydaje się, by kiedykolwiek miał z tym problem.

Kolejną wskazówkę dotyczącą specyficznego rodzaju liberalizmu Wilsona można znaleźć w książce Chaplina „Wobbly", która opisuje, jak Wilson napisał słowo „ODRZUCONE" na apelu o ułaskawienie wysłanym do niego przez starzejącego się i schorowanego Eugene'a Debsa, który został wysłany do więzienia w Atlancie za „wypowiedzi i pisma przeciwko wojnie". Zarzut, na podstawie którego skazano Debsa, brzmiał: „ustne i pisemne potępienie wojny". Dla dyktatury Wilsona było to zdradą, w związku z czym Debs trafił do więzienia. Jako przewodniczący Partii Socjalistycznej Debs startował w wyborach prezydenckich z więzienia w Atlancie – jako jedyny człowiek w historii – i zdobył ponad milion głosów. Ironią losu było to, że przywództwo Debsa w Partii Socjalistycznej, która w tamtym czasie reprezentowała pragnienia wielu Amerykanów dotyczące uczciwego rządu, wpadło w chore ręce Normana Thomasa, byłego studenta i wielbiciela Woodrowa Wilsona na Uniwersytecie Princeton. Pod przywództwem Thomasa Partia Socjalistyczna nie reprezentowała już niczego i cierpiała z powodu stałego spadku wpływów i prestiżu.

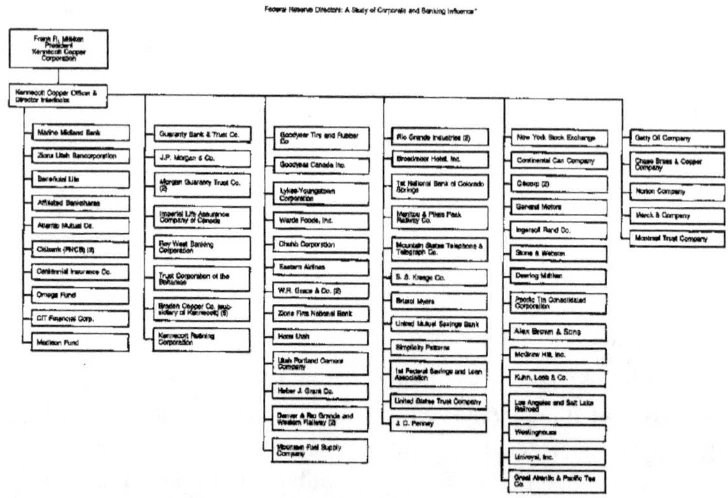

CHART VII

Wykres ten pokazuje powiązania Banku Rezerwy Federalnej w Nowym Jorku z Citibankiem, Guaranty Bank and Trust Co. (J.P. Morgan), J.P. Morgan Co., Morgan Guaranty Trust Co., Alex Brown & Sons (Brown Brothers Harriman), Kuhn Loeb & Co., Los Angeles and Salt Lake RR (kontrolowany przez Kuhn Loeb Co.) oraz Westinghouse (kontrolowany przez Kuhn Loeb Co.).

Wilson nadal był głęboko zaangażowany w rewolucję bolszewicką, podobnie jak House i Wiseman. Tom 3, str. 421 „House Intimate Papers" zawiera zapis telegramu wysłanego przez Sir Williama Wisemana do House'a z Londynu 1 maja 1918 r., sugerującego interwencję aliantów na zaproszenie bolszewików w celu pomocy w zorganizowaniu sił bolszewickich.

Podpułkownik Norman Thwaites w swoich wspomnieniach „Velvet and Vinegar" pisze: „Często w latach 1917–1920, kiedy trzeba było podejmować delikatne decyzje, konsultowałem się z panem (Otto) Kahnem, którego spokojna ocena sytuacji i niemal niesamowita zdolność przewidywania tendencji politycznych i gospodarczych okazały się niezwykle pomocne". Innym niezwykłym człowiekiem, z którym byłem blisko związany, jest sir William Wiseman, który był doradcą ds. amerykańskich w brytyjskiej delegacji na konferencji pokojowej oraz oficerem łącznikowym między rządem amerykańskim a brytyjskim w czasie wojny. W swoich relacjach z Downing Street był on raczej odpowiednikiem pułkownika House'a w tym kraju".[114]

Latem 1917 roku Woodrow Wilson mianował pułkownika House'a szefem amerykańskiej misji wojennej na Międzysojuszniczej Konferencji Wojennej, pierwszej w historii amerykańskiej misji na europejskiej konferencji. House spotkał się z krytyką za mianowanie swojego zięcia, Gordona Auchinclossa, swoim asystentem w tej misji. Paul Cravath, prawnik firmy Kuhn, Loeb Company, był trzecim w hierarchii amerykańskiej misji wojennej. Sir William Wiseman kierował amerykańską misją wojenną podczas konferencji. W książce „The Strangest Friendship in History" Viereck pisze:

„Po przystąpieniu Ameryki do wojny Wiseman, według Northcliffe'a, był jedyną osobą, która miała stały dostęp do pułkownika i do Białego Domu. Wiseman wynajął mieszkanie w domu, w którym mieszkał pułkownik. David Lawrence żartobliwie nazywał dom przy 53. ulicy (w Nowym Jorku) amerykańskim numerem 10 przy Downing Street...".

---

[114] Podpułkownik Norman Thwaites, Velvet and Vinegar, Grayson Co., Londyn, 1932.

Federal Reserve Directors: A Study of Corporate and Banking Influence*

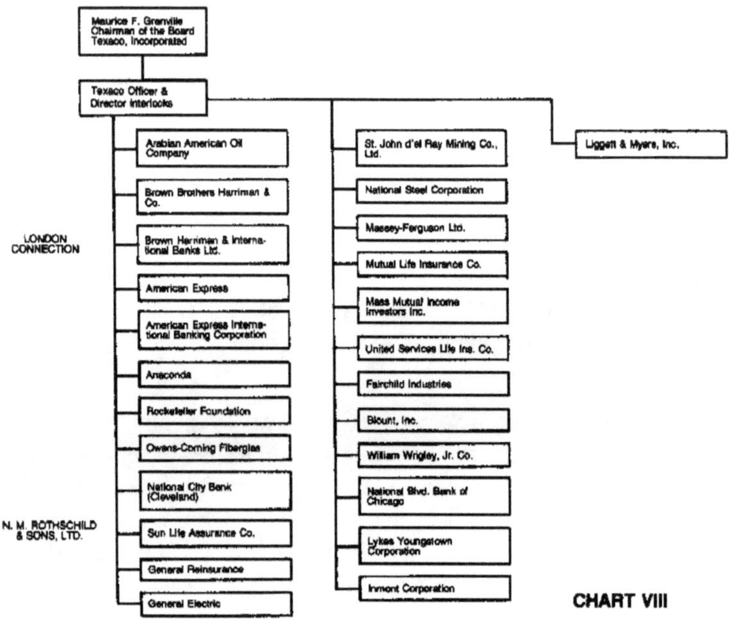

CHART VIII

Ten wykres pokazuje powiązania między Federal Reserve Bank of New York, Brown Brothers Harriman, Sun Life Assurance Co. (N.M. Rothschild and Sons) oraz Fundacją Rockefellera.

Pułkownik House miał specjalny kod używany wyłącznie w kontaktach z sir Williamem Wisemanem. Pułkownik House to Bush, Morganowie to Haslam, a Trocki to Keble.[115]

W ten sposób ci dwaj „nieoficjalni" doradcy rządów brytyjskiego i amerykańskiego posługiwali się kodem przeznaczonym wyłącznie dla siebie, którego nikt inny nie był w stanie zrozumieć. Jeszcze dziwniejszy był fakt, że międzynarodowy aparat szpiegowski komunistów przez wiele lat wykorzystywał książkę pułkownika House'a pt. „Philip Dru, Administrator" jako swój oficjalny podręcznik kodów. Francois Coty pisze:

---

[115] George Sylvester Viereck, The Strangest Friendship in History, Woodrow Wilson and Col. House, Liveright, N.Y. 1932, s. 172.

„Gorodin, agent Lenina w Chinach, miał przy sobie egzemplarz książki opublikowanej przez pułkownika House'a, Philip Dru, Administrator, a ekspert ds. kodów mieszkający w Chinach powiedział autorowi niniejszego tekstu, że celem posiadania stałego dostępu do tej książki przez Gorodina było wykorzystywanie jej do kodowania i dekodowania wiadomości".[116]

Po zawieszeniu broni Woodrow Wilson zebrał amerykańską delegację na konferencję pokojową i wyruszył do Paryża. Była to ogólnie rzecz biorąc bardzo sympatyczna grupa, składająca się z bankierów, którzy zawsze kierowali polityką Wilsona. Towarzyszyli mu Bernard Baruch, Thomas W. Lamont z J.P. Morgan Co., Albert Strauss z banku J & W Seligman, który został wybrany przez Wilsona na zastępcę Paula Warburga w Radzie Gubernatorów Rezerwy Federalnej, J.P. Morgan oraz prawnicy Morgana, Frank Polk i John W. Davis. Towarzyszyli im Walter Lippmann, Felix Frankfurter, sędzia Brandeis i inne zainteresowane strony. Biografia Brandeisa autorstwa Masona podaje, że „w Paryżu w czerwcu 1919 roku Brandeis spotkał się z takimi przyjaciółmi jak Paul Warburg, pułkownik House, lord Balfour, Louis Marshall i baron Edmond de Rothschild".

Rzeczywiście, baron Edmond de Rothschild pełnił rolę serdecznego gospodarza dla czołowych członków delegacji amerykańskiej, a nawet udostępnił im swoją paryską rezydencję, chociaż mniej znaczący członkowie musieli zadowolić się skromnym zakwaterowaniem w eleganckim hotelu Crillon wraz z pułkownikiem House'em i jego osobistą obsługą liczącą 201 służących.

---

[116] Francois Coty, Tearing Away the Veil, Paryż, 1940.

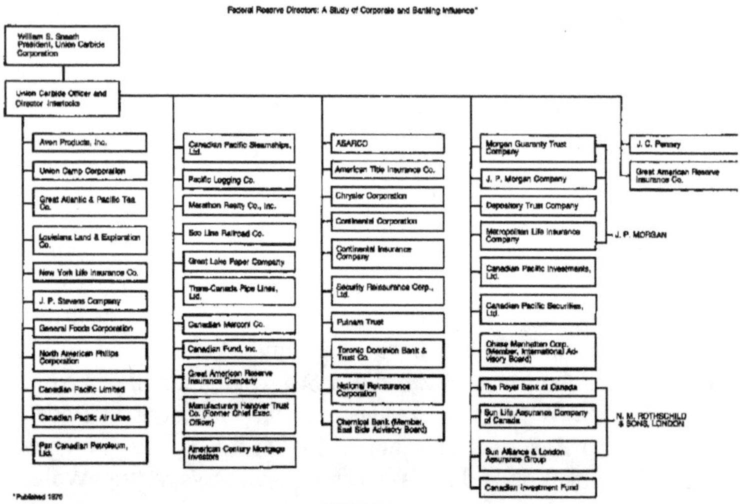

CHART IX

Wykres ten pokazuje powiązania między Federal Reserve Bank of New York a J.P. Morgan Co., Morgan Guaranty Trust Co. oraz podmiotami powiązanymi z Rothschildami, takimi jak Royal Bank of Canada, Sun Life Assurance Co. of Canada, Sun Alliance i London Assurance Group.

Baruch zeznał później przed Komisją Grahama przy Senackiej Komisji Spraw Zagranicznych: „Byłem doradcą ekonomicznym w misji pokojowej".

GRAHAM: Czy często doradzał pan prezydentowi podczas pobytu tam?

BARUCH: Zawsze, gdy prosił mnie o radę, udzielałem jej. Miałem coś wspólnego z klauzulami dotyczącymi reparacji wojennych. Byłem amerykańskim komisarzem odpowiedzialnym za coś, co nazywano Sekcją Gospodarczą. Byłem członkiem Najwyższej Rady Gospodarczej odpowiedzialnym za surowce metalowe.

GRAHAM: Czy zasiadał pan w radzie wraz z panami, którzy negocjowali traktat?

BARUCH: Tak, proszę pana, czasami.

GRAHAM: Z wyjątkiem spotkań, w których uczestniczyła Piątka? (Piątka to przywódcy pięciu państw alianckich).

BARUCH: I często w tych również.

Paul Warburg towarzyszył Wilsonowi w amerykańskiej komisji ds. negocjacji pokojowych jako jego główny doradca finansowy. Był mile zaskoczony, widząc na czele niemieckiej delegacji swojego brata, Maxa Warburga, który przyprowadził ze sobą Carla Melchiora, również z firmy M.M. Warburg, Williama Georga von Straussa, Franza Urbiga i Mathiasa Erzbergera.

Thomas W. Lamont stwierdza w swoich prywatnie wydanych wspomnieniach „Across World Frontiers": „W skład niemieckiej delegacji wchodziło dwóch niemieckich bankierów z firmy Warburg, których znałem nieco i z którymi z przyjemnością rozmawiałem nieformalnie, ponieważ wydawali się szczerze dążyć do zaproponowania takiego porozumienia w sprawie reparacji, które mogłoby być akceptowalne dla aliantów".[117] Lamont był również zadowolony, widząc sir Williama Wisemana, głównego doradcę delegacji brytyjskiej.

Bankierzy obecni na konferencji przekonali Wilsona, że potrzebują międzynarodowego rządu, aby ułatwić swoje międzynarodowe operacje monetarne. Tom IV, str. 52, „Intimate Papers of Col. House" cytuje wiadomość od sir Williama Wisemana do lorda Readinga z 16 sierpnia 1918 r.: „Prezydent ma na uwadze dwie główne zasady: musi powstać Liga Narodów i musi ona być silna".

Wilson, który wydawał się żyć w świecie fantazji, był zszokowany, gdy obywatele amerykańscy wygwizdali go podczas kampanii, w której namawiał ich do przekazania swojej ciężko wywalczonej niepodległości temu, co dla wielu wydawało się międzynarodową dyktaturą. Natychmiast popadł w depresję i zamknął się w swojej sypialni. Jego żona natychmiast zamknęła drzwi Białego Domu przed pułkownikiem House'em i od 25 września 1919 r. do 13 kwietnia 1920 r. rządziła Stanami Zjednoczonymi z pomocą bliskiego przyjaciela, swojego „doradcy wojskowego", pułkownika Rixey'a Smitha. Ponieważ wszyscy

[117] Thomas W. Lamont, Across World Frontiers, (wydanie prywatne) 1950, s. 138.

zostali wykluczeni z ich obrad, nikt nigdy nie wiedział, która z tej pary pełniła funkcję prezydenta, a która wiceprezydenta.

Przez dziesięciolecia zwolennikami Woodrowa Wilsona kierował Bernard Baruch, który stwierdził, że Woodrow Wilson był największym człowiekiem, jakiego kiedykolwiek znał. Nominacje Wilsona do Rady Rezerwy Federalnej oraz odpowiedzialność tego organu za finansowanie I wojny światowej, a także przekazanie przez Wilsona Stanów Zjednoczonych w ręce triumwiratu imigrantów w czasie wojny sprawiły, że wydawał się on najważniejszym pojedynczym sprawcą ruiny w historii Ameryki.

Nic dziwnego, że po nieudanej podróży do Europy, gdzie na ulicach wygwizdywali go i wyśmiewali Francuzi, a w salach Wersalu szydzili z niego Orlando i Clemenceau, Woodrow Wilson wrócił do domu i położył się do łóżka. Widok zniszczenia i śmierci w Europie, za które był bezpośrednio odpowiedzialny, był prawdopodobnie szokiem, którego nie był w stanie znieść. Włoski minister Pentaleoni wyraził uczucia narodów europejskich, pisząc:

„Woodrow Wilson jest typem Pecksniffa, który zniknął teraz pośród powszechnej pogardy".

Nieszczęściem Ameryki jest to, że nasza dotowana prasa i system edukacyjny poświęciły się gloryfikowaniu człowieka, który współdziałał w spowodowaniu tak wielu śmierci i cierpienia na całym świecie.

W tych kluczowych latach kartel finansowy poniósł jedynie niewielkie porażki. 12 lutego 1917 r. „*The New York Times*" doniósł, że „pięciu członków Rady Rezerwy Federalnej zostało postawionych w stan oskarżenia na posiedzeniu Izby Reprezentantów przez republikańskiego kongresmana Charlesa A. Lindbergha, członka Komisji Bankowości i Waluty Izby Reprezentantów". Według pana Lindbergha „spisek rozpoczął się" w 1906 r., kiedy to nieżyjący już J.P. Morgan, Paul M. Warburg, obecny członek Rady Rezerwy Federalnej, National City Bank i inne firmy bankowe „spiskowały", aby uzyskać ustawodawstwo walutowe w interesie wielkiego biznesu oraz powołanie specjalnej rady do zarządzania takim prawem, w celu stworzenia z mas przemysłowych niewolników, wspomniani spiskowcy spiskowali i nadal spiskują, aby Rada Rezerwy Federalnej była zarządzana w taki sposób, aby umożliwić spiskowcom koordynowanie wszelkiego rodzaju wielkiego biznesu i utrzymanie kontroli nad nim w celu połączenia wszystkich trustów w jeden wielki trust ograniczający i kontrolujący handel i gospodarkę". Izba Reprezentantów nie podjęła działań w sprawie uchwały o postawieniu w stan oskarżenia.

„*The New York Times*" donosił 10 sierpnia 1918 r.: „W związku z wygaśnięciem kadencji pana Warburga, dobrowolnie ustąpił on ze stanowiska w Radzie Rezerwy Federalnej". Tak więc wcześniejsze sugestie, że pan Warburg opuścił Radę Rezerwy Federalnej, ponieważ miał brata w – tajnej służbie obcego państwa, a mianowicie Niemiec, z którymi byliśmy w stanie wojny – nie były przyczyną jego odejścia. W każdym razie nie opuścił on administracji Rezerwy Federalnej, ponieważ natychmiast przejął miejsce J.P. Morgana w Federalnej Radzie Doradczej, z której to funkcji przez następne dziesięć lat nadal zarządzał Systemem Rezerwy Federalnej.

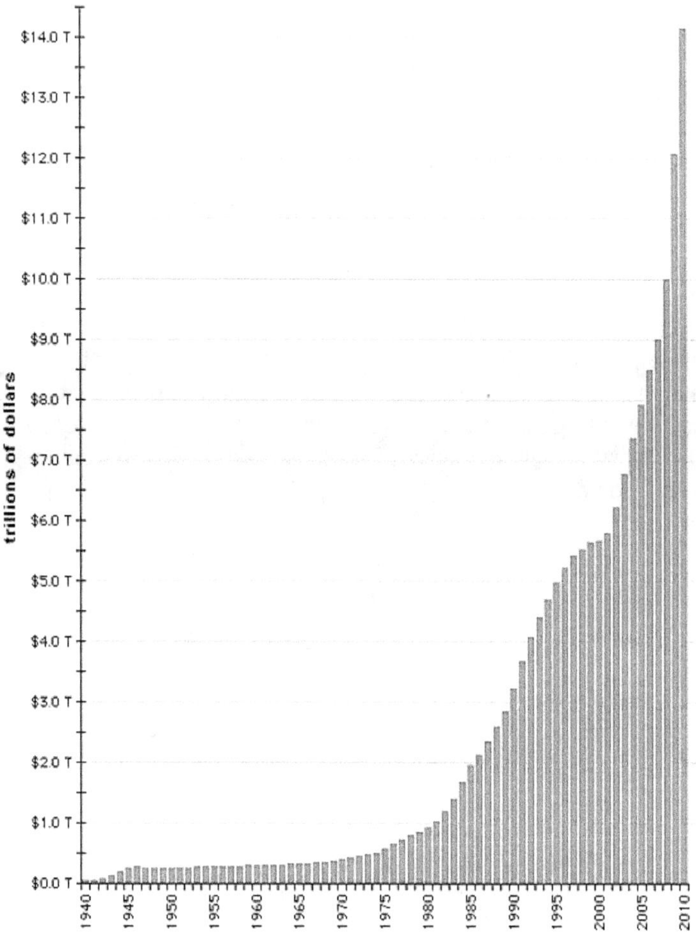

National Debt from 1940 to Present

Source: U.S. National Debt Clock
http://www.brillig.com/debt_clock/

ROZDZIAŁ DZIEWIĄTY

KRYZYS ROLNICZY

Kiedy Paul Warburg zrezygnował z członkostwa w Radzie Gubernatorów Rezerwy Federalnej w 1918 roku, jego miejsce zajął Albert Strauss, partner w międzynarodowym domu bankowym J & W Seligman. Dom ten miał duże interesy na Kubie i w Ameryce Południowej i odegrał znaczącą rolę w finansowaniu wielu rewolucji w tych krajach. Najbardziej znany stał się podczas śledztwa Senackiej Komisji Finansów w 1933 roku, kiedy ujawniono, że J & W Seligman przekazał łapówkę w wysokości 415 000 dolarów Juanowi Leguii, synowi prezydenta Peru, aby skłonić ten kraj do przyjęcia pożyczki.

Częściowa lista stanowisk dyrektorskich Alberta Straussa, według „Who's Who", pokazuje, że był on: prezesem zarządu Cuba Cane Sugar Corporation; dyrektorem Brooklyn Manhattan Transit Co., Coney Island Brooklyn RR, New York Rapid Transit, Pierce-Arrow, Cuba Tobacco Corporation oraz Eastern Cuba Sugar Corporation.

Gubernator Delano zrezygnował w sierpniu 1918 r., aby zostać mianowanym pułkownikiem armii. Wojna zakończyła się 11 listopada 1918 r.

W 1918 r. Williama McAdoo na stanowisku sekretarza skarbu zastąpił Carter Glass. Zarówno Strauss, jak i Glass byli obecni podczas tajnego posiedzenia Rady Rezerwy Federalnej 18 maja 1920 r., kiedy to umożliwiono kryzys rolniczy z lat 1920–1921.

Jednym z głównych kłamstw dotyczących ustawy o Rezerwie Federalnej, kiedy była ona szeroko reklamowana w 1913 r., była obietnica, że zadba ona o rolników. W rzeczywistości nigdy nie zadbała o nikogo poza kilkoma wielkimi bankierami. Prof. O.M.W.

Sprague, ekonomista z Harvardu, pisząc w „Quarterly Journal of Economics" z lutego 1914 r., stwierdził:

„Głównym celem ustawy o Rezerwie Federalnej jest zapewnienie, że w tym kraju zawsze będzie dostępna podaż pieniądza i kredytu, aby sprostać nadzwyczajnym wymaganiom bankowym".

W tym sformułowaniu nie ma nic, co mogłoby pomóc rolnikom.

Pierwsza wojna światowa przyniosła temu krajowi ogólny dobrobyt, o czym świadczą akcje przemysłu ciężkiego na giełdzie nowojorskiej w latach 1917–1918, wzrost ilości pieniądza w obiegu oraz ogromne rozliczenia bankowe w całym 1918 roku. Zadaniem Systemu Rezerwy Federalnej było odzyskanie ogromnych ilości pieniądza i kredytu, które wymknęły się spod jego kontroli w tym okresie prosperity. Zostało to osiągnięte poprzez kryzys rolniczy w latach 1920–1921.

Działania Komitetu Otwartego Rynku Rezerwy Federalnej w latach 1917–1918, kiedy Paul Warburg był jeszcze jego przewodniczącym, wskazują na ogromny wzrost zakupów akceptów bankowych i handlowych. Odnotowano również znaczny wzrost zakupów papierów wartościowych rządu Stanów Zjednoczonych pod kierownictwem zdolnego Eugene'a Meyera Jr. Znaczna część spekulacji na giełdzie w 1919 r., pod koniec wojny, kiedy rynek był bardzo niestabilny, była finansowana ze środków pożyczonych od banków Rezerwy Federalnej, przy papierach wartościowych rządu jako zabezpieczeniu. W ten sposób System Rezerwy Federalnej doprowadził do kryzysu, najpierw wywołując inflację, a następnie podnosząc stopę dyskontową i drożąc pieniądze.

W 1914 r. stopy procentowe banków Rezerwy Federalnej spadły z sześciu do czterech procent, a w 1916 r. osiągnęły jeszcze niższy poziom trzech procent i utrzymały się na tym poziomie do 1920 r. Przyczyną niskich stóp procentowych była konieczność emisji obligacji Liberty o wartości miliarda dolarów. Na początku każdej kampanii Liberty Loan Rada Rezerwy Federalnej wprowadzała sto milionów dolarów na nowojorski rynek pieniężny poprzez operacje otwartego rynku, aby zapewnić impuls gotówkowy dla kampanii. Najważniejszą rolą obligacji Liberty Bonds było wchłonięcie wzrostu obiegu środka wymiany (całkowitej wartości rozliczeniowej) spowodowanego dużą ilością waluty i kredytu wprowadzonych podczas wojny. Robotnicy otrzymywali wysokie wynagrodzenia, a rolnicy osiągnęli najwyższe ceny za swoje produkty, jakie kiedykolwiek znali. Te dwie grupy zgromadziły miliony dolarów w gotówce, których nie zainwestowały w obligacje Liberty. Pieniądze te skutecznie wymknęły się spod kontroli grupy z Wall Street, która kontrolowała pieniądze i kredyt w Stanach Zjednoczonych. Chcieli je odzyskać i właśnie dlatego mieliśmy do czynienia z kryzysem rolniczym w latach 1920–1921.

Większość pieniędzy została zdeponowana w małych bankach wiejskich na Środkowym Zachodzie i Zachodzie, które odmówiły udziału w Systemie Rezerwy Federalnej, a rolnicy i hodowcy bydła z tych regionów nie widzieli żadnego powodu, dla którego mieliby oddać kontrolę nad swoimi pieniędzmi grupie międzynarodowych finansistów. Głównym zadaniem Systemu Rezerwy Federalnej było zniszczenie tych małych wiejskich banków i odzyskanie pieniędzy, które zostały wypłacone rolnikom podczas wojny, a w efekcie doprowadzenie ich do ruiny, i tak też postąpił.

Po pierwsze, utworzono Federalną Radę ds. Pożyczek Rolniczych, która zachęcała rolników do inwestowania zgromadzonych środków w ziemię w ramach długoterminowych kredytów, co rolnicy chętnie robili. Następnie w latach 1919 i 1920 pozwolono, by inflacja przebiegała swoim torem w tym kraju i w Europie. Celem inflacji w Europie było umorzenie znacznej części długów wojennych, jakie alianci mieli wobec narodu amerykańskiego, a jej celem w tym kraju było wycofanie nadwyżek pieniężnych, które zostały rozdzielone wśród ludzi pracy w postaci wyższych wynagrodzeń i premii za produkcję. W miarę jak ceny rosły coraz wyżej, pieniądze zgromadzone przez robotników traciły na wartości, co stanowiło dla nich niesprawiedliwe obciążenie, podczas gdy klasy posiadające wzbogaciły się dzięki inflacji z powodu ogromnego wzrostu wartości ziemi i towarów przemysłowych. Robotnicy zostali w ten sposób skutecznie zubożeni, ale rolnicy, którzy jako klasa byli bardziej oszczędni i samowystarczalni, musieli być traktowani surowiej.

G.W. Norris napisał w magazynie „Collier's Magazine" z 20 marca 1920 r.: „Krążą pogłoski, że w grudniu 1919 r. dwóch członków Rady Rezerwy Federalnej odbyło szczerą rozmowę z kilkoma nowojorskimi bankierami i finansistami. Zaraz potem nastąpił zauważalny spadek obrotów na giełdzie i wstrzymanie promocji spółek. Rozumie się, że działania w tym samym ogólnym kierunku zostały już podjęte w innych częściach kraju, gdy pojawiły się dowody nadużywania Systemu Rezerwy Federalnej do promowania spekulacji gruntami i towarami".

Senator Robert L. Owen, przewodniczący Senackiej Komisji Bankowości i Waluty, zeznał podczas senackich przesłuchań w sprawie srebra w 1939 r., że:

„Na początku 1920 r. rolnicy prosperowali niezwykle dobrze. Spłacali kredyty hipoteczne i kupowali wiele nowych gruntów, zgodnie z zaleceniem rządu – pożyczyli na to pieniądze – a następnie zbankrutowali w wyniku nagłego załamania kredytu i waluty, które miało miejsce w 1920 r. To, co wydarzyło się w 1920 r., było dokładnym przeciwieństwem tego, co powinno było się wydarzyć. Zamiast likwidować nadwyżkę kredytów powstałych w wyniku wojny w ciągu kilku lat, Rada Rezerwy Federalnej zebrała się na posiedzeniu, które nie zostało ujawnione opinii publicznej. Spotkanie odbyło się 18 maja 1920 r. i miało charakter tajny. Członkowie Rady spędzili cały dzień na naradach; protokół liczył sześćdziesiąt stron i został opublikowany w dokumencie Senatu nr 310 z 19 lutego 1923 r. Obecni byli dyrektorzy klasy A, czyli Rada Doradcza Rezerwy Federalnej, ale nie było dyrektorów klasy B, którzy reprezentowali biznes, handel i rolnictwo. Dyrektorzy klasy C, reprezentujący obywateli Stanów Zjednoczonych, również nie byli obecni i nie zostali zaproszeni.

Byli tam tylko wielcy bankierzy, a ich praca tego dnia doprowadziła do ograniczenia kredytu, co w następnym roku spowodowało zmniejszenie dochodu narodowego o piętnaście miliardów dolarów, pozbawiło pracy miliony ludzi i obniżyło wartość gruntów i rancz o dwadzieścia miliardów dolarów".

Carter Glass, członek Rady w 1920 roku jako sekretarz skarbu, napisał w swojej autobiografii „Adventure in Constructive Finance" opublikowanej w 1928 roku: „Dziennikarze oczywiście nie byli obecni, ponieważ nie powinni byli tam być i nigdy nie są obecni na żadnym posiedzeniu zarządu banku na świecie".[118]

---

[118] Carter Glass, Przygoda w konstruktywnych finansach, Doubleday, Nowy Jork 1928.

To właśnie Carter Glass narzekał, że gdyby przyjęto proponowaną przez senatora LaFollette'a poprawkę do ustawy o Rezerwie Federalnej z 1913 r., zgodnie z którą żaden członek Rady Rezerwy Federalnej nie mógłby być urzędnikiem, dyrektorem ani udziałowcem żadnego banku, spółki powierniczej lub firmy ubezpieczeniowej, w Radzie znaleźliby się mechanicy i robotnicy rolni. Z pewnością mechanicy i robotnicy rolni z u nie wyrządziliby krajowi większej szkody niż Glass, Strauss i Warburg podczas tajnego posiedzenia Rady Rezerwy Federalnej.

Senator Brookhart z Iowa zeznał, że podczas tego tajnego spotkania Paul Warburg, będący również przewodniczącym Federalnej Rady Doradczej, doprowadził do przyjęcia uchwały o wysłaniu pięcioosobowej komisji do Międzypaństwowej Komisji Handlu w celu wystąpienia o podwyżkę stawek kolejowych. Jako szef firmy Kuhn, Loeb Co., która była właścicielem większości linii kolejowych w Stanach Zjednoczonych, już tęsknił za ogromnymi zyskami, które rząd Stanów Zjednoczonych wypłacał mu podczas wojny, i chciał narzucić Amerykanom nowe podwyżki cen.

Senator Brookhart zeznał również, że:

„Poszedłem do biura Myrona T. Herricka w Paryżu i powiedziałem mu, że przyjechałem tam, aby zapoznać się z bankowością spółdzielczą. Odpowiedział mi: »Podróżując po krajach Europy, przekonasz się, że Stany Zjednoczone są jedynym cywilizowanym krajem na świecie, który na mocy prawa zabrania swoim obywatelom organizowania systemu spółdzielczego«. Pojechałem do Nowego Jorku i rozmawiałem z około dwustoma osobami. Po rozmowie o współpracy i czekaniu na pociąg – nie wspominałem konkretnie o bankowości spółdzielczej, chodziło o współpracę w ogóle – pewien mężczyzna odciągnął mnie na bok i powiedział: »Myślę, że Paul Warburg jest największym finansistą, jakiego kiedykolwiek wyprodukowaliśmy. On wierzy w twoje idee spółdzielcze o wiele bardziej, niż ci się wydaje, i jeśli chcesz skonsultować się z kimkolwiek w sprawie działalności spółdzielczej, to właśnie z nim, ponieważ on w ciebie wierzy i możesz na nim polegać”. Kilka minut później zostałem skierowany do samego pana Warburga, a on powiedział do mnie: „Masz całkowitą rację co do tej idei spółdzielczej. Chcę ci powiedzieć, że wielcy bankierzy są po twojej stronie. Chcę ci to teraz powiedzieć, żebyś nie rozpoczynał niczego w sprawie bankowości spółdzielczej i nie nastawił ich przeciwko sobie". Odpowiedziałem: „Panie Warburg, już wszystko przygotowałem i jutro zamierzam zgłosić poprawkę do ustawy Lanta, zezwalającą na utworzenie spółdzielczych banków krajowych". Była to ustawa o kredycie pośrednim, która wówczas czekała na rozpatrzenie i miała zezwolić na utworzenie spółdzielczych banków krajowych. Na tym zakończyła się moja rozmowa z panem Warburgiem i od tamtej pory nie rozmawialiśmy już ze sobą.

Pan Wingo zeznał, że w kwietniu, maju, czerwcu i lipcu 1920 r. producentom i handlowcom przyznano bardzo duże zwiększenie kredytów. Miało to pomóc im przetrwać okres ograniczenia kredytów, który miał na celu zrujnowanie amerykańskich rolników, którym w tym okresie odmówiono wszelkich kredytów.

Podczas przesłuchań senackich w 1923 r. Eugene Meyer Jr. wskazał główny powód, dla którego Rada Rezerwy Federalnej podniosła stopę procentową do 7% w przypadku papierów wartościowych związanych z rolnictwem i hodowlą:

„Uważam" – powiedział – „że można by uniknąć wielu kłopotów, gdyby większa liczba kwalifikujących się banków niebędących członkami Systemu Rezerwy Federalnej była jego członkami".

Meyer miał rację, zwracając na to uwagę. Celem działania Rady było zniszczenie tych stanowych i wspólnych banków ziemskich, które stanowczo odmawiały oddania swojej wolności dyktaturze bankierów ustanowionej przez System. Kemmerer w książce „ABC Systemu Rezerwy Federalnej" napisał w 1919 roku, że:

„Tendencja będzie zmierzać w kierunku unifikacji i uproszczenia, co zostanie osiągnięte dzięki coraz większej liczbie instytucji stanowych stających się udziałowcami i deponentami w bankach rezerwowych".

Jednak banki stanowe nie zareagowały na to.

Przesłuchania senackie z 1923 roku, mające na celu zbadanie przyczyn kryzysu rolnego z lat 1920–1921, były wynikiem żądań społeczeństwa amerykańskiego. Pełny zapis tajnego posiedzenia Rady Rezerwy Federalnej z 18 maja 1920 roku został opublikowany w czasopiśmie „Manufacturers' Record" z Baltimore w stanie

Maryland, poświęconym interesom małych producentów z południa kraju.

Benjamin Strong, prezes Banku Rezerwy Federalnej w Nowym Jorku i bliski przyjaciel Montagu Normana, prezesa Banku Anglii, stwierdził podczas tych przesłuchań:

„System Rezerwy Federalnej zrobił dla rolników więcej, niż oni sami zdają sobie sprawę".

Emmanuel Goldenweiser, dyrektor ds. badań w Radzie Gubernatorów, twierdził, że stopa dyskontowa została podwyższona wyłącznie jako środek przeciwdziałający inflacji, ale nie wyjaśnił, dlaczego była to podwyżka skierowana wyłącznie do rolników i robotników, podczas gdy w tym samym czasie System Rezerwy Federalnej chronił producentów i kupców, zapewniając im zwiększone kredyty.

Ostateczne stwierdzenie dotyczące spowodowania przez Radę Rezerwy Federalnej kryzysu rolnego w latach 1920–1921 wygłosił William Jennings Bryan. W magazynie „Hearst's Magazine" z listopada 1923 r. napisał:

„Bank Rezerwy Federalnej, który powinien być największą ochroną rolnika, stał się jego największym wrogiem. Deflacja rolników była przestępstwem popełnionym celowo".

ROZDZIAŁ DZIESIĄTY

TWÓRCY PIENIĄDZA

Na stronie redakcyjnej *„The New York Times*" z 18 stycznia 1920 r. pojawił się interesujący komentarz na temat Systemu Rezerwy Federalnej. Nieznany autor, być może Paul Warburg, stwierdził: „Rezerwa Federalna jest źródłem kredytu, a nie kapitału". Jest to jedno z najbardziej odkrywczych stwierdzeń, jakie kiedykolwiek padły na temat Systemu Rezerwy Federalnej. Mówi ono, że System Rezerwy Federalnej nigdy nie wniesie nic do naszej struktury kapitałowej ani do tworzenia kapitału, ponieważ jest zorganizowany w celu generowania kredytu, tworzenia pieniądza na potrzeby pieniądza kredytowego i spekulacji, zamiast dostarczania funduszy kapitałowych na rzecz rozwoju handlu i przemysłu. Mówiąc prościej, kapitalizacja oznaczałaby dostarczanie banknotów zabezpieczonych metalem szlachetnym lub innym towarem. Banknoty rezerwowe to niepokryte papiery wartościowe pożyczane na procent.

25 lipca 1921 r. senator Owen stwierdził na łamach *„The New York Times*": „Rada Rezerwy Federalnej jest największą potęgą finansową na całym świecie. Zamiast wykorzystywać tę wielką władzę zgodnie z intencjami ustawy o Rezerwie Federalnej, rada... przekazała tę władzę bankom i wykorzystała swoje wpływy do wsparcia polityki niemieckiej inflacji". Senator, którego nazwisko widniało na ustawie, dostrzegł, że nie działa ona zgodnie z obietnicami.

Po kryzysie rolniczym w latach 1920–1921 Rada Gubernatorów Rezerwy Federalnej poświęciła osiem lat na zapewnianie szybkiej ekspansji kredytowej nowojorskich bankierów, co doprowadziło do Wielkiego Kryzysu w latach 1929–1931 i przyczyniło się do paraliżu światowej struktury gospodarczej. Paul Warburg zrezygnował w maju 1918 r., po tym jak system monetarny Stanów

Zjednoczonych został zmieniony z waluty zabezpieczonej obligacjami na walutę opartą na papierach komercyjnych i udziałach banków Rezerwy Federalnej. Warburg powrócił do swojej pracy w firmie Kuhn, Loeb Company, gdzie zarabiał pięćset tysięcy dolarów rocznie jako, ale nadal wyznaczał kierunek polityki Systemu Rezerwy Federalnej jako przewodniczący Federalnej Rady Doradczej oraz jako przewodniczący Komitetu Wykonawczego Amerykańskiej Rady Akceptacyjnej.

W latach 1921–1929 Paul Warburg zorganizował trzy największe trusty w Stanach Zjednoczonych: International Acceptance Bank, największy bank akceptacyjny na świecie, Agfa Ansco Film Corporation z siedzibą w Belgii oraz I.G. Farben Corporation, której amerykański oddział Warburg założył jako I.G. Chemical Corporation. Jednym z jego dzieł jest również Westinghouse Corporation.

Na początku lat 20. XX wieku System Rezerwy Federalnej odegrał decydującą rolę w ponownym włączeniu Rosji do międzynarodowej struktury finansowej. Winthrop i Stimson nadal pełnili rolę pośredników między rosyjskimi i amerykańskimi bankierami, a Henry L. Stimson prowadził negocjacje, które zakończyły się uznaniem przez nas Związku Radzieckiego po wyborze Roosevelta w 1932 roku. Było to rozczarowaniem, ponieważ już dawno wcześniej wznowiliśmy stosunki walutowe z rosyjskimi finansistami.

System Rezerwy Federalnej rozpoczął zakup rosyjskiego złota w 1920 r., a rosyjska waluta była akceptowana na giełdach. Według pułkownika Ely'ego Garrisona w jego autobiografii oraz według raportu Służby Wywiadowczej Marynarki Wojennej Stanów Zjednoczonych dotyczącego Paula Warburga, rewolucja rosyjska została sfinansowana przez Rotszyldów i Warburgów, a członek rodziny Warburgów przewoził środki finansowe wykorzystane przez Lenina i Trockiego w Sztokholmie w 1918 r.

Artykuł w angielskim miesięczniku „Fortnightly" z lipca 1922 r. mówi:

„W ciągu ostatniego roku przywrócono praktycznie każdą instytucję kapitalistyczną. Dotyczy to Banku Państwowego, bankowości prywatnej, giełdy papierów wartościowych, prawa do posiadania nieograniczonej ilości pieniędzy, prawa do dziedziczenia, systemu weksli oraz innych instytucji i praktyk związanych z prowadzeniem prywatnego przemysłu i handlu. Znaczna część dawnych przemysłów znacjonalizowanych znajduje się obecnie w półniezależnych trustach".

Organizacja potężnych trustów w Rosji pod pozorem komunizmu umożliwiła uzyskanie znacznej pomocy finansowej i technicznej ze Stanów Zjednoczonych. Rosyjska arystokracja została zlikwidowana, ponieważ była zbyt nieefektywna, by zarządzać nowoczesnym państwem przemysłowym. Międzynarodowi finansiści zapewnili fundusze Leninowi i Trockiemu na obalenie reżimu carskiego i utrzymanie Rosji w I wojnie światowej. Peter Drucker, rzecznik amerykańskiej oligarchii, oświadczył w artykule opublikowanym w Saturday Evening Post w 1948 roku, że:

„ROSJA JEST IDEALEM GOSPODARKI ZARZĄDZANEJ, DO KTÓREJ DĄŻYMY".

W Rosji emisja wystarczającej ilości waluty, aby zaspokoić potrzeby gospodarki, nastąpiła dopiero po dojściu do władzy rządu, który sprawował absolutną kontrolę nad ludnością. W latach dwudziestych XX wieku Rosja wyemitowała duże ilości tak zwanego „pieniądza inflacyjnego", czyli waluty kontrolowanej. W tym samym artykule w „Fortnightly" (z lipca 1922 r.) zauważono, że:

„Skoro presja gospodarcza stworzyła system walutowy o »astronomicznych rozmiarach«, to nigdy go nie zniszczy. Sam w sobie system ten jest spójny, logicznie dopracowany, a nawet przemyślany. A zginąć może jedynie wraz z upadkiem lub zniszczeniem politycznej struktury, którą zdobi".

W 1929 r. magazyn „Fortnightly" zauważył również, że:

„Od 1921 r. codzienne życie obywatela radzieckiego nie różni się od życia obywatela amerykańskiego, a radziecki system rządów jest bardziej ekonomiczny".

Admirał Kołczak, przywódca armii białych Rosjan, był wspierany przez międzynarodowych bankierów, którzy wysłali brytyjskie i amerykańskie oddziały na Syberię, aby mieć pretekst do drukowania rubli Kołczaka. W pewnym momencie w 1920 r. bankierzy manipulowali na londyńskiej giełdzie starymi rublami carskimi, rublami Kiereńskiego i rublami Kołczaka, a wartości wszystkich trzech wahały się w zależności od ruchów wojsk alianckich wspierających Kołczaka. Kołczak posiadał również znaczne ilości złota, które zostało przejęte przez jego armie. Po jego klęsce pociąg z tym złotem zniknął na Syberii. Podczas przesłuchań senackich w 1921 r. dotyczących Systemu Rezerwy Federalnej ujawniono, że system ten otrzymywał to złoto. Kongresman Dunbar zadał gubernatorowi W.P.G. Hardingowi z Rady Rezerwy Federalnej następujące pytanie:

DUNBAR: „Innymi słowy, Rosja wysyła duże ilości złota do krajów europejskich, a te z kolei wysyłają je do nas?"

HARDING: „Ma to na celu opłacenie towarów zakupionych w tym kraju oraz stworzenie kursu wymiany dolara".

DUNBAR: „Jednocześnie to złoto pochodziło z Rosji przez Europę?"

HARDING: „Uważa się, że część z niego to złoto Kołczaka, przybywające przez Syberię, ale to nie jest sprawa banków Rezerwy Federalnej. Sekretarz Skarbu wydał instrukcje do urzędu probierczego, aby nie przyjmował żadnego złota, które nie nosi znaku mennicy przyjaznego kraju".

Nie jest jasne, co dokładnie gubernator Harding miał na myśli, mówiąc o „przyjaznym państwie". W 1921 roku nie byliśmy w stanie wojny z żadnym krajem, ale Kongres już zaczynał kwestionować międzynarodowe transakcje złota prowadzone przez System Rezerwy Federalnej. Gubernator Harding mógłby po prostu wzruszyć ramionami i powiedzieć, że pochodzenie złota nie jest sprawą banków Rezerwy Federalnej. Złoto nie zna narodowości ani rasy. Zgodnie z prawem Stany Zjednoczone przestały interesować się pochodzeniem swojego złota w 1906 r., kiedy to sekretarz skarbu Shaw zawarł porozumienia z kilkoma większymi bankami nowojorskimi (w których miał udziały) w sprawie zakupu złota za zaliczki gotówkowe z Departamentu Skarbu Stanów Zjednoczonych, który następnie kupował złoto od tych banków. Skarb Państwa mógł twierdzić, że nie wie, skąd pochodzi jego złoto, ponieważ jego biuro rejestruje jedynie bank, od którego dokonał zakupu. Od 1906 roku Skarb Państwa nie wiedział, od którego z międzynarodowych handlarzy złotem kupował swoje złoto.193

Międzynarodowe transakcje złota Systemu Rezerwy Federalnej oraz jego aktywne wsparcie w pomaganiu Lidze Narodów w zmuszaniu wszystkich krajów Europy i Ameryki Południowej do powrotu do standardu złota z korzyścią dla międzynarodowych handlarzy złotem, takich jak Eugene Meyer Jr. i Albert Strauss, najlepiej ilustruje klasyczny incydent, jakim był kredyt funtowy z 1925 roku.

J.E. Darling napisał w angielskim czasopiśmie „Spectator" 10 stycznia 1925 r., że:

„Oczywiście dla Stanów Zjednoczonych najważniejsze jest skłonienie Anglii do jak najszybszego powrotu do standardu złota. Standard złota kontrolowany przez Amerykę, który nieuchronnie doprowadzi do tego, że Stany Zjednoczone staną się najwyższą potęgą finansową świata, uczyni Anglię wasalem i satelitą, a Nowy Jork światowym centrum finansowym".

Pan Darling nie wspomina, że Amerykanie mają z tym tak samo mało wspólnego jak Brytyjczycy, a powrót Wielkiej Brytanii do standardu złota przyniósłby korzyści tylko tej małej grupie międzynarodowych handlarzy złotem, którzy są właścicielami światowych zasobów złota. Nic dziwnego, że „Banker's Magazine" z radością zauważył w lipcu 1925 r., że:

„Najważniejszym wydarzeniem ostatniego półrocza w świecie bankowości było przywrócenie standardu złota".

Pierwsza wojna światowa zmieniła status Stanów Zjednoczonych z kraju zadłużonego na największego wierzyciela na świecie, tytuł ten wcześniej należał do Anglii. Ponieważ dług to pieniądze, według prezesa Rady Rezerwy Federalnej Marrinera Ecclesa, uczyniło to nas również najbogatszym krajem świata. Wojna spowodowała również przeniesienie siedziby światowego rynku akceptów z Londynu do Nowego Jorku, a Paul Warburg stał się najpotężniejszym bankierem akceptowym na świecie. Jednak filar międzynarodowych finansistów pozostał ten sam. Standard złota nadal stanowił podstawę wymiany walutowej, a niewielka grupa międzynarodowych podmiotów posiadających złoto kontrolowała system monetarny krajów zachodnich.

Profesor Gustav Cassel napisał w 1928 roku:

„To dolar amerykański, a nie standard złota, jest światowym standardem monetarnym. Amerykańska Rada Rezerwy Federalnej ma prawo określać siłę nabywczą dolara poprzez zmiany stopy dyskontowej, a tym samym kontroluje światowy standard monetarny".

Gdyby to była prawda, członkowie Rady Rezerwy Federalnej byliby najpotężniejszymi finansistami na świecie. Czasami w ich skład wchodzą tak wpływowe osoby, jak Paul Warburg czy Eugene Meyer Jr., ale zazwyczaj są oni jedynie komitetem zatwierdzającym decyzje Federalnej Rady Doradczej i londyńskich bankierów.

W maju 1925 r. brytyjski parlament uchwalił ustawę o standardzie złota, przywracając Wielkiej Brytanii system standardu złota. Istotna rola Systemu Rezerwy Federalnej w tym wydarzeniu wyszła na jaw 16 marca 1926 r. w gazecie, kiedy to George Seay, prezes Banku Rezerwy Federalnej w Richmond, zeznał przed Komisją Bankowości i Waluty Izby Reprezentantów, że:

„W wyniku ustnego porozumienia potwierdzonego korespondencją udzielono Wielkiej Brytanii pożyczki lub kredytu w złocie w wysokości dwustu milionów dolarów. Wszystkie negocjacje prowadzili Benjamin Strong, prezes Banku Rezerwy Federalnej w Nowym Jorku, oraz pan Montagu Norman, prezes Banku Anglii. Celem tej pożyczki było wsparcie Anglii w powrocie do standardu złota, a pożyczka miała zostać pokryta poprzez inwestycję środków Rezerwy Federalnej w weksle i zagraniczne papiery wartościowe".

W biuletynie Rezerwy Federalnej z czerwca 1925 r. stwierdzono, że:

„Zgodnie z porozumieniem z Bankiem Anglii Bank Rezerwy Federalnej w Nowym Jorku zobowiązuje się do sprzedaży złota na kredyt Bankowi Anglii od czasu do czasu w ciągu najbliższych dwóch lat, ale nie więcej niż 200 000 000 dolarów pozostających do spłaty w dowolnym momencie".

Kredyt złoty w wysokości 200 milionów dolarów został uzgodniony w drodze ustnej umowy między międzynarodowymi bankierami, Benjaminem Strongiem i Montagu Normanem. W tym czasie stało się oczywiste, że System Rezerwy Federalnej miał na sercu inne interesy niż potrzeby finansowe amerykańskiego biznesu i przemysłu. Powrót Wielkiej Brytanii do standardu złota został dodatkowo ułatwiony przez dodatkową pożyczkę w złocie w wysokości stu milionów dolarów od firmy J.P. Morgan. Winston Churchill, brytyjski minister skarbu, skarżył się później, że koszt tej pożyczki dla rządu brytyjskiego wyniósł 1 125 000 dolarów w pierwszym roku, a suma ta stanowiła zysk firmy J.P. Morgan w tym czasie.

Kwestia zmiany stopy dyskontowej, na przykład, nigdy nie została w sposób zadowalający wyjaśniona. Zapytanie skierowane do Rady Rezerwy Federalnej w Waszyngtonie spotkało się z odpowiedzią, że „sytuacja na rynku pieniężnym jest głównym czynnikiem decydującym o zmianach stopy". Ponieważ rynek pieniężny znajduje się w Nowym Jorku, nie trzeba wielkiej wyobraźni, aby wywnioskować, że nowojorscy bankierzy mogą być zainteresowani zmianami stopy i często próbują na nią wpływać.

Norman Lombard w czasopiśmie „World's Work" pisze, że:

„Rozpatrując i podejmując decyzje w sprawie proponowanych zmian polityki, Rada Rezerwy Federalnej powinna postępować zgodnie z procedurami i zasadami etyki przestrzeganymi przez nasze sądy. Sugestie dotyczące zmiany stopy procentowej lub zakupu lub sprzedaży papierów wartościowych przez banki rezerwowe mogą pochodzić od dowolnej osoby i nie wymagają żadnych formalności ani pisemnego uzasadnienia. Sugestię można zgłosić prezesowi lub dyrektorowi Systemu Rezerwy Federalnej przez telefon lub w klubie przy stole podczas lunchu, albo podczas zwykłej wizyty u członka Rady Rezerwy Federalnej. Nie trzeba ujawniać interesów osoby proponującej zmianę, a jej nazwisko i wszelkie sugestie są zazwyczaj utrzymywane w tajemnicy. Jeśli dotyczy to operacji otwartego rynku, opinia publiczna nie ma pojęcia o podjętej decyzji, dopóki nie pojawi się regularne cotygodniowe oświadczenie, pokazujące zmiany w portfelach banków Rezerwy Federalnej. W międzyczasie nie ma publicznej dyskusji, nie ma uzasadnienia decyzji ani nazwisk osób, które się jej sprzeciwiają lub ją popierają.

Szanse przeciętnego obywatela na spotkanie prezesa Systemu Rezerwy Federalnej w swoim klubie są również niewielkie.

Przesłuchania w Izbie Reprezentantów w sprawie stabilizacji siły nabywczej dolara w 1928 r. jednoznacznie dowiodły, że Rada

Rezerwy Federalnej ściśle współpracowała z szefami europejskich banków centralnych oraz że kryzys gospodarczy z lat 1929–1931 został zaplanowany podczas tajnego lunchu Rady Rezerwy Federalnej i szefów europejskich banków centralnych w 1927 r. Rada nigdy nie została pociągnięta do odpowiedzialności przed opinią publiczną za swoje decyzje lub działania. Wydaje się, że konstytucyjne mechanizmy kontroli i równowagi nie działają w finansach.

Członkowie Rady Rezerwy Federalnej zawsze byli lojalni wobec bankierów centralnych. Trzy cechy banku centralnego – to, że jest własnością prywatnych akcjonariuszy, którzy dostają rentę i zysk za korzystanie z kredytu narodowego, absolutna kontrola nad zasobami finansowymi kraju oraz mobilizacja kredytu narodowego do finansowania obcokrajowców – zostały pokazane przez System Rezerwy Federalnej w ciągu pierwszych piętnastu lat jego działania.

Dalszym dowodem międzynarodowych celów ustawy o Rezerwie Federalnej z 1913 r. jest „poprawka Edge'a" z 24 grudnia 1919 r., która zezwala na tworzenie korporacji wyraźnie w celu „prowadzenia międzynarodowej działalności bankowej oraz innych międzynarodowych lub zagranicznych operacji finansowych, w tym handlu złotem lub kruszcami, a także posiadania udziałów w zagranicznych korporacjach ". Komentując tę poprawkę, E.W. Kemmerer, ekonomista z Uniwersytetu Princeton, zauważył, że:

„System Rezerwy Federalnej okazuje się mieć ogromny wpływ na umiędzynarodowienie amerykańskiego handlu i amerykańskich finansów".

Fakt, że ta internacjonalizacja amerykańskiego handlu i amerykańskich finansów była bezpośrednią przyczyną naszego udziału w dwóch wojnach światowych, nie niepokoi pana Kemmerera. Istnieje wiele dowodów na to, jak Paul Warburg wykorzystał System Rezerwy Federalnej jako narzędzie do wprowadzenia akceptów handlowych na szeroką skalę wśród amerykańskich przedsiębiorców.

Przed 1915 r. stosowanie akceptów handlowych (będących walutą handlu międzynarodowego) przez bankierów i korporacje w Stanach Zjednoczonych było praktycznie nieznane. Powstanie Systemu Rezerwy Federalnej dokładnie pokrywa się w czasie ze wzrostem popularności akceptów w tym kraju i nie jest to przypadek. Ludzie, którzy chcieli Systemu Rezerwy Federalnej, byli tymi samymi, którzy zakładali banki akceptowe i czerpali zyski z używania akceptów.

Już w 1910 r. Krajowa Komisja Monetarna zaczęła wydawać broszury i inne materiały propagandowe, w których zachęcała bankierów i przedsiębiorców w tym kraju do stosowania akceptów handlowych w swoich transakcjach. Komisja prowadziła tę kampanię przez trzy lata, a plan Aldricha zawierał szeroki zapis zezwalający na wprowadzenie i stosowanie akceptów bankierskich w amerykańskim systemie papierów komercyjnych.

Uchwalona przez Kongres ustawa o Rezerwie Federalnej z 1913 r. nie upoważniała wprost do stosowania akceptów, jednak Rada Rezerwy Federalnej w latach 1915 i 1916 zdefiniowała pojęcie „akceptu handlowego", które zostało następnie doprecyzowane w rozporządzeniu serii A z 1920 r., a następnie w serii z 1924 r. Jednym z pierwszych oficjalnych działań Rady Gubernatorów w 1914 r. było przyznanie akceptom preferencyjnej, niskiej stopy dyskontowej w bankach Rezerwy Federalnej. Ponieważ akcepty nie były wówczas stosowane w tym kraju, nie można było przedstawić żadnego uzasadnienia tej decyzji w postaci pilnej potrzeby biznesowej. Było oczywiste, że ktoś z osób sprawujących władzę w Radzie Gubernatorów chciał wprowadzenia akceptów.

Ustawa o bankach krajowych z 1864 r., która do listopada 1914 r. stanowiła decydujący akt prawny w zakresie finansów Stanów Zjednoczonych, nie zezwalała bankom na udzielanie kredytów. W konsekwencji zdolność banków do tworzenia pieniądza była znacznie ograniczona. Nie mieliśmy banku emisyjnego, czyli banku centralnego, który mógłby tworzyć pieniądze. Aby uzyskać bank centralny, bankierzy wywoływali kolejne paniki pieniężne wśród przedsiębiorców w Stanach Zjednoczonych, wywożąc złoto z kraju, powodując niedobór pieniądza, a następnie importując je z powrotem. Po utworzeniu naszego banku centralnego, Systemu Rezerwy Federalnej, nie było już potrzeby wywoływania paniki pieniężnej, ponieważ banki mogły tworzyć pieniądze. Jednak panika jako narzędzie władzy nad środowiskiem biznesowym i finansowym została ponownie wykorzystana przy dwóch ważnych okazjach: w 1920 r., powodując kryzys rolniczy, ponieważ banki stanowe i spółki powiernicze odmówiły przystąpienia do Systemu Rezerwy Federalnej, oraz w 1929 r., powodując Wielki Kryzys, który scentralizował niemal całą władzę w tym kraju w rękach kilku wielkich trustów.

Akcept handlowy to weksel wystawiony przez sprzedającego towary na nabywcę i zaakceptowany przez nabywcę, z nadrukowaną datą wygaśnięcia. Stosowanie akceptów handlowych na rynku hurtowym zapewnia krótkoterminowy, gwarantowany kredyt na transport towarów w trakcie produkcji, magazynowania, transportu i sprzedaży. Ułatwia to handel krajowy i zagraniczny. Wydawałoby się zatem, że bankierzy, którzy chcieli zastąpić system rachunków otwartych systemem akceptów handlowych, byli postępowymi ludźmi, pragnącymi pomóc amerykańskiemu handlowi importowo-eksportowemu. W tym celu rozpowszechniano wiele propagandy, ale w rzeczywistości tak nie było.

System otwartych ksiąg, dotychczas stosowany wyłącznie przez amerykańskich przedsiębiorców, pozwalał na udzielanie rabatu przy płatności gotówką. System akceptów zniechęca do korzystania z gotówki, umożliwiając udzielanie rabatu przy płatnościach kredytowych. System otwartych ksiąg pozwalał również na znacznie łagodniejsze warunki płatności, z liberalnym przedłużaniem terminów spłaty zadłużenia. Akcept tego nie pozwala, ponieważ jest to kredyt krótkoterminowy z nadrukowaną datą zapadalności. Nie leży to w gestii sprzedawcy, lecz w rękach banku, zazwyczaj banku akceptującego, który nie zezwala na żadne przedłużenie terminu. W ten sposób przyjęcie akceptów przez amerykańskich przedsiębiorców w latach dwudziestych XX wieku znacznie ułatwiło dominację i wchłanianie małych przedsiębiorstw przez ogromne trusty, co przyspieszyło krach z 1929 roku.

Akcepty handlowe były w pewnym stopniu stosowane w Stanach Zjednoczonych przed wojną secesyjną. Podczas tej wojny trudności handlowe zniszczyły akcept jako środek kredytowy i nie powrócił on do łask w tym kraju, ponieważ nasi obywatele preferowali prostotę i hojność systemu otwartych ksiąg. Rachunki w systemie otwartych ksiąg są papierami handlowymi na jedno imię, opatrzonymi wyłącznie nazwiskiem dłużnika. Akcepty są papierami dwuimiennymi, zawierającymi nazwisko dłużnika i wierzyciela. W ten sposób stały się one towarami kupowanymi i sprzedawanymi przez banki. Dla wierzyciela, w systemie otwartych ksiąg, dług jest zobowiązaniem. Dla banku akceptującego posiadającego akcept, dług jest aktywem. Ludzie, którzy założyli banki akceptujące w tym kraju pod przewodnictwem Paula Warburga, zapewnili sobie kontrolę nad miliardami dolarów kredytu istniejącego jako otwarte rachunki w księgach amerykańskich biznesmenów.

Gubernator Marriner Eccles z Rady Rezerwy Federalnej oświadczył przed Komisją Bankowości i Waluty Izby Reprezentantów, że: „Dług jest podstawą tworzenia pieniądza".

Duzi posiadacze akceptów handlowych uzyskali dostęp do kredytów pieniężnych o wartości miliardów dolarów, oprócz odsetek naliczanych od samego akceptu. Jest oczywiste, dlaczego Paul Warburg poświęcił tak wiele czasu, pieniędzy i energii na to, aby akcepty zostały przyjęte przez system bankowy tego kraju.

4 września 1914 r. National City Bank zaakceptował pierwszy weksel terminowy wystawiony na bank krajowy zgodnie z postanowieniami ustawy o Rezerwie Federalnej z 1913 r. Był to początek końca systemu rachunków otwartych jako ważnego czynnika w handlu hurtowym. Beverly Harris, wiceprezes National City Bank of New York, opublikował w 1915 r. broszurę, w której stwierdził, że:

„Kupcy korzystający z systemu otwartych rachunków przejmują funkcje bankierów".

W *„The New York Times"* z 14 czerwca 1920 r. Paul Warburg, przewodniczący American Acceptance Council, powiedział:

„Jeśli Rada Rezerwy Federalnej nie zaangażuje się całym sercem w nieograniczony rozwój akceptów jako podstawowej inwestycji dla banków Rezerwy Federalnej, przyszły bezpieczny i stabilny rozwój systemu będzie zagrożony".

Było to oświadczenie dotyczące celu Warburga i jego grupy, którzy dążyli do „reformy monetarnej" w tym kraju. Chcieli oni przejąć kontrolę nad całym kredytem w Stanach Zjednoczonych i osiągnęli to dzięki Systemowi Rezerwy Federalnej, systemowi akceptów oraz braku zainteresowania ze strony obywateli.

Pierwsza wojna światowa była dobrodziejstwem dla wprowadzenia akceptów handlowych, a ich wolumen wzrósł do czterystu milionów dolarów w 1917 r., rosnąc w latach dwudziestych do ponad miliarda dolarów rocznie, co osiągnęło szczyt tuż przed Wielkim Kryzysem w latach 1929–1931. Wykresy Banku Rezerwy Federalnej w Nowym Jorku pokazują, że wykorzystanie akceptów osiągnęło szczyt w listopadzie 1929 r., w miesiącu krachu na giełdzie, a następnie gwałtownie spadło. Ludzie zajmujący się akceptami osiągnęli już wtedy to, czego chcieli, czyli kontrolę nad amerykańskim biznesem i przemysłem. Magazyn „Fortune" w lutym 1950 r. zwrócił uwagę, że:

„Wolumen akceptów spadł z 1 732 mln dolarów w 1929 r. do 209 mln dolarów w 1940 r. z powodu koncentracji bankowości akceptowej w rękach nielicznych oraz polityki niskich stóp procentowych prowadzonej przez Departament Skarbu, która sprawiła, że bezpośrednie pożyczki były tańsze niż akcepty. Od czasu wojny nastąpiło niewielkie ożywienie, ale dla dużych przedsiębiorstw często tańsze jest finansowanie importu z własnych środków".

Innymi słowy, „duże przedsiębiorstwa", a dokładniej wielkie trusty, sprawują obecnie kontrolę nad kredytami i nie potrzebują akceptów. Oprócz lawiny propagandy rozpowszechnianej przez sam System Rezerwy Federalnej, Krajowe Stowarzyszenie Kredytodawców, Amerykańskie Stowarzyszenie Bankierów i inne organizacje braterskie nowojorskich bankierów poświęciły wiele czasu i pieniędzy na rozpowszechnianie propagandy akceptacyjnej. Nawet zalew wykładów i broszur okazał się niewystarczający, więc w 1919 roku Paul Warburg zorganizował Amerykańską Radę Akceptacyjną, która poświęciła się całkowicie propagandzie akceptacyjnej.

Pierwszy zjazd zorganizowany przez to stowarzyszenie w Detroit w stanie Michigan 9 czerwca 1919 r. zbiegł się w czasie z corocznym zjazdem Krajowego Stowarzyszenia Kredytodawców (National Association of Credit Men), który odbywał się tam tego samego dnia, dzięki czemu – jak podano w broszurze wydanej przez Amerykańską Radę Akceptacyjną (American Acceptance Council) – „zainteresowani obserwatorzy mogli z łatwością uczestniczyć w wykładach i posiedzeniach obu grup".

Paul Warburg został wybrany na prezesa tej organizacji, a później został przewodniczącym Komitetu Wykonawczego American Acceptance Council, stanowisko to piastował aż do swojej śmierci w 1932 r. Rada opublikowała listy korporacji korzystających z akceptów handlowych typu, wszystkie z nich były przedsiębiorstwami, nad którymi kontrolę sprawowała firma Kuhn, Loeb Co. lub jej podmioty powiązane. Wykłady wygłoszone przed Radą lub przez jej członków były atrakcyjnie oprawiane i bezpłatnie rozprowadzane przez National City Bank of New York wśród przedsiębiorców w całym kraju.

Louis T. McFadden, przewodniczący Komisji Bankowości i Waluty Izby Reprezentantów, oskarżył w 1922 r. American Acceptance Council o wywieranie nadmiernego wpływu na Radę Rezerwy Federalnej i wezwał do przeprowadzenia dochodzenia przez Kongres, ale Kongres nie był tym zainteresowany.

Podczas drugiej dorocznej konferencji American Acceptance Council, która odbyła się w Nowym Jorku 2 grudnia 1920 r., prezes Paul Warburg stwierdził:

„Z wielką satysfakcją informuję, że w ciągu ostatniego roku Amerykańska Rada Akceptacyjna mogła dalej rozwijać i wzmacniać swoje relacje z Radą Rezerwy Federalnej".

W latach dwudziestych XX wieku Paul Warburg, który zrezygnował z funkcji w Radzie Rezerwy Federalnej po pełnieniu stanowiska prezesa przez rok w czasie wojny, nadal wywierał bezpośredni osobisty wpływ na Radę Rezerwy Federalnej, spotykając się z jej członkami jako prezes Federalnej Rady Doradczej oraz jako prezes Amerykańskiej Rady Akceptacyjnej. Od momentu powstania w 1920 r. aż do swojej śmierci w 1932 r. był prezesem zarządu International Acceptance Bank of New York, największego banku akceptacyjnego na świecie. Jego brat, Felix M. Warburg, również partner w Kuhn, Loeb Co., był dyrektorem International Acceptance Bank, a syn Paula, James Paul Warburg, pełnił funkcję wiceprezesa. Paul Warburg był również dyrektorem w innych ważnych bankach akceptacyjnych w tym kraju, takich jak Westinghouse Acceptance Bank, które powstały w Stanach Zjednoczonych zaraz po wojnie światowej, kiedy to siedziba międzynarodowego rynku akceptacyjnego została przeniesiona z Londynu do Nowego Jorku, a Paul Warburg stał się najpotężniejszym bankierem akceptacyjnym na świecie.

Paul Warburg stał się jeszcze bardziej legendarną postacią dzięki uwiecznieniu go jako „Daddy Warbucks" w komiksie „Little

Orphan Annie”. Komiks opowiadał o bezdomnej sierocie i jej psie, którzy zostali adoptowani przez „najbogatszego człowieka na świecie”, Daddy'ego Warbucksa, parodię „Warburga”, który posiada niemal magiczne moce i może osiągnąć wszystko dzięki sile swojego nieograniczonego bogactwa. Znawcy tematu chichotali, gdy „Annie”, musicalowa wersja tej historii, odniosła ogromny sukces na Broadwayu, trwając kilka lat, ponieważ zdecydowana większość widzów nie miała pojęcia, że była to po prostu kolejna operacja Warburga.

To właśnie przeniesienie rynku akceptacji z Anglii do tego kraju dało początek ekstatycznej przemowie Thomasa Lamonta wygłoszonej przed Akademią Nauk Politycznych w 1917 roku, w której stwierdził:

„To dolar, a nie funt, jest obecnie podstawą wymiany międzynarodowej”.

Amerykanie byli dumni, słysząc to, ale nie zdawali sobie sprawy, jaką cenę za to zapłacili.

Widocznym dowodem nadmiernego wpływu Amerykańskiej Rady Akceptacyjnej na Radę Rezerwy Federalnej, na co skarżył się kongresman McFadden, jest wykres przedstawiający kształt stóp procentowych Banku Rezerwy Federalnej w Nowym Jorku w latach dwudziestych XX wieku. Oficjalna stopa dyskontowa Banku przez dziewięć lat dokładnie podążała za 90-dniową stopą akceptacyjną bankierów, a Bank Rezerwy Federalnej w Nowym Jorku ustalał stopę dyskontową dla pozostałych banków rezerwowych.

Przez całe lata 20. XX wieku Rada Gubernatorów zatrzymała dwóch swoich pierwszych członków, C.S. Hamlina i Adolpha C. Millera. Ci mężczyźni znaleźli sobie karierę jako arbitrzy polityki pieniężnej kraju. Hamlin był członkiem Rady od 1914 r. do 1936 r., kiedy to został mianowany specjalnym doradcą Rady, podczas gdy Miller pełnił tę funkcję od 1914 r. do 1931 r.

Ci dwaj mężczyźni mogli pozostać w Radzie przez tak wiele lat, ponieważ obaj byli osobami cieszącymi się ogromnym szacunkiem, które nadawały Radzie pewien prestiż w oczach opinii publicznej. W tych latach do Rady dołączali kolejni ważni bankierzy, pełnili swoje funkcje przez pewien czas, a następnie przechodzili do lepszych stanowisk. Ani Miller, ani Hamlin nigdy nie sprzeciwiali się niczemu, czego chcieli nowojorscy bankierzy. Zmieniali stopę dyskontową i przeprowadzali operacje otwartego rynku z wykorzystaniem papierów wartościowych rządu, ilekroć Wall Street tego wymagała. Za nimi stała postać Paula Warburga, który wywierał ciągły i dominujący wpływ jako przewodniczący Federalnej Rady Doradczej, w której zasiadali ludzie o podobnych interesach, tacy jak Winthrop Aldrich i J.P. Morgan. Warburg nigdy nie był zbyt zajęty obowiązkami związanymi z organizowaniem wielkich międzynarodowych trustów, by nadzorować struktury finansowe kraju. Jego wpływ od 1902 roku, kiedy przybył do tego kraju jako imigrant z Niemiec, aż do 1932 roku, roku jego śmierci, zależał od jego europejskiego sojuszu z kartelem bankowym. Syn Warburga, James Paul Warburg, nadal wywierał takie wpływy, zostając mianowanym dyrektorem ds. budżetu Franklina D. Roosevelta, gdy ten wielki człowiek objął urząd w 1933 r., oraz tworząc Biuro Informacji Wojennej, naszą oficjalną agencję propagandową podczas II wojny światowej.

W książce „The Fight for Financial Supremacy" Paul Einzig, publicysta londyńskiego „Economista", napisał, że:

„Niemal natychmiast po I wojnie światowej nawiązano ścisłą współpracę między Bankiem Anglii a władzami Rezerwy Federalnej, a w szczególności z Bankiem Rezerwy Federalnej w Nowym Jorku.[119] Współpraca ta wynikała w dużej mierze z serdecznych relacji między panem Montagu Normanem z Banku Anglii a panem Benjaminem Strongiem, prezesem Banku Rezerwy Federalnej w Nowym Jorku do 1928 roku. Kilkakrotnie polityka stóp dyskontowych Banku Rezerwy Federalnej w Nowym Jorku była kierowana chęcią pomocy Bankowi Anglii.

„Między Londynem a Nowym Jorkiem nawiązano ścisłą współpracę w zakresie ustalania stóp dyskontowych".[120]

[119] William Boyce Thompson (operator z Wall Street) powiedział Clarence'owi Barronowi 27 listopada 1920 r.: „Dlaczego Bank Rezerwy Federalnej powinien mieć prywatne linie telegraficzne w całym kraju i codziennie komunikować się telegraficznie z Bankiem Anglii?" s. 327 „They Told Barron".

[120] Paul Einzig, The Fight For Financial Supremacy, Macmillan, 1931.

ROZDZIAŁ JEDENASTY

LORD MONTAGU NORMAN

Współpraca między Benjaminem Strongiem a lordem Montagu Normanem jest jedną z największych tajemnic XX wieku. Benjamin Strong poślubił córkę prezesa Bankers Trust w Nowym Jorku, a następnie przejął stanowisko prezesa tej instytucji. Carroll Quigley w książce „Tragedy and Hope" pisze: „W 1914 roku Strong został prezesem Banku Rezerwy Federalnej w Nowym Jorku jako wspólny kandydat Morgana i firmy Kuhn, Loeb Company".[121]

Lord Montagu Norman jest jedyną osobą w historii, której zarówno dziadek ze strony matki, jak i dziadek ze strony ojca pełnili funkcję prezesów Banku Anglii. Jego ojciec pracował w Brown, Shipley Company, londyńskim oddziale Brown Brothers (obecnie Brown Brothers Harriman). Montagu Norman (1871–1950) przybył do Nowego Jorku w 1894 roku, aby podjąć pracę w Brown Brothers, gdzie zaprzyjaźnił się z rodziną Delano oraz Jamesem Markoe z Brown Brothers. Powrócił do Anglii, a w 1907 roku został mianowany członkiem Rady Banku Anglii. W 1912 roku przeżył załamanie nerwowe i wyjechał do Szwajcarii na leczenie u Junga, co było modne wśród wpływowej grupy, którą reprezentował.[122]

Lord Montagu Norman był prezesem Banku Anglii w latach 1916–1944. W tym okresie brał udział w konferencjach banków

---

[121] Carroll Quigley, *Tragedy and Hope*, Macmillan, Nowy Jork, str. 326.

[122] Kiedy ludzie tej klasy ogarnia poczucie winy podczas knucia wojen światowych i kryzysów gospodarczych, które przyniosą nędzę, cierpienie i śmierć milionom mieszkańców świata, czasami mają wyrzuty sumienia. Te wyrzuty sumienia są wyśmiewane przez ich rówieśników jako „brak odwagi". Po wizycie u swoich psychiatrów wracają do pracy z nową energią, bez dalszych dygresji na temat litości dla „zwykłych ludzi", którzy mają stać się ich ofiarami.

centralnych, które doprowadziły do krachu z 1929 roku i światowej depresji. W książce „The Politics of Money" autorstwa Briana Johnsona czytamy: „Strong i Norman, bliscy przyjaciele, spędzali razem wakacje w Bar Harbor i na południu Francji". Johnson pisze: „Norman stał się zatem alter ego Stronga.... „Polityka łatwego pieniądza Stronga na nowojorskim rynku pieniężnym w latach 1925–1928 była realizacją jego porozumienia z Normanem, aby utrzymać nowojorskie stopy procentowe poniżej poziomu londyńskiego. W imię współpracy międzynarodowej Strong wstrzymał się z wprowadzeniem stabilizujących wysokich stóp procentowych w Nowym Jorku, aż było już za późno. Łatwy pieniądz w Nowym Jorku napędzał gwałtowny boom gospodarczy w Ameryce pod koniec lat 20., charakteryzujący się fantastycznymi szczytami spekulacji".[123]

Benjamin Strong zmarł nagle w 1928 r. Nekrolog opublikowany w „*New York Times*" 17 października 1928 r. opisuje konferencję dyrektorów trzech wielkich banków centralnych w Europie, która odbyła się w lipcu 1927 r.: „Pan Norman z Banku Anglii, Strong z Banku Rezerwy Federalnej w Nowym Jorku oraz dr Hjalmar Schacht z Reichsbanku – ich spotkanie określano wówczas mianem spotkania »najbardziej ekskluzywnego klubu świata«. Nigdy nie opublikowano żadnych raportów z tych zagranicznych konferencji, które miały charakter całkowicie nieformalny, ale dotyczyły wielu ważnych kwestii związanych z przepływami złota, stabilnością światowego handlu i światowej gospodarki".

Spotkania, na których decyduje się o przyszłości światowej gospodarki, są zawsze opisywane jako „całkowicie nieformalne", nieoficjalne, bez sprawozdań dla opinii publicznej, a w rzadkich przypadkach, gdy oburzeni kongresmeni wzywają te tajemnicze postacie do złożenia zeznań na temat ich działalności, przedstawiają one jedynie zarys podjętych kroków i nie ujawniają żadnych informacji na temat tego, co naprawdę zostało powiedziane lub postanowione.

Podczas przesłuchań senackich w sprawie Systemu Rezerwy Federalnej w 1931 r. H. Parker Willis, jeden z autorów i pierwszy sekretarz Rady Rezerwy Federalnej w latach 1914–1920, zadał

[123] Brian Johnson, *The Politics of Money*, McGraw Hill, Nowy Jork, 1970, s. 63.

dosadne pytanie gubernatorowi George'owi Harrisonowi, następcy Stronga na stanowisku prezesa Banku Rezerwy Federalnej w Nowym Jorku:

„Jaki jest związek między Bankiem Rezerwy Federalnej w Nowym Jorku a komisją pieniężną Giełdy Papierów Wartościowych?"

„Nie ma żadnego związku" – odpowiedział prezes Harrison.

„Nie ma żadnej pomocy ani współpracy w ustalaniu kursu w jakikolwiek sposób?", zapytał Willis.

„Nie", odparł gubernator Harrison, „chociaż przy różnych okazjach informują nas o stanie sytuacji pieniężnej i o tym, jaka ich zdaniem powinna być stopa". Było to całkowite zaprzeczenie jego stwierdzenia, że „nie ma żadnego związku". Bank Rezerwy Federalnej w Nowym Jorku, który ustala stopę dyskontową dla innych banków rezerwy, faktycznie utrzymywał ścisły kontakt z komisją pieniężną Giełdy Papierów Wartościowych.

Przesłuchania Izby Reprezentantów w sprawie stabilizacji z 1928 r. jednoznacznie dowiodły, że prezesi Systemu Rezerwy Federalnej prowadzili rozmowy z szefami dużych europejskich banków centralnych. Nawet gdyby kongresmeni znali szczegóły spisku, który miał doprowadzić do Wielkiego Kryzysu w latach 1929–1931, nie mogliby nic zrobić, aby go powstrzymać. Międzynarodowi bankierzy, którzy kontrolowali przepływy złota, mogli narzucić swoją wolę każdemu krajowi, a Stany Zjednoczone były tak samo bezradne jak każdy inny.

Poniżej znajdują się notatki z tych przesłuchań w Izbie Reprezentantów:

> PAN BEEDY: „Zauważyłem na pańskim wykresie, że linie wykazujące najsilniejsze wahania znajdują się w sekcji »Kursy pieniężne w Nowym Jorku«. Gdy kursy pieniężne w dużych miastach rosną i spadają, wydaje się, że kredyty udzielane na inwestycje wykorzystują te zmiany – obecnie dość gwałtowne – podczas gdy przemysł ogólnie nie wydaje się czerpać korzyści z tych gwałtownych zmian, a linia ta jest dość płaska, bez większych wzrostów ani spadków.

GUBERNATOR ADOLPH MILLER: Wszystko to wynikało w mniejszym lub większym stopniu z sytuacji międzynarodowej. Sprzedawali kredyty złote w Nowym Jorku w zamian za salda funtów szterlingów w Londynie.

REPREZENTANT STRONG: (bez związku z Benjaminem): Czy Rada Rezerwy Federalnej ma uprawnienia do przyciągania złota do tego kraju?

E.A. GOLDENWEISER, dyrektor ds. badań w Radzie: Rada Rezerwy Federalnej mogłaby przyciągnąć złoto do tego kraju poprzez podwyższenie stóp procentowych.

GUBERNATOR ADOLPH MILLER: Myślę, że jesteśmy bardzo blisko punktu, w którym wszelkie dalsze troski z naszej strony o kwestie monetarne Europy mogą ulec zmianie. Latem 1927 r. Rada Rezerwy Federalnej rozpoczęła politykę zakupów na otwartym rynku, a następnie obniżyła stopę dyskontową w bankach rezerwowych, aby złagodzić sytuację kredytową i obniżyć koszt pieniądza. Oficjalnymi powodami tej zmiany w polityce kredytowej było to, że pomogłaby ona ustabilizować kursy walutowe i pobudzić eksport złota.

PRZEWODNICZĄCY MCFADDEN: Czy mógłby Pan krótko opowiedzieć, w jaki sposób sprawa ta trafiła do Rady Rezerwy Federalnej i jakie czynniki wpłynęły na ostateczną decyzję?

PREZES ADOLPH MILLER: Zadaje pan pytanie, na które nie jestem w stanie odpowiedzieć.

PRZEWODNICZĄCY MCFADDEN: Być może uda mi się to wyjaśnić – skąd wzięła się sugestia, która spowodowała podjęcie decyzji o zmianie stóp procentowych zeszłego lata?

GUBERNATOR ADOLPH MILLER: Trzy największe banki centralne w Europie wysłały swoich przedstawicieli do tego kraju. Byli to prezes Banku Anglii, pan Hjalmar Schacht, oraz profesor Rist, wiceprezes Banku Francji. Panowie ci odbyli rozmowy z urzędnikami Banku Rezerwy Federalnej w Nowym Jorku. Po tygodniu lub dwóch pojawili się w Waszyngtonie na większą część dnia. Przyjechali wieczorem jednego dnia, a następnego dnia byli gośćmi członków Rady Rezerwy Federalnej, po czym tego samego popołudnia wyjechali do Nowego Jorku.

PRZEWODNICZĄCY MCFADDEN: Czy członkowie Rady byli obecni na tym lunchu?

PREZES ADOLPH MILLER: O tak, lunch został zorganizowany przez prezesów Rady w celu zgromadzenia nas wszystkich.

PRZEWODNICZĄCY MCFADDEN: Czy była to impreza towarzyska, czy też omawiano ważne sprawy?

PREZES MILLER: Powiedziałbym, że było to głównie spotkanie towarzyskie. Osobiście przed lunchem odbyłem długą rozmowę sam na sam z dr. Schachtem, a także dość długą rozmowę z profesorem Ristem. Po lunchu rozpocząłem rozmowę z panem Normanem, do której dołączył prezes Strong z Nowego Jorku.

PRZEWODNICZĄCY MCFADDEN: Czy było to formalne posiedzenie Rady?

GUBERNATOR ADOLPH MILLER: Nie.

PRZEWODNICZĄCY MCFADDEN: Czy była to po prostu nieformalna dyskusja na tematy, które omawiali w Nowym Jorku?

GUBERNATOR MILLER: Tak sądzę. Było to głównie spotkanie towarzyskie. To, co powiedziałem, miało głównie charakter ogólny. Szefowie tych banków centralnych również wypowiadali się ogólnikowo.

PAN KING: Czego chcieli?

GUBERNATOR MILLER: Odpowiadali na pytania bardzo szczerze. Chciałem porozmawiać z panem Normanem, więc obaj zostaliśmy po lunchu, a dołączyli do nas inni zagraniczni przedstawiciele oraz urzędnicy Banku Rezerwowego w Nowym Jorku. Wszyscy ci panowie byli dość zaniepokojeni funkcjonowaniem standardu złota. Dlatego też pragnęli oni, aby rynek pieniężny w Nowym Jorku był luźny, a stopy procentowe niższe, co powstrzymałoby przepływ złota z Europy do tego kraju. Byłoby to bardzo korzystne dla ówczesnej sytuacji monetarnej na arenie międzynarodowej.

PAN BEEDY: Czy doszło do jakiegoś porozumienia między przedstawicielami tych zagranicznych banków a Radą Rezerwy Federalnej lub Bankiem Rezerwy Federalnej w Nowym Jorku?

GUBERNATOR MILLER: Tak.

PAN BEEDY: Nie zostało to oficjalnie zgłoszone?

GUBERNATOR MILLER: Nie. Później odbyło się posiedzenie Komitetu Polityki Rynku Otwartego, komitetu ds. polityki inwestycyjnej Systemu Rezerwy Federalnej, na którym przedstawiono pewne zalecenia. Z tego, co pamiętam, w sierpniu zakupiono papiery wartościowe o wartości około osiemdziesięciu milionów dolarów zgodnie z tym planem.

PRZEWODNICZĄCY MCFADDEN: Czy odbyło się jakieś spotkanie między członkami Komitetu Polityki Otwartego Rynku a tymi bankierami z zagranicy?

GUBERNATOR MILLER: Być może spotkali się z nimi indywidualnie, ale nie jako komitet.

PAN KING: Skąd Komitet Polityki Otwartego Rynku czerpie swoje pomysły?

GUBERNATOR MILLER: Siadają razem i o tym rozmawiają. Nie wiem, czyj to był pomysł. Był to zdecydowanie czas, w którym panował duch współpracy.

PRZEWODNICZĄCY MCFADDEN: Opisał pan tutaj negocjacje o ogromnym znaczeniu.

GUBERNATOR MILLER: Powiedziałbym raczej, że były to rozmowy.

PRZEWODNICZĄCY MCFADDEN: Czy doszło do czegoś konkretnego?

GUBERNATOR MILLER: Tak.

PRZEWODNICZĄCY MCFADDEN: Zmiana polityki całego naszego systemu finansowego, która doprowadziła do jednej z najbardziej niezwykłych sytuacji, z jakimi kiedykolwiek borykał się ten kraj w sferze finansowej (boom spekulacyjny na giełdzie w latach 1927–1929). Wydaje mi się, że sprawa o tak wielkim znaczeniu powinna zostać odnotowana w Waszyngtonie.

GUBERNATOR MILLER: Zgadzam się z panem.

POSEŁ STRONG: Czy nie byłoby dobrze, gdyby istniała dyrektywa, zgodnie z którą uprawnienia przyznane Systemowi Rezerwy Federalnej powinny być wykorzystywane do ciągłej stabilizacji siły nabywczej dolara amerykańskiego, a nie podlegać wpływom interesów Europy?

GUBERNATOR MILLER: Nie zgadzam się z uzyciem terminu „wpływy". Poza tym nie ma czegoś takiego jak stabilizacja dolara amerykańskiego bez stabilizacji wszystkich innych walut opartych na złocie. Są one ze sobą powiązane poprzez standard złota. Inni wybitni ludzie, którzy tu przyjeżdżają, bardzo zręcznie wiedzą, jak podejść do osób tworzących personel Rady Rezerwy Federalnej.

PAN STEAGALL: Czy wizyta tych zagranicznych bankierów spowodowała, że pieniądze w Nowym Jorku stały się tańsze?

GUBERNATOR MILLER: Tak, dokładnie.

PRZEWODNICZĄCY MCFADDEN: Chciałbym zapisać do protokołu wszystkich, którzy uczestniczyli w tym lunchu w Waszyngtonie.

GUBERNATOR MILLER: Oprócz osób, których nazwiska już podałem, obecny był również jeden z młodszych pracowników Banku Francji. Myślę, że byli tam wszyscy członkowie Rady Rezerwy Federalnej. Był tam podsekretarz skarbu Ogden Mills, a także zastępca sekretarza skarbu, pan Schuneman, dwóch lub trzech pracowników Departamentu Stanu oraz pan Warren z Departamentu Spraw Zagranicznych Banku Rezerwy Federalnej w Nowym Jorku. O tak, obecny był również gubernator Strong.

PRZEWODNICZĄCY MCFADDEN: Ta konferencja z udziałem wszystkich tych zagranicznych bankierów oczywiście nie odbyła się przypadkowo. Na czyją sugestię przybyli tu wybitni bankierzy z Niemiec, Francji i Anglii?

PREZES MILLER: Powstała sytuacja, która była wyraźnie kłopotliwa dla Londynu z powodu zbliżającego się wycofania pewnej ilości złota, które zostało odzyskane przez Francję, a które pierwotnie zostało wysłane i zdeponowane w Banku Anglii przez rząd francuski jako kredyt wojenny. W Europie zaczęło narastać napięcie, ponieważ Francja zaczynała porządkować swoje sprawy w celu powrotu do standardu złota. Sytuacja ta wymagała pewnego umiarkującego wpływu.

PAN KING: Kto był siłą napędową, która zgromadziła te osoby?

PREZES MILLER: Nie znam szczegółów tej sprawy.

POSEŁ STRONG: Czy nie można by powiedzieć, że to właśnie ci, którzy chcieli zdobyć złoto, zainicjowali to spotkanie?

GUBERNATOR MILLER: To oni tu przyjechali.

POSEŁ STRONG: Faktem jest, że przyjechali tutaj, odbyli spotkanie, urządzili bankiet, rozmawiali, skłonili Radę Rezerwy Federalnej do obniżenia stopy dyskontowej i dokonania zakupów na otwartym rynku, a następnie zdobyli złoto.

PAN STEAGALL: Czy to prawda, że działanie to ustabilizowało waluty europejskie, a nasze wywróciło do góry nogami?

GUBERNATOR MILLER: Tak, taki był ich zamierzony cel.

PRZEWODNICZĄCY MCFADDEN: Chciałbym zwrócić Państwa uwagę na niedawną konferencję w Paryżu, podczas której pan Goldenweiser, dyrektor ds. badań w Radzie Rezerwy Federalnej, oraz dr Burgess, zastępca agenta Rezerwy Federalnej w Banku Rezerwy Federalnej w Nowym Jorku, prowadzili konsultacje z przedstawicielami innych banków centralnych. Kto zwołał tę konferencję?

GUBERNATOR MILLER: Z tego, co pamiętam, zwołał ją Bank Francji.

GUBERNATOR YOUNG: Nie, to Liga Narodów zwołała to spotkanie.

Tajne spotkanie między gubernatorami Rady Rezerwy Federalnej a szefami europejskich banków centralnych nie zostało zwołane w celu stabilizacji czegokolwiek. Odbyło się ono w celu omówienia najlepszego sposobu na sprowadzenie złota przechowywanego w Stanach Zjednoczonych przez System z powrotem do Europy, aby zmusić narody tego kontynentu do powrotu do standardu złota. Liga Narodów nie zdołała jeszcze tego osiągnąć, a był to cel, dla którego ta organizacja została w ogóle utworzona, ponieważ Senat Stanów Zjednoczonych nie pozwolił

Woodrowowi Wilsonowi zdradzić nas na rzecz międzynarodowego organu monetarnego. Potrzebna była do tego II wojna światowa i Franklin D. Roosevelt. Tymczasem Europa musiała mieć nasze złoto, a System Rezerwy Federalnej jej je dał, o wartości pięciuset milionów dolarów. Wypływ tego złota ze Stanów Zjednoczonych spowodował deflację hossy giełdowej, koniec prosperity gospodarczej lat 20. oraz Wielki Kryzys w latach 1929–1931, najgorszą klęskę, jaka kiedykolwiek dotknęła ten naród. Całkowicie logiczne jest stwierdzenie, że Amerykanie ponieśli ten kryzys jako karę za nieprzystąpienie do Ligi Narodów. Bankierzy wiedzieli, co się stanie, gdy złoto o wartości 500 milionów dolarów zostanie wysłane do Europy w ramach operacji. Chcieli Wielkiego Kryzysu, ponieważ dzięki niemu gospodarka i finanse Stanów Zjednoczonych znalazły się w ich rękach.

Przesłuchania trwają:

PAN BEEDY: „Pan Ebersole z Departamentu Skarbu zakończył swoje przemówienie podczas kolacji, w której uczestniczyliśmy wczoraj wieczorem, stwierdzając, że System Rezerwy Federalnej nie chce stabilizacji, a amerykańscy biznesmeni również jej nie chcą. Chcą oni tych wahań cen, nie tylko papierów wartościowych, ale także towarów, w handlu ogólnie, ponieważ ci, którzy obecnie sprawują kontrolę, czerpią zyski właśnie z tej niestabilności. Jeśli kontrola nad tymi ludźmi nie zostanie przejęta w sposób legalny, może dojść do próby wywołania jej poprzez ogólne wstrząsy, takie jak te, które charakteryzowały społeczeństwo w minionych czasach. Rewolucje były napędzane niezadowoleniem z istniejących warunków, gdzie kontrola znajdowała się w rękach nielicznych, a rachunki płaciła większość.

PRZEWODNICZĄCY MCFADDEN: Mam tutaj list od członka Rady Rezerwy Federalnej, który został wezwany do stawienia się tutaj. Chciałbym, aby został on włączony do protokołu. Jest to list od gubernatora Cunninghama:

Szanowny Panie Przewodniczący:

Przez ostatnie kilka tygodni byłem uwięziony w domu z powodu choroby i obecnie przygotowuję się do spędzenia kilku tygodni poza Waszyngtonem w celu przyspieszenia rekonwalescencji.

Edward H. Cunningham

Jest to odpowiedź na zaproszenie skierowane do niego, aby stawił się przed naszą komisją. Mam również list od George'a Harrisona, zastępcy prezesa Banku Rezerwy Federalnej w Nowym Jorku.

Szanowny Panie Kongresmenie:

Prezes Strong wyruszył w zeszłym tygodniu do Europy. Od początku roku nie czuł się dobrze i chociaż w marcu pojawił się przed Pańską komisją, to wkrótce potem doznał bardzo silnego ataku półpaśca, który mocno nadwyrężył jego nerwy.

George L. Harrison, 19 maja 1928 r.

Pragnę również zapisać do protokołu oświadczenie opublikowane w New York Journal of Commerce z 22 maja 1928 r., pochodzące z Waszyngtonu:

„W dobrze poinformowanych kręgach mówi się, że głównym tematem poruszanym przez prezesa Stronga z Banku Rezerwy Federalnej w Nowym Jorku podczas jego obecnej wizyty w Paryżu jest ustalenie kredytów stabilizacyjnych dla Francji, Rumunii i Jugosławii. Drugą istotną kwestią, którą zajmie się pan Strong, jest ilość złota, jaką Francja ma pobrać z tego kraju".

Dalsze pytania przewodniczącego McFaddena dotyczące dziwnej choroby Benjamina Stronga doprowadziły do następującego zeznania prezesa Charlesa S. Hamlina z Rady Rezerwy Federalnej z 23 maja 1928 r.:

„Wiem tylko, że prezes Strong był bardzo chory i wyjechał do Europy przede wszystkim

z powodów zdrowotnych. Oczywiście dobrze zna różne biura europejskich banków centralnych i bez wątpienia je odwiedzi".

Gubernator Benjamin Strong zmarł kilka tygodni po powrocie z Europy, nie stawiając się przed komisją.

Celem tych przesłuchań przed Komisją Izby Reprezentantów ds. Bankowości i Waluty w 1928 r. było zbadanie konieczności uchwalenia ustawy Stronga, przedstawionej przez przedstawiciela Stronga (nie spokrewnionego z Benjaminem, międzynarodowym bankierem), która przewidywała uprawnienie Systemu Rezerwy

Federalnej do podejmowania działań mających na celu stabilizację siły nabywczej dolara. Była to jedna z obietnic złożonych przez Cartera Glassa i Woodrowa Wilsona, kiedy w 1912 r. przedstawiali Kongresowi ustawę o Rezerwie Federalnej, a taki przepis został faktycznie wprowadzony do ustawy przez senatora Roberta L. Owena, ale Komisja Izby Reprezentantów ds. Bankowości i Waluty pod przewodnictwem Cartera Glassa go usunęła. Handlowcy i spekulanci nie chcieli, aby dolar stał się stabilny, ponieważ nie byliby już w stanie osiągać zysków. Obywatele tego kraju zostali skłonieni do hazardu na giełdzie w latach dwudziestych XX wieku, ponieważ handlowcy stworzyli ogólnokrajową sytuację niestabilności.

Ustawa Stronga z 1928 r. została odrzucona w Kongresie.

Sytuacja finansowa w Stanach Zjednoczonych w latach 20. charakteryzowała się wyłącznie inflacją wartości spekulacyjnych. Była to sytuacja stworzona przez handlowców. Ceny towarów pozostawały niskie, pomimo zawyżonych cen papierów wartościowych na giełdzie.

Nabywcy nie oczekiwali, że ich papiery wartościowe przyniosą dywidendy. Chodziło o to, by zatrzymać je na jakiś czas i sprzedać z zyskiem. To musiało się kiedyś skończyć, jak zauważył Paul Warburg w marcu 1929 roku. Wall Street nie pozwoliła na to, dopóki ludzie nie zainwestowali swoich oszczędności w te zawyżone papiery wartościowe. Byliśmy świadkami spektakularnego zachowania prezydenta Stanów Zjednoczonych, Calvina Coolidge'a, który w 1927 r. pełnił rolę poplecznika operatorów giełdowych, zalecając Amerykanom dalsze zakupy na rynku. Panował niepokój związany z zawyżonymi cenami na rynku, a bankierzy pokazali swoją siłę, nakłaniając prezydenta Stanów Zjednoczonych, sekretarza skarbu oraz przewodniczącego Rady Gubernatorów Systemu Rezerwy Federalnej do wydania oświadczeń, że pożyczki maklerskie nie są zbyt wysokie, a sytuacja na giełdzie jest stabilna.

Irving Fisher ostrzegł nas w 1927 roku, że ciężar stabilizacji cen na całym świecie wkrótce spadnie na Stany Zjednoczone. Jednym z rezultatów II wojny światowej było utworzenie Międzynarodowego Funduszu Walutowego, który miał właśnie to robić. Profesor Gustav Cassel zauważył w tym samym roku, że:

„Spadek cen nie był spontanicznym skutkiem sił pozostających poza naszą kontrolą. Jest to wynik polityki celowo sformułowanej w celu obniżenia cen i nadania wyższej wartości jednostce monetarnej".

Partia Demokratyczna, po uchwaleniu ustawy o Rezerwie Federalnej i doprowadzeniu nas do I wojny światowej, w latach dwudziestych XX wieku przyjęła rolę partii opozycyjnej. Znajdowała się ona na marginesie sceny politycznej i, jak wynika z biografii Bernarda Barucha, w tych trudnych latach utrzymywała się dzięki jego hojnym datkom. O tym, jak daleko od centrum politycznego się znajdowali i jak niewielkie mieli szanse w 1928 r., świadczy punkt oficjalnego programu Partii Demokratycznej przyjętego w Houston 28 czerwca 1928 r.:

„Należy zaprzestać zarządzania Systemem Rezerwy Federalnej z korzyścią dla spekulantów giełdowych. Musi on być zarządzany w sposób z korzyścią dla rolników, pracowników najemnych, kupców, producentów i innych osób zajmujących się konstruktywną działalnością gospodarczą".

Ten idealizm zapewnił porażkę jego protagonistowi, Alowi Smithowi, który został nominowany przez Franklina D. Roosevelta. Kampania przeciwko Alowi Smithowi charakteryzowała się również odwołaniami do nietolerancji religijnej, ponieważ był on katolikiem. Bankierzy podsycali nastroje antykatolickie w całym kraju, aby doprowadzić do wyboru swojego protegowanego z czasów I wojny światowej, Herberta Hoovera.

Zamiast służyć promowaniu stabilności finansowej kraju, jak obiecał Woodrow Wilson w momencie uchwalenia ustawy, Rada Rezerwy Federalnej konsekwentnie promowała niestabilność finansową. W oficjalnym memorandum wydanym przez Radę 13 marca 1939 r. stwierdzono, że:

„Rada Gubernatorów Systemu Rezerwy Federalnej sprzeciwia się wszelkim projektom ustaw, które proponują stabilny poziom cen".

Pod względem politycznym Rada Rezerwy Federalnej została wykorzystana do wsparcia wyborów kandydatów bankierów w latach dwudziestych XX wieku. Magazyn „Literary Digest" z 4 sierpnia 1928 r. napisał, w związku z podwyższeniem przez Radę

Rezerwy Federalnej stopy procentowej do pięciu procent w roku wyborów prezydenckich:

„To odwraca politycznie pożądaną politykę taniego pieniądza z 1927 r. i zapewnia stabilne warunki na giełdzie. Zostało to zaatakowane przez Peoples' Lobby z Waszyngtonu, które stwierdziło, że: »Ta podwyżka w czasie, gdy rolnicy potrzebowali taniego pieniądza na sfinansowanie zbiorów, była bezpośrednim ciosem dla rolników, którzy zaczęli podnosić się na nogi po kryzysie rolnym z lat 1920–1921«.

„The New York World" napisał wówczas:

„Krytyka polityki Rady Rezerwy Federalnej ze strony wielu inwestorów nie wynika z jej prób deflacji rynku akcji, ale z zarzutu, że sama Rada, poprzez zeszłoroczną politykę, jest całkowicie odpowiedzialna za istniejącą inflację na rynku akcji".

W „North American Review" z maja 1929 r. ukazała się miażdżąca analiza pierwszych piętnastu lat funkcjonowania Systemu Rezerwy Federalnej, autorstwa H. Parkera Willisa, zawodowego ekonomisty, który był jednym z autorów ustawy oraz pierwszym sekretarzem Rady w latach 1914–1920. Wyraża on całkowite rozczarowanie.

„Moja pierwsza rozmowa z prezydentem-elektem Wilsonem miała miejsce w 1912 roku. Nasza rozmowa dotyczyła wyłącznie reformy bankowości. Zapytałem, czy jest przekonany, że uda nam się zapewnić odpowiednie prawo oraz w jaki sposób powinniśmy je wdrożyć i egzekwować. Odpowiedział: „Musimy polegać na amerykańskim idealizmie biznesowym". Szukał czegoś, czemu można by zaufać, co dałoby szansę amerykańskiemu idealizmowi. Służyło to sfinansowaniu wojny światowej i zrewidowaniu amerykańskich praktyk bankowych. Element idealizmu, który prezydent zalecał i w który wierzył, że możemy uzyskać w oparciu o zasadę noblesse oblige od amerykańskich bankierów i biznesmenów, nie istniał.

Od czasu uchwalenia ustawy o Rezerwie Federalnej doświadczyliśmy jednej z najpoważniejszych depresji finansowych i rewolucji w naszej historii, tej z lat 1920–1921. Byliśmy świadkami długiego okresu cierpień, a nawet rewolucji w rolnictwie, podczas którego milion rolników opuściło swoje gospodarstwa z powodu trudności związanych z cenami ziemi i dziwnymi warunkami kredytowymi. Przeżyliśmy najrozleglejszy okres upadłości banków, jaki kiedykolwiek znano w tym kraju. Od momentu rozpoczęcia funkcjonowania Systemu Rezerwy Federalnej zamknięto 4500 banków. W niektórych zachodnich miastach zdarzało się, że upadały wszystkie banki w danej społeczności, a niektóre banki upadały wielokrotnie. Nie było dużej różnicy w podatności na upadłość między członkami a niečłonkami Systemu Rezerwy Federalnej.

„Wybór pierwszych członków Rady Rezerwy Federalnej dokonany przez Wilsona nie był szczególnie trafny.

Stanowili oni zróżnicowaną grupę wybraną wyłącznie w celu zaspokojenia interesów tej czy innej potężnej grupy. Nic dziwnego, że mianowani wykorzystywali swoje stanowiska do spłacania długów. Kiedy Rada rozważała uchwałę, zgodnie z którą przyszli członkowie Systemu Rezerwy Federalnej powinni być mianowani wyłącznie na podstawie zasług, ze względu na wykazaną niekompetencję niektórych z nich.

Kontroler John Skelton Williams zgłosił wniosek o skreślenie słowa „wyłącznie", a Rada poparła go w tej kwestii. Włączenie pewnych elementów (Warburg, Strauss itp.) do składu Rady stworzyło okazję do zaspokajania interesów szczególnych, co miało się później okazać katastrofalne.

„Prezydent Wilson popełnił błąd – jak to często bywało – zakładając, że objęcie ważnego stanowiska zmieni osobę je piastującą, a ożywi jej patriotyzm. Rada Rezerwy osiągnęła najniższy poziom w okresie prezydentury Wilsona wraz z mianowaniem członka, którego wybrano ze względu na jego zdolność do pozyskiwania delegatów dla kandydata Demokratów na prezydenta. Jednak poziom ten nie był najniższym osiągniętym za prezydentury Hardinga. Mianował on swojego starego kumpla, D.R. Crissingera, na stanowisko prezesa Rady, a kilka innych bardzo przydatnych polityków na inne stanowiska. Przed śmiercią zrobił wszystko, co w jego mocy, aby zrujnować całe przedsięwzięcie. Od tego czasu system nieustannie podupadał.

„Banki rezerwowe ledwie przyjęły swoją pierwotną formę, gdy stało się jasne, że lokalni bankierzy starali się wykorzystać je jako środek do opieki nad „ulubionymi synami", czyli osobami, które za powszechną zgodą stały się swego rodzaju ogólnym obciążeniem dla społeczności bankowej lub były w różny sposób nieefektywne. Kiedy wybierano dyrektorów banków rezerwowych, bankierzy z prowincji często odmawiali głosowania, a jeśli już głosowali, oddawali swoje głosy zgodnie z wytycznymi korespondentów z miast. W tych okolicznościach popularna lub demokratyczna kontrola nad bankami rezerwowymi była nie do pomyślenia. Rozsądną efektywność można by zapewnić, gdyby władzę przejęli uczciwi ludzie, świadomi swoich obowiązków publicznych. Jeśli tacy ludzie istnieli, nie dostali się do Rady Rezerwy Federalnej. W jednym z dzisiejszych banków rezerwowych kierownictwo spoczywa w rękach człowieka, który nigdy w życiu nie zajmował się faktycznie bankowością, podczas gdy w innej instytucji rezerwowej zarówno gubernator, jak i prezes są byłymi szefami nieistniejących już banków. Naturalnie mają oni wysoki wskaźnik niepowodzeń w swoim okręgu. W większości okręgów poziom wyników, oceniany według dobrych standardów bankowych, jest wśród kadry kierowniczej banków rezerwowych haniebnie niski. Polityka Banku Rezerwy Federalnej w Filadelfii znana jest w systemie jako „banki przyjaciół i krewnych".

„To właśnie podczas osiągania znacznych zysków wojennych ktoś wpadł na pomysł, aby wykorzystać te zyski do zapewnienia sobie niezwykle kosztownych budynków. Dzisiaj banki rezerwowe muszą nieustannie utrzymywać w obiegu cały miliard dolarów swoich środków, aby pokryć własne wydatki w normalnych czasach.

Najlepszym przykładem tego, co System zrobił, a czego nie zrobił, jest doświadczenie, jakie kraj miał ze spekulacją w maju 1929 roku. Trzy lata wcześniej właśnie rozpoczynała się obecna hossa. Jesienią 1926 roku grupa bankierów, wśród których znajdowała się jedna ze światowej sławy postaci, siedziała przy stole w hotelu w Waszyngtonie. Jeden z nich poruszył kwestię, czy niskie stopy dyskontowe Systemu nie zachęcają do spekulacji.

„Tak", odpowiedział słynny bankier, „będą, ale nic na to nie można poradzić. To cena, jaką musimy zapłacić za pomoc dla Europy".

Można by zapytać, czy zachęcanie do spekulacji przez Radę było ceną zapłaconą za pomoc dla Europy, czy też ceną zapłaconą za skłonienie pewnej klasy finansistów do pomocy dla Europy, ale w obu przypadkach sytuacja w Europie nie powinna mieć nic wspólnego z polityką dyskontową Rady. Faktem jest, że banki Rezerwy Federalnej nie mają kontaktu ze społecznością.

„Zwykły człowiek" od Maine po Teksas był stopniowo nakłaniany do inwestowania swoich oszczędności na giełdzie, w wyniku czego rosnąca fala spekulacji, przeprowadzana w coraz szybszym tempie, zalała legalną działalność gospodarczą kraju.

W marcu 1928 r. Roy A. Young, prezes Rady, został wezwany przed komisję senacką.

„Czy uważa pan, że pożyczki maklerskie są zbyt wysokie?", zapytano go.

„Nie jestem w stanie powiedzieć, czy pożyczki maklerskie są zbyt wysokie, czy zbyt niskie" – odpowiedział – „ale jestem pewien, że są udzielane w sposób bezpieczny i konserwatywny".

Sekretarz skarbu Mellon w oficjalnym oświadczeniu zapewnił kraj, że nie są one zbyt wysokie, a Coolidge, korzystając z materiałów dostarczonych mu przez Radę Rezerwy Federalnej, jasno oświadczył krajowi, że nie są one zbyt wysokie. Rada Rezerwy Federalnej, której powierzono obowiązek ochrony interesów przeciętnego obywatela, dołożyła zatem wszelkich starań, aby zapewnić przeciętnego obywatela, że nie powinien się niepokoić o swoje oszczędności. Jednak 2 lutego 1929 r. Rada Rezerwy Federalnej wystosowała pismo skierowane do dyrektorów banków rezerwowych, ostrzegając ich przed poważnym niebezpieczeństwem dalszej spekulacji.

„Czego można było oczekiwać od grupy ludzi, z jakich składała się Rada – ludzi, których jedyną troską było schronienie się pod skrzydłami Banku Anglii, gdy tylko pojawiało się jakiekolwiek ryzyko konfliktu, wykazujących bydlęcy i wilczy apetyt na uznanie i pochwały, a jednocześnie pragnących jedynie „wpasować się" w kręgi „wielkich tego świata", których uważali za panów amerykańskiej finansjery i bankowości?"

H. Parker Willis pominął wszelkie odniesienia do lorda Montague Normana i intryg Banku Anglii, które miały doprowadzić do krachu z 1929 roku i Wielkiego Kryzysu.

ROZDZIAŁ DWUNASTY

WIELKI KRYZYS

R.G. Hawtrey, angielski ekonomista, napisał w marcu 1926 r. w American Economic Review:

„Kiedy inwestycje zagraniczne przewyższają ogólną podaż oszczędności, rynek inwestycyjny musi pokryć nadwyżkę pieniędzmi pożyczonymi od banków. Rozwiązaniem jest kontrola kredytu poprzez podwyższenie stóp bankowych".

Rada Rezerwy Federalnej zastosowała tę kontrolę kredytu, ale nie w 1926 r. i nie jako środek zaradczy. Zastosowano ją dopiero w 1929 r., a stopa została podniesiona jako środek karny, aby wykluczyć wszystkich oprócz wielkich trustów.

Profesor Cassel w „Quarterly Journal of Economics" z sierpnia 1928 r. napisał, że: „Fakt, że bank centralny nie podnosi stopy bankowej zgodnie z rzeczywistą sytuacją na rynku kapitałowym, znacznie wzmacnia cykliczne wahania handlu, ze wszystkimi ich szkodliwymi skutkami dla gospodarki społecznej. Racjonalna regulacja stopy bankowej leży w naszych rękach i może zostać zrealizowana tylko wtedy, gdy dostrzeżemy jej znaczenie i zdecydujemy się na taką politykę.

Dzięki stopie bankowej regulowanej zgodnie z tymi wytycznymi warunki rozwoju cykli koniunkturalnych uległyby radykalnej zmianie, a znane nam cykle koniunkturalne stałyby się rzeczywiście przeszłością".

Jest to najbardziej autorytatywna teza, jaką dotychczas sformułowano, dotycząca tego, że nasze kryzysy gospodarcze są sztucznie wywoływane. Wystąpienie paniki z 1907 r., kryzysu rolnego z 1920 r. oraz Wielkiego Kryzysu z 1929 r. – wszystkie trzy w latach dobrych zbiorów i w okresach krajowej prosperity –

sugeruje, że teza ta nie jest jedynie domysłem. Lord Maynard Keynes zwrócił uwagę, że większość teorii cyklu koniunkturalnego nie uwzględniała w swojej analizie mechanizmów pieniężnych. Każde badanie lub analiza kryzysu, które nie uwzględniałoby takich czynników, jak przepływy złota i presja na waluty obce, byłoby bezużyteczne, jednak amerykańscy ekonomiści zawsze unikali tej kwestii.

Liga Narodów osiągnęła swój cel, jakim było przywrócenie krajów europejskich do standardu złota do 1928 r., ale trzy czwarte światowego złota znajdowało się we Francji i Stanach Zjednoczonych. Problem polegał na tym, jak dostarczyć to złoto do krajów, które potrzebowały go jako podstawy pieniądza i kredytu. Odpowiedzią było działanie Systemu Rezerwy Federalnej.

Po tajnym spotkaniu Rady Rezerwy Federalnej i szefów zagranicznych banków centralnych w 1927 r. banki Rezerwy Federalnej w ciągu kilku miesięcy podwoiły swoje zasoby papierów wartościowych i akceptów rządowych, co spowodowało wywóz złota o wartości 500 milionów dolarów w tym samym roku. Działania rynkowe Systemu spowodowały spadek stóp procentowych na giełdzie papierów wartościowych i wypływ złota z kraju. Cudzoziemcy również skorzystali z tej okazji, aby dokonać znacznych zakupów papierów wartościowych rządu ze względu na niskie stopy procentowe.

„Porozumienie między Bankiem Anglii a władzami Rezerwy Federalnej w Waszyngtonie sprzed wielu miesięcy polegało na tym, że wymusimy eksport 725 milionów złota poprzez obniżenie stóp bankowych tutaj, pomagając w ten sposób w stabilizacji Francji i Europy oraz wprowadzając Francję na standard złota”.[124] (20 kwietnia 1928 r.)

6 lutego 1929 r. Montagu Norman, prezes Banku Anglii, przybył do Waszyngtonu i odbył spotkanie z Andrew Mellonem, sekretarzem skarbu. Zaraz po tej tajemniczej wizycie Rada Rezerwy Federalnej nagle zmieniła swoją politykę i zaczęła stosować wysoką stopę dyskontową, porzucając politykę taniego pieniądza, którą wprowadziła w 1927 r. po innej wizycie Normana. Krach na giełdzie

[124] Clarence W. Barron, *They Told Barron*, Harpers, Nowy Jork, 1930, s. 353.

i deflacja struktury finansowej Amerykanów miały nastąpić w marcu. Aby zapoczątkować ten proces, Paul Warburg wydał oficjalne ostrzeżenie dla inwestorów, aby wycofali się z rynku. W swoim rocznym raporcie dla akcjonariuszy International Acceptance Bank z marca 1929 r. pan Warburg powiedział:

„Jeśli pozwoli się na rozprzestrzenianie się orgii niepohamowanej spekulacji, ostateczny krach z pewnością dotknie nie tylko samych spekulantów, ale spowoduje ogólną depresję obejmującą cały kraj".

Przez trzy lata „nieograniczonej spekulacji" pan Warburg nie uznał za stosowne wypowiadać się na temat sytuacji na giełdzie. Przyjazna mu gazeta, „*The New York Times*", nie tylko poświęciła temu raportowi dwie kolumny na stronie redakcyjnej, ale także skomentowała w artykule redakcyjnym mądrość i głębię spostrzeżeń pana Warburga. Obawy pana Warburga były uzasadnione, ponieważ bańka spekulacyjna na giełdzie posunęła się znacznie dalej, niż zamierzano, a bankierzy obawiali się konsekwencji, gdyby ludzie zorientowali się, co się dzieje. Kiedy ten artykuł w *The New York Times* wywołał nagłą falę wyprzedaży na giełdzie, bankierzy wpadli w panikę i postanowiono nieco uspokoić rynek. W związku z tym National City Bank Warburga wpompował dwadzieścia pięć milionów dolarów w gotówce na rynek pieniężny i odroczył dzień krachu.

Co zadziwiające, informacja o ostatecznej decyzji Rady Rezerwy Federalnej, która doprowadziła do krachu z 1929 roku, pojawiła się właśnie w „*The New York Times*". 20 kwietnia 1929 r. „*The Times*" opublikował artykuł pod tytułem „Tajemnicze spotkanie Federalnej Rady Doradczej w Waszyngtonie". Rada przyjęła uchwały i przekazała je zarządowi, ale ich cel był pilnie strzeżoną tajemnicą. Zarówno zarząd, jak i rada otoczyły obrady atmosferą głębokiej tajemnicy. Dołożono wszelkich starań, aby chronić przebieg tej nadzwyczajnej sesji. Korespondentom gazet udzielano wymijających odpowiedzi.

Tylko najbliższe kręgi „The London Connection" wiedziały, że podczas tego „tajemniczego spotkania" postanowiono położyć kres największemu boomowi spekulacyjnemu w historii Ameryki. Ci, którzy byli wtajemniczeni, zaczęli wyprzedawać wszystkie akcje spekulacyjne i lokować swoje pieniądze w obligacjach rządowych.

Ci, którzy nie mieli dostępu do tych tajnych informacji, a wśród nich byli niektórzy z najbogatszych ludzi w Ameryce, nadal trzymali swoje akcje spekulacyjne i stracili wszystko, co mieli.

W książce „FDR, My Exploited Father-in-Law" pułkownik Curtis B. Dall, który był wówczas maklerem na Wall Street, pisze o krachu: „W rzeczywistości było to zaplanowane »ogolenie« społeczeństwa przez światowe potęgi finansowe, wywołane planowanym nagłym niedoborem podaży pieniądza na żądanie na nowojorskim rynku pieniężnym".[125] Z dnia na dzień System Rezerwy Federalnej podniósł stopę call do dwudziestu procent. Nie mogąc sprostać tej stopie, jedyną alternatywą dla spekulantów było wyskoczenie przez okna.

Stopa procentowa Nowojorskiego Banku Rezerwy Federalnej, która dyktowała krajową stopę procentową, wzrosła do sześciu procent 1 listopada 1929 roku. Po tym, jak inwestorzy zbankrutowali, 8 maja 1931 r. spadła ona do półtora procenta. Kongresman Wright Patman w książce „A Primer On Money" pisze, że w latach 1929–1933 podaż pieniądza zmniejszyła się o osiem miliardów dolarów, co spowodowało, że 11 630 banków z łącznej liczby 26 401 w Stanach Zjednoczonych zbankrutowało i zamknęło swoje podwoje.

Rada Rezerwy Federalnej już 6 lutego 1929 r. ostrzegła akcjonariuszy banków Rezerwy Federalnej, aby wycofali się z rynku, ale nie zadała sobie trudu, aby poinformować o tym resztę społeczeństwa. Nikt nie wiedział, co się dzieje, z wyjątkiem bankierów z Wall Street, którzy kierowali tym wszystkim. Ruch złota był całkowicie niewiarygodny. W „Quarterly Journal of Economics" odnotowano, że:

„Pojawiło się pytanie, nie tylko w tym kraju, ale także w kilku krajach europejskich, czy statystyki celne dokładnie rejestrują przepływy metali szlachetnych, a po przeprowadzeniu dochodzenia zaufanie do tych danych raczej osłabło, niż wzrosło. Na przykład każdy przepływ między Francją a Anglią powinien być rejestrowany w każdym z tych krajów, ale takie porównanie wykazuje średnią roczną rozbieżność wynoszącą pięćdziesiąt

[125] Pułkownik Curtis B. Dall, *F.D.R., My Exploited Father-in-Law*, Liberty Lobby, Waszyngton, 1970.

milionów franków dla Francji i osiemdziesiąt pięć milionów franków dla Anglii. Te ogromne rozbieżności nie są wyjaśnione".

Czcigodny Reginald McKenna stwierdził, że:

„Badanie związków między zmianami w zasobach złota a zmianami poziomu cen pokazuje to, co powinno być oczywiste, ale w żadnym wypadku nie jest uznawane, a mianowicie, że standard złota w żadnym wypadku nie działa automatycznie. Standard złota może być i jest skutecznie zarządzany i kontrolowany z korzyścią dla niewielkiej grupy międzynarodowych handlowców".

W sierpniu 1929 r. Rada Rezerwy Federalnej podniosła stopę procentową do sześciu procent. W następnym miesiącu Bank Anglii podniósł swoją stopę z pięciu i pół procenta do sześciu i pół procenta. Dr Friday w wydaniu „Review of Reviews" z września 1929 r. nie znalazł żadnego uzasadnienia dla działania Rady:

„Oświadczenie Rezerwy Federalnej z 7 sierpnia 1929 r. pokazuje, że nie ma oznak niedoboru na jesienne potrzeby. Zasoby złota są znacznie większe niż w poprzednim roku, a złoto nadal napływa, co powoduje kłopoty finansowe Niemiec i Anglii. Przyczyny działania Rady należy szukać gdzie indziej. Opinii publicznej podano jedynie wskazówkę, że „problem ten sprawił trudności z powodu pewnych szczególnych warunków". Wszystkie powody, które podawał prezes Young, by obniżyć stopę bankową w zeszłym roku, istnieją również teraz. Podwyższenie stopy oznacza nie tylko ryzyko odpływu złota z zagranicy, ale także to, że import tego kruszcu trwa już od czterech miesięcy. Podjęcie jakichkolwiek działań, które to pogłębią, oznacza wzięcie odpowiedzialności za wywołanie światowej deflacji kredytowej".

W ten sposób dochodzimy do wniosku, że System Rezerwy Federalnej był nie tylko odpowiedzialny za I wojnę światową, którą umożliwił, pozwalając Stanom Zjednoczonym finansować aliantów, ale jego polityka doprowadziła również do światowej depresji w latach 1929–1931. Prezes Adolph C. Miller stwierdził podczas senackiego śledztwa w sprawie Rady Rezerwy Federalnej w 1931 roku, że:

„Gdybyśmy nie mieli Systemu Rezerwy Federalnej, nie sądzę, abyśmy mieli tak złą sytuację spekulacyjną, jak ta, z którą mieliśmy do czynienia na początku".

Carter Glass odpowiedział: „Wyraźnie pokazałeś, że Rada Rezerwy Federalnej zapewniła ogromną ekspansję kredytową poprzez te transakcje na otwartym rynku".

Emmanuel Goldenweiser powiedział: „W latach 1928–1929 Rada Rezerwy Federalnej podejmowała próby ograniczenia gwałtownego wzrostu kredytów zabezpieczonych papierami wartościowymi oraz spekulacji na giełdzie. Kontynuacja tej polityki restrykcyjnej została jednak przerwana przez obniżenie stóp wekslowych jesienią 1928 r. i latem 1929 r.".

Zarówno J.P. Morgan, jak i Kuhn, Loeb Co. dysponowały „listami uprzywilejowanych", na których znajdowały się osoby, do których wysyłano z wyprzedzeniem informacje o akcjach przynoszących zyski. Osoby z tych list mogły nabywać te akcje po cenie nabycia, czyli od 2 do 15 punktów za akcję taniej niż cena, po której były one sprzedawane ogółowi społeczeństwa. Osoby z tych list to koledzy bankierzy, wybitni przemysłowcy, wpływowi politycy miejscy, członkowie krajowych komitetów Partii Republikańskiej i Demokratycznej oraz władcy innych krajów. Osoby z tych list zostały powiadomione o nadchodzącym krachu i sprzedały wszystkie akcje z wyjątkiem tzw. akcji o najwyższym ratingu, takich jak General Motors, Dupont itp. Ceny tych akcji również spadły do rekordowo niskiego poziomu, ale wkrótce potem wzrosły. Sposób działania wielkich bankierów w 1929 r. ujawnia artykuł z magazynu „Newsweek" z 30 maja 1936 r., kiedy to mianowany przez Roosevelta Ralph W. Morrison zrezygnował z funkcji w Radzie Rezerwy Federalnej:

„Panuje powszechna opinia, że Rada Rezerwy Federalnej straciła zdolnego człowieka. Sprzedał on swoje akcje teksańskich przedsiębiorstw użyteczności publicznej Insullowi za dziesięć milionów dolarów, a w 1929 roku zwołał spotkanie i nakazał swoim bankom zamknięcie wszystkich kredytów zabezpieczonych papierami wartościowymi do 1 września. W rezultacie przetrwali oni kryzys z wyróżnieniem".

Jak można było przewidzieć, wszyscy wielcy bankierzy przetrwali kryzys „z sukcesem". Ci, którzy ucierpieli, to robotnicy i rolnicy, którzy zainwestowali swoje pieniądze w akcje obiecujące szybkie wzbogacenie się, po tym jak prezydent Stanów

Zjednoczonych Calvin Coolidge i sekretarz skarbu Andrew Mellon przekonali ich do tego.

W Anglii pojawiły się pewne ostrzeżenia o zbliżającym się krachu, których amerykańskie gazety nigdy nie zauważyły. Londyński „Statist" z 25 maja 1929 r. napisał:

„Władze bankowe w Stanach Zjednoczonych najwyraźniej chcą wywołać panikę gospodarczą, aby ograniczyć spekulacje".

Londyński „Economist" z 11 maja 1929 r. napisał:

„Wydarzenia ostatniego roku były początkiem nowej techniki, która, jeśli zostanie utrzymana i rozwinięta, może doprowadzić do „racjonowania spekulantów bez szkody dla handlowców".

Gubernator Charles S. Hamlin zacytował to stwierdzenie podczas przesłuchań w Senacie w 1931 r. i powiedział, potwierdzając je:

„Takie było przekonanie niektórych członków Rady, aby odebrać spekulantom kredyt Rezerwy Federalnej bez szkody dla handlowców".

Prezes Hamlin nie zadał sobie trudu, by zaznaczyć, że „spekulanci", których zamierzał zniszczyć, to nauczyciele i kupcy z małych miasteczek, którzy zainwestowali swoje oszczędności na giełdzie, ani że „handlowcy", których próbował chronić, to wielcy gracze z Wall Street, Bernard Baruch i Paul Warburg.

Kiedy 9 sierpnia 1929 r. Bank Rezerwy Federalnej w Nowym Jorku podniósł stopę procentową do sześciu procent, na rynku zapanowały warunki, które doprowadziły do ogromnej fali zleceń sprzedaży od 24 października do listopada, co spowodowało utratę wartości papierów wartościowych o wartości stu sześćdziesięciu miliardów dolarów. Było to sto sześćdziesiąt miliardów, które obywatele amerykańscy mieli w jednym miesiącu, a w następnym już nie mieli. Można sobie wyobrazić skalę tej katastrofy, jeśli przypomnimy sobie, że nasze ogromne wydatki na pieniądze i towary podczas II wojny światowej wyniosły niewiele ponad 200 miliardów dolarów, a znaczna część tej kwoty pozostała w postaci zbywalnych papierów wartościowych w ramach długu publicznego. Krach na giełdzie jest największym nieszczęściem, jakie kiedykolwiek dotknęło Stany Zjednoczone.

Akademia Nauk Politycznych Uniwersytetu Columbia podczas swojego dorocznego spotkania w styczniu 1930 r. przeprowadziła analizę krachu z 1929 r. Przewodniczyć miał wiceprezydent Paul Warburg, a dyrektor Ogden Mills miał odegrać ważną rolę w dyskusji. Jednak ci dwaj panowie się nie pojawili. Profesor Oliver M.W. Sprague z Uniwersytetu Harvarda skomentował krach następująco:

„Mamy tu do czynienia z pięknym przypadkiem laboratoryjnym, w którym rynek akcji spadł najwyraźniej pod własnym ciężarem".

Zwrócono uwagę, że nie doszło do wyczerpania kredytu, jak w 1893 r., ani do niedoboru gotówki, jak podczas paniki z 1907 r., kiedy to uciekano się do certyfikatów izby rozliczeniowej, ani też do załamania cen towarów, jak w 1920 r. Co zatem spowodowało krach? Ludzie kupowali akcje po wysokich cenach i oczekiwali, że ceny będą nadal rosły. Ceny musiały spaść i spadły. Dla ekonomistów i bankierów zgromadzonych przy brandy i cygarach w Hotelu Astor było oczywiste, że to ludzie ponoszą winę. Z pewnością popełnili błąd, kupując papiery wartościowe z nadmierną premią, ale namówili ich do tego wszyscy czołowi obywatele, począwszy od prezydenta Stanów Zjednoczonych. Każdy magazyn o zasięgu ogólnokrajowym, każda duża gazeta oraz każdy wybitny bankier, ekonomista i polityk włączyli się w wielką grę na zaufaniu, namawiając ludzi do kupowania tych zawyżonych papierów wartościowych. Kiedy w sierpniu 1929 r. Bank Rezerwy Federalnej w Nowym Jorku podniósł stopę procentową do sześciu procent, ludzie zaczęli wycofywać się z rynku, co przerodziło się w panikę, która spowodowała spadek cen papierów wartościowych znacznie poniżej ich naturalnego poziomu. Podobnie jak w przypadku poprzednich panik, umożliwiło to zarówno podmiotom z Wall Street, jak i zagranicznym operatorom posiadającym odpowiednią wiedzę, nabycie papierów wartościowych typu „blue-chip" i „gilt-edged" za ułamek ich rzeczywistej wartości.

Krach z 1929 roku przyniósł również powstanie gigantycznych holdingów, które nabywały te tanie obligacje i papiery wartościowe, takich jak Marine Midland Corporation, Lehman Corporation i Equity Corporation. W 1929 roku firma J.P. Morgan zorganizowała gigantyczny trust spożywczy Standard Brands. Dla operatorów trustów była to niezrównana okazja do powiększenia i konsolidacji swoich udziałów.

Emmanuel Goldenweiser, dyrektor ds. badań w Systemie Rezerwy Federalnej, powiedział w 1947 roku:

„Z perspektywy czasu jasne jest, że Rada powinna była zignorować spekulacyjną ekspansję i pozwolić, by upadła pod własnym ciężarem".

To przyznanie się do błędu osiemnaście lat po wydarzeniu było niewielkim pocieszeniem dla ludzi, którzy stracili swoje oszczędności w wyniku krachu.

Krach na Wall Street w 1929 roku zapoczątkował ogólnoświatową deflację kredytową, która trwała do 1932 roku i z której zachodnie demokracje podniosły się dopiero, gdy rozpoczęły zbrojenia przed II wojną światową. W okresie tej depresji operatorzy trustów umocnili swoją pozycję, wspierając trzech międzynarodowych oszustów: braci Van Sweringen, Samuela Insulla i Ivara Kreugera. Ci ludzie doprowadzili wartość papierów wartościowych o wartości miliardów dolarów do fantastycznych wysokości. Bankierzy, którzy ich promowali i wprowadzali ich akcje na giełdę, mogli ich zatrzymać w dowolnym momencie, żądając spłaty pożyczek o wartości poniżej miliona dolarów, ale pozwolili im działać dalej, aż włączyli wiele aktywów przemysłowych i finansowych do spółek holdingowych, które banki następnie przejęły za bezcen. Insull zgromadził udziały w przedsiębiorstwach użyteczności publicznej na całym Środkowym Zachodzie, które banki nabyły za ułamek ich wartości. Ivar Kreuger był wspierany przez Lee Higginson Company, rzekomo jeden z najbardziej renomowanych domów bankowych w kraju. Saturday Evening Post nazwał go „więcej niż finansowym tytanem", a angielski magazyn Fortnightly napisał w artykule z grudnia 1931 r. pod tytułem „Rozdział o konstruktywnych finansach": „To właśnie jako finansowy nawadniacz Kreuger stał się tak istotny dla Europy".[126]

---

[126] UWAGA: Jak być może pamiętamy, Ivar Kreuger był od czasu do czasu osobistym gościem swojego starego przyjaciela, prezydenta Herberta Hoovera, w Białym Domu. Wydaje się, że Hoover utrzymywał serdeczne stosunki z wieloma najwybitniejszymi oszustami XX wieku, w tym ze swoim partnerem, Emile'em Francqui. Likwidacją wartego miliard dolarów oszustwa Kreugera zajął się Samuel Untermeyer, były doradca prawny komisji Pujo.

„Finansowy nawadniacz" – jak być może pamiętamy – to tytuł nadany Jacobowi Schiffowi przez magazyn Newsweek, gdy opisywał on, w jaki sposób Schiff wykupił amerykańskie linie kolejowe za pieniądze Rotszyldów.

Magazyn „The New Republic" zauważył 25 stycznia 1933 r., komentując fakt, że firma Lee Higginson Company zajmowała się papierami wartościowymi Kreugera i Toll na rynku amerykańskim:

„Zniknęły trzy czwarte miliarda dolarów. Kto był w stanie nakazać francuskiej policji, by przez kilka godzin utrzymywała w tajemnicy wiadomość o tym niezwykle ważnym samobójstwie, podczas których ktoś sprzedał papiery wartościowe Kreugera w dużych ilościach, wychodząc w ten sposób z rynku przed katastrofą?".

Rada Rezerwy Federalnej mogła powstrzymać ogromną ekspansję kredytową Insulla i Kreugera, sprawdzając zabezpieczenia, na podstawie których udzielano im pożyczek, ale gubernatorzy nigdy nie zbadali działalności tych ludzi.

Współczesny bank, dzięki oferowanym przez siebie instrumentom kredytowym, stwarza operatorom takim jak Kreuger nieistniejącą wcześniej możliwość stworzenia pozorów obfitości kapitału przy pomocy kapitału pożyczonego. Umożliwia to spekulantowi kupowanie papierów wartościowych za pomocą papierów wartościowych. Jedynym ograniczeniem kwoty, którą może zgromadzić, jest kwota, jaką banki są skłonne mu zapewnić, a jeśli spekulant jest wspierany przez renomowany dom bankowy, tak jak Kreuger był wspierany przez Lee Higginson Company, jedynym sposobem, aby go powstrzymać, byłoby zbadanie jego rzeczywistych zasobów finansowych, które w przypadku Kreugera okazałyby się zerowe.

Liderem narodu amerykańskiego podczas krachu z 1929 roku i następującej po nim depresji był Herbert Hoover. Po pierwszym załamaniu rynku (pięć miliardów dolarów wartości papierów wartościowych, które zniknęły 24 października 1929 roku) prezydent Hoover powiedział:

„Podstawowa działalność kraju, czyli produkcja i dystrybucja towarów, opiera się na solidnych i prosperujących podstawach".

Jego sekretarz skarbu, Andrew Mellon, oświadczył 25 grudnia 1929 r., że:

„Sytuacja finansowa rządu jest stabilna".

Jego własna firma, Aluminum Company of America, najwyraźniej nie radziła sobie tak dobrze, ponieważ obniżył on wynagrodzenia wszystkich pracowników o dziesięć procent.

„New York Times" doniósł 7 kwietnia 1931 r.: „Montagu Norman, prezes Banku Anglii, odbył dziś tutaj rozmowy z Radą Rezerwy Federalnej. Obecni byli Mellon, Meyer oraz George L. Harrison, prezes Banku Rezerwy Federalnej w Nowym Jorku".

Londyńskie kręgi wysłały tym razem Normana, aby upewnić się, że Wielki Kryzys przebiega zgodnie z planem. Kongresman Louis McFadden skarżył się, jak donosiła gazeta *„The New York Times"* 4 lipca 1930 r.: „Ceny towarów są obniżane do poziomu z 1913 r. Płace są obniżane przez nadwyżkę siły roboczej w postaci czterech milionów bezrobotnych. Kontrola Morgana nad Systemem Rezerwy Federalnej jest sprawowana poprzez kontrolę nad Bankiem Rezerwy Federalnej w Nowym Jorku, przeciętną reprezentację i przychylność Rady Rezerwy Federalnej w Waszyngtonie". W miarę pogłębiania się kryzysu ugruntowała się dominacja trustu nad amerykańską gospodarką, ale nikt nie wskazywał palcem na strony kontrolujące system.

ROZDZIAŁ TRZYNASTE

LATA 30.

W 1930 roku Herbert Hoover mianował do Rady Rezerwy Federalnej swojego starego przyjaciela z czasów I wojny światowej, Eugene'a Meyera Jr., który miał długą historię służby publicznej sięgającą 1915 roku, kiedy to wszedł w spółkę z Bernardem Baruchem w Alaska-Juneau Gold Mining Company. Meyer był specjalnym doradcą Rady Przemysłu Wojennego ds. metali nieżelaznych (złoto, srebro itp.); specjalnym asystentem sekretarza wojny ds. produkcji samolotów; w 1917 r. został powołany do Krajowego Komitetu ds. Oszczędności Wojennych, a w latach 1918–1926 pełnił funkcję prezesa Korporacji Finansów Wojennych. Następnie w latach 1927–1929 był prezesem Federalnej Rady Pożyczek Rolniczych. W 1930 r. Hoover powołał go do Rady Rezerwy Federalnej, a w 1946 r. Franklin D. Roosevelt utworzył Bank Odbudowy i Rozwoju. Meyer musiał być człowiekiem o wyjątkowych zdolnościach, skoro piastował tak wiele ważnych stanowisk. Byli jednak senatorowie, którzy uważali, że nie powinien on zajmować żadnego stanowiska rządowego ze względu na pochodzenie rodzinne związane z międzynarodowym handlem złotem oraz jego tajemnicze operacje dotyczące rządowych papierów wartościowych o wartości miliardów dolarów podczas I wojny światowej. W związku z tym Senat przeprowadził przesłuchania w celu ustalenia, czy Meyer powinien zasiadać w Radzie Rezerwy Federalnej.

Podczas tych przesłuchań przedstawiciel Louis T. McFadden, przewodniczący Komisji Bankowości i Waluty Izby Reprezentantów, powiedział:

„Eugene Meyer Jr. miał swoje własne grono w rządzie od momentu rozpoczęcia pracy w 1917 roku.

„Jego pracownicy z Korporacji Finansowania Wojennego przejęli Federalny System Pożyczek Rolniczych, a niemal natychmiast potem upadły Kansas City Joint Stock Land Bank oraz Ohio Joint Stock Land Bank".

POSEŁ RAINEY: Pan Meyer, kiedy nominalnie zrezygnował ze stanowiska szefa Federalnej Rady Pożyczek Rolniczych, tak naprawdę nie zaprzestał tam swojej działalności Pozostawił po sobie zgrany zespół niszczycieli. Kontynuują oni jego politykę i konsultują się z nim. Przed mianowaniem często konsultował się z zastępcą sekretarza skarbu Deweyem. Tuż przed jego mianowaniem Chicago Joint Land Stock Bank, Dallas Joint Stock Land Bank, Kansas City Joint Land Stock Bank i Des Moines Land Bank funkcjonowały. Ich obligacje sprzedawano po wartości nominalnej. Ówczesny komisarz ds. rolnictwa uzgodnił z sekretarzem Deweyem, że nic nie zostanie zrobione bez zgody i zatwierdzenia Federalnej Rady Pożyczek Rolniczych. Kilka dni później funkcjonariusze federalni, z pistoletami przy pasie, a czasem z wyciągniętymi pistoletami, wkroczyli do tych pięciu banków i zażądali, aby banki zostały im przekazane. Wiadomość o tym, co się stało, rozeszła się po całych Stanach Zjednoczonych za pośrednictwem gazet, a banki te zostały zrujnowane. Doprowadziło to do zerwania stosunków ze starą Federalną Radą ds. Pożyczek Rolniczych, rezygnacji trzech jej członków oraz mianowania pana Meyera na stanowisko przewodniczącego tej Rady.

SENATOR CAREY: Kto upoważnił funkcjonariuszy do przejęcia banków?

REP. RAINEY: Zastępca sekretarza skarbu Dewey. To zapoczątkowało upadek wszystkich tych banków wiejskich, a Gianninis wykupili je w ogromnych ilościach.

W magazynie „World's Work" z lutego 1931 r. napisano:

„Kiedy w 1917 r. rozpoczęła się dla nas wojna światowa, pan Eugene Meyer Jr. był jednym z pierwszych, którzy zostali wezwani do Waszyngtonu. W kwietniu 1918 r. prezydent Wilson mianował go dyrektorem Korporacji Finansów Wojennych. Korporacja ta pożyczyła 700 milionów dolarów instytucjom bankowym i finansowym".

Przesłuchania senackie w sprawie Eugene'a Meyera Jr. były kontynuowane:

KONGRESMAN MCFADDEN: „Lazard Freres, międzynarodowy dom bankowy z siedzibą w Nowym Jorku i Paryżu, był domem bankowym rodziny Meyerów. Często zajmuje się importem i eksportem złota, a jedna z ważnych funkcji Systemu Rezerwy Federalnej wiąże się z przepływami złota w ramach w celu utrzymania własnej działalności. Przeglądając protokół z przesłuchania, które odbyło się w ostatni czwartek, zauważyłem, że senator Fletcher zapytał pana Meyera: „Czy ma pan jakieś powiązania z bankowością międzynarodową?”. Pan Meyer odpowiedział: „Ja? Nie osobiście”. To ostatnie pytanie i odpowiedź nie pojawiają się w stenogramie. Senator Fletcher pamięta, że zadał to pytanie i usłyszał tę odpowiedź. To dziwne pominięcie.

SENATOR BROOKHART: Rozumiem, że pan Meyer przejrzał to w celu wprowadzenia poprawek.

POSEŁ MCFADDEN: Pan Meyer jest szwagrem George'a Blumenthala, członka firmy J.P. Morgan Company, która reprezentuje interesy Rotszyldów. Jest on również oficerem łącznikowym między rządem francuskim a J.P. Morgan. Edmund Platt, któremu pozostało osiem lat z dziesięcioletniej kadencji na stanowisku prezesa Rady Rezerwy Federalnej, zrezygnował, aby zrobić miejsce dla pana Meyera. Platt otrzymał stanowisko wiceprezesa Marine Midland Corporation od szwagra Meyera, Alfreda A. Cooka. Eugene Meyer Jr., jako szef War Finance Corporation, zajmujący się lokowaniem dwóch miliardów dolarów w rządowych papierach wartościowych, złożył wiele z tych zleceń najpierw w domu bankowym znajdującym się obecnie przy 14 Wall Street w imieniu Eugene'a Meyera Jr. Pan Meyer jest obecnie dużym udziałowcem w Allied Chemical Corporation. Zwracam Państwa uwagę na raport Izby Reprezentantów nr 1635, 68. Kongres, 2. sesja, który ujawnia, że co najmniej dwadzieścia cztery miliony dolarów w obligacjach zostało zduplikowanych. Obligacje o wartości dziesięciu miliardów dolarów zostały potajemnie zniszczone. Nasza komisja ds. bankowości i waluty uznała dokumentację War Finance Corporation pod kierownictwem Eugene'a Meyera Jr. za skrajnie wadliwą.

Podczas gdy księgi były przynoszone przed naszą komisję przez osoby, które były ich opiekunami, a nocą zabierane z powrotem do Skarbu Państwa, komisja odkryła, że w stałej dokumentacji dokonywano zmian.

Osiągnięcia w służbie publicznej nie przeszkodziły Eugene'owi Meyerowi Jr. w dalszym służeniu Amerykanom w Radzie Rezerwy Federalnej, jako przewodniczącemu Korporacji Finansowania Odbudowy oraz jako szefowi Banku Międzynarodowego.

Prezes Rand z Marine Midland Corporation, zapytany o swoją nagłą chęć skorzystania z usług Edmunda Platta, powiedział:

„Płacimy panu Plattowi 22 000 dolarów rocznie i oczywiście przejęliśmy jego sekretarkę". Oznaczało to kolejne pięć tysięcy rocznie.

Senator Brookhart wykazał, że Eugene Meyer Jr. zarządzał Federalną Radą Pożyczek Rolniczych wbrew interesom amerykańskich rolników, mówiąc:

„Pan Meyer nigdy nie pożyczył więcej niż 180 milionów dolarów z kapitału zakładowego w wysokości 500 milionów dolarów Federalnej Rady ds. Pożyczek Rolniczych, tak więc pomagając rolnikom, nie był w stanie wykorzystać nawet połowy kapitału".

PAN MEYER: Senator Kenyon napisał do mnie list, w którym wykazał, że współpracowałem z wielką korzyścią dla mieszkańców stanu Iowa.

SENATOR BROOKHART: „Wyszedł pan i zajął stanowisko przeciwne do stanowiska ludzi z Wall Street. Oni zawsze wysyłają kogoś, aby to zrobił. W twoich oświadczeniach nie dostrzegłem jeszcze zbytniego zainteresowania udzielaniem pożyczek rolnikom ani żadnych rzeczywistych wysiłków na rzecz poprawy ich sytuacji. W ciągu dwóch lat, kiedy byłeś szefem Federalnej Rady Pożyczek Rolniczych, udzieliłeś bardzo niewiele pożyczek w porównaniu z posiadanym kapitałem. Według twojego własnego oświadczenia pożyczyłeś tylko jedną ósmą kwoty, o którą wnioskowano".

Pomimo obciążających dowodów ujawnionych podczas tych przesłuchań senackich Eugene Meyer Jr. pozostał w Radzie Rezerwy Federalnej.

W tym tragicznym okresie przewodniczący Komisji Bankowości i Waluty Izby Reprezentantów, Louis McFadden, kontynuował swoją samotną krucjatę przeciwko „London Connection", która zrujnowała naród. 10 czerwca 1932 r. McFadden zwrócił się do Izby Reprezentantów:

„Niektórzy uważają, że banki Rezerwy Federalnej są instytucjami rządu Stanów Zjednoczonych. Nie są to instytucje rządowe. Są to prywatne monopole kredytowe, które żerują na obywatelach Stanów Zjednoczonych dla własnej korzyści i korzyści swoich zagranicznych klientów. Banki Rezerwy Federalnej są agentami zagranicznych banków centralnych. Henry Ford powiedział: „Jedynym celem tych finansistów jest kontrola nad światem poprzez tworzenie nie do spłacenia długów". Prawda jest taka, że Rada Rezerwy Federalnej przejęła władzę nad rządem Stanów Zjednoczonych poprzez arogancki monopol kredytowy, który kieruje Radą Rezerwy Federalnej i bankami Rezerwy Federalnej".

13 stycznia 1932 roku McFadden zgłosił wniosek o postawienie Rady Gubernatorów Rezerwy Federalnej w stan oskarżenia pod zarzutem „spisku kryminalnego":

„Zważywszy, że oskarżam ich, solidarnie, o popełnienie przestępstwa zdradzieckiego spisku i działania przeciwko pokojowi i bezpieczeństwu Stanów Zjednoczonych oraz o zdradziecki spisek mający na celu zniszczenie rządów konstytucyjnych w Stanach Zjednoczonych. Postanawia się, że Komisja Sądownicza jest upoważniona i zobowiązana, jako całość lub w ramach podkomisji, do zbadania oficjalnego postępowania Rady Rezerwy Federalnej i jej przedstawicieli w celu ustalenia, czy w opinii wspomnianej komisji dopuścili się oni jakiejkolwiek poważnej zbrodni lub wykroczenia, które zgodnie z Konstytucją wymagają interwencji konstytucyjnych uprawnień Izby".

Nie podjęto żadnych działań w sprawie tej uchwały. 13 grudnia 1932 r. McFadden powrócił z wnioskiem o postawienie prezydenta Herberta Hoovera w stan oskarżenia. Poparło go w tej sprawie zaledwie pięciu kongresmanów, a uchwała nie została przyjęta.

Republikański lider większości w Izbie Reprezentantów zauważył: „Louis T. McFadden jest teraz politycznie martwy".

23 maja 1933 r. McFadden przedstawił rezolucję Izby Reprezentantów nr 158, zawierającą artykuły oskarżenia przeciwko sekretarzowi skarbu, dwóm zastępcom sekretarza skarbu, Radzie Gubernatorów Rezerwy Federalnej oraz urzędnikom i dyrektorom banków Rezerwy Federalnej za ich winę i zmowę w spowodowaniu Wielkiego Kryzysu. „Oskarżam ich o bezprawne przywłaszczenie sobie ponad 80 miliardów dolarów od rządu Stanów Zjednoczonych w roku 1928, przy czym wspomniane bezprawne przywłaszczenie polegało na bezprawnym odtworzeniu wierzytelności wobec Skarbu Państwa Stanów Zjednoczonych w wysokości ponad 80 miliardów dolarów w roku 1928 oraz w każdym kolejnym roku, a także na okradzeniu rządu Stanów Zjednoczonych i obywateli Stanów Zjednoczonych poprzez kradzież i sprzedaż rezerw złota Stanów Zjednoczonych".

Rezolucja nigdy nie trafiła pod obrady. Waszyngton ogarnęła kampania plotek, że McFadden jest szalony, a w kolejnych wyborach do Kongresu został on miażdżąco pokonany dzięki tysiącom dolarów wpompowanym w jego okręg wyborczy w Canton w Pensylwanii.

W 1932 roku Amerykanie wybrali Franklina D. Roosevelta na prezydenta Stanów Zjednoczonych. Zostało to okrzyknięte wyzwoleniem narodu amerykańskiego od złego wpływu, który doprowadził do Wielkiego Kryzysu, końcem dominacji Wall Street oraz zniknięciem bankierów z Waszyngtonu.

Roosevelt zawdzięczał swoją karierę polityczną szczęśliwemu zbiegowi okoliczności. Jako zastępca sekretarza marynarki wojennej podczas I wojny światowej, dzięki dawnym szkolnym powiązaniom, interweniował, aby zapobiec ściganiu dużej siatki homoseksualistów w marynarce wojennej, w skład której wchodziło kilku kolegów z Groton i Harvardu. To przyniosło mu przychylność zamożnego międzynarodowego środowiska homoseksualnego, które podróżowało między Nowym Jorkiem a Paryżem i któremu przewodniczyła Bessie Marbury, pochodząca z bardzo starej i znanej nowojorskiej rodziny. „Żoną" Bessie, która mieszkała z nią przez wiele lat, była Elsie de Wolfe, później Lady Mendl w „małżeństwie z rozsądku", arbitrem tego międzynarodowego kręgu.

Wciągnęli do swojego kręgu najmłodszą córkę J.P. Morgana, Anne Morgan, i wykorzystali jej fortunę do odrestaurowania Villa Trianon w Paryżu, która stała się ich siedzibą. Podczas I wojny światowej służyła ona jako szpital. Bessie Marbury spodziewała się, że w nagrodę otrzyma od rządu francuskiego Order Legii Honorowej, ale J.P. Morgan Jr., który gardził nią za zepsucie swojej najmłodszej siostry, zwrócił się do rządu francuskiego z prośbą o wstrzymanie przyznania odznaczenia, co też uczyniono. Zrażona tą odmową, Bessie Marbury rzuciła się w wir polityki i stała się potęgą w Partii Demokratycznej. Do swojego kręgu zwerbowała również Eleanor Roosevelt, a podczas wizyty w Hyde Parku Eleanor zwierzyła się, że desperacko szuka zajęcia dla „biednego Franklina", który był przykuty do wózka inwalidzkiego i bardzo się przygnębiał.

„Wiem, co zrobimy" – wykrzyknęła Bessie – „Wystawimy go na gubernatora Nowego Jorku!" Dzięki swojej władzy udało jej się osiągnąć ten cel, a Roosevelt został później prezydentem.

Jednym z mężczyzn, których Roosevelt sprowadził ze sobą z Nowego Jorku jako specjalnego doradcę w Ministerstwie Skarbu, był Earl Bailie z firmy J & W Seligman, który zasłynął jako człowiek, który wręczył łapówkę w wysokości 415 000 dolarów Juanowi Leguii, synowi prezydenta Peru, aby skłonić prezydenta do przyjęcia pożyczki od firmy J & W Seligman. Powołanie to spotkało się z ogromną krytyką, a pan Roosevelt, zgodnie ze swoją nową rolą obrońcy ludu w ramach programu, odesłał Earla Bailiego z powrotem do Nowego Jorku.

Sam Franklin D. Roosevelt był międzynarodowym bankierem o złej reputacji, który w latach 20. XX wieku wprowadził na rynek w tym kraju duże emisje obligacji zagranicznych. Obligacje te stały się niewypłacalne, a nasi obywatele stracili miliony dolarów, ale nadal chcieli, aby pan Roosevelt został prezydentem. W nowojorskim spisie dyrektorów pan Roosevelt figuruje jako prezes i dyrektor United European Investors, Ltd. w latach 1923 i 1924, która wyemitowała w tym kraju wiele milionów marek niemieckich, z których wszystkie stały się niewypłacalne. W katalogu Poor's Directory of Directors figuruje on jako dyrektor The International Germanic Trust Company w 1928 r. Franklin D. Roosevelt był również doradcą Federal International Banking Corporation, angloamerykańskiej organizacji zajmującej się obrotem zagranicznymi papierami wartościowymi w Stanach Zjednoczonych.

Kancelaria prawna Roosevelta, Roosevelt and O'Connor, w latach 20. XX wieku reprezentowała wiele międzynarodowych korporacji. Jego partner w kancelarii, Basil O'Connor, był dyrektorem w następujących korporacjach:

Cuban-American Manganese Corporation, Venezuela-Mexican Oil Corporation, West Indies Sugar Corporation, American Reserve Insurance Corporation, Warm Springs Foundation. Był dyrektorem w innych korporacjach, a później szefem Amerykańskiego Czerwonego Krzyża.

Kiedy Franklin D. Roosevelt objął urząd prezydenta Stanów Zjednoczonych, mianował na stanowisko dyrektora ds. budżetu Jamesa Paula Warburga, syna Paula Warburga oraz wiceprezesa International Acceptance Bank i innych korporacji. Roosevelt mianował sekretarzem skarbu W.H. Woodina, jednego z największych przemysłowców w kraju, dyrektora American Car Foundry Company i wielu innych zakładów produkujących lokomotywy, Remington Arms, The Cuba Company, Consolidated Cuba Railroads oraz innych dużych korporacji. Woodina zastąpił później Henry Morgenthau Jr., syn harlemskiego przedsiębiorcy z branży nieruchomości, który pomógł Woodrowowi Wilsonowi dostać się do Białego Domu. Z takim zespołem obietnice Roosevelta dotyczące radykalnych zmian społecznych miały niewielkie szanse na spełnienie. Jedną z pierwszych rzeczy, jakie zrobił, było ogłoszenie moratorium dla bankierów, aby pomóc im uporządkować dokumentację.

World's Work pisze:

„Kongres pozostawił Charlesowi G. Dawesowi i Eugene'owi Meyerowi Jr. swobodę w ocenie, według własnych metod, zabezpieczeń, jakie mogą zaoferować potencjalni pożyczkobiorcy kapitału w wysokości dwóch miliardów dolarów".

Roosevelt powołał również Komisję Papierów Wartościowych, aby dopilnować, by do gangu z Wall Street nie dostały się żadne nowe twarze, co spowodowało następującą wymianę zdań w Kongresie:

KONGRESMAN WOLCOTT: Podczas przesłuchań przed tą komisją w 1933 roku ekonomiści pokazali nam wykresy, które bez cienia wątpliwości dowodziły, że wartość towarów w dolarach podążała za poziomem cen złota. Tak nie było, prawda?

LEON HENDERSON: Nie. 253

KONGRESMAN GIFFORD: Czy Joe Kennedy nie został mianowany [przewodniczącym Komisji Papierów Wartościowych] przez prezydenta Roosevelta, ponieważ sympatyzował z wielkim biznesem?

LEON HENDERSON: Myślę, że tak.

Paul Einzig zwrócił uwagę w 1935 r., że:

„Prezydent Roosevelt jako pierwszy otwarcie opowiedział się za polityką pieniężną mającą na celu celowe wywołanie wzrostu cen. W negatywnym sensie jego polityka odniosła sukces. W latach 1933–1935 udało mu się zmniejszyć zadłużenie prywatne, ale odbyło się to kosztem wzrostu zadłużenia publicznego".

Innymi słowy, przerzucił ciężar długów z bogatych na biednych, ponieważ bogatych jest niewielu, a biednych wielu.

Senator Robert L. Owen, zeznając przed Komisją Izby Reprezentantów ds. Bankowości i Waluty w 1938 r., powiedział:

„W projekcie ustawy, który przedstawiłem w Senacie 26 czerwca 1913 r., zawarłem zapis, że uprawnienia Systemu powinny być wykorzystywane do promowania stabilnego poziomu cen, co oznaczało dolara o stabilnej sile nabywczej i zdolności do spłaty długów. Zostało to skreślone. Potężne grupy interesów finansowych przejęły kontrolę nad Radą Rezerwy Federalnej za pośrednictwem pana Paula Warburga, pana Alberta Straussa i pana Adolpha C. Millera i udało im się zorganizować to tajne spotkanie 18 maja 1920 r. oraz doprowadzić do tak gwałtownego zaostrzenia polityki kredytowej, że pięć milionów ludzi straciło pracę. W 1920 r. ta Rada Rezerwy celowo wywołała panikę z 1921 r. Ci sami ludzie, nieograniczeni na giełdzie, rozszerzając kredyt do ogromnego nadmiaru w latach 1926–1929, podnieśli ceny akcji do fantastycznego poziomu, na którym nie mogły one w żadnym wypadku przynosić dywidend, a kiedy ludzie to zrozumieli, próbowali się wycofać, co doprowadziło do krachu z 24 października 1929 r.

Senator Owen nie poruszył kwestii, czy Rada Rezerwy Federalnej może być pociągnięta do odpowiedzialności przed społeczeństwem. W rzeczywistości nie może. Są to urzędnicy publiczni mianowani przez prezydenta, ale ich wynagrodzenia są wypłacane przez prywatnych akcjonariuszy banków Rezerwy Federalnej.

Prezes Rady Rezerwy Federalnej W.P.G. Harding zeznał w 1921 r., że:

„Bank Rezerwy Federalnej jest instytucją należącą do banków będących członkami-akcjonariuszami. Rząd nie posiada w nim ani jednego dolara w akcjach".

Jednak rząd udostępnia Systemowi Rezerwy Federalnej miliardy dolarów kredytu, co nadaje Rezerwie Federalnej cechy banku centralnego, czyli uprawnienia do emisji waluty w oparciu o kredyt rządowy. Nie mamy banknotów rządu federalnego ani certyfikatów złota jako waluty. Mamy banknoty Banku Rezerwy Federalnej, emitowane przez banki Rezerwy Federalnej, a każdy wydrukowany przez nie dolar trafia do ich kieszeni.

W. Randolph Burgess z Banku Rezerwy Federalnej w Nowym Jorku stwierdził przed Akademią Nauk Politycznych w 1930 r., że:

„Pod względem głównych zasad działania System Rezerwy Federalnej nie różni się od innych banków emisyjnych, takich jak Bank Anglii, Bank Francji czy Reichsbank".

Wszystkie te banki centralne mają uprawnienia do emisji waluty w swoich krajach. W związku z tym ludzie nie są właścicielami swoich pieniędzy ani w Europie, ani tutaj. Są one drukowane prywatnie dla prywatnego zysku. Ludzie nie mają suwerenności nad swoimi pieniędzmi, a z czasem okazało się, że nie mają jej również w innych ważnych kwestiach politycznych, takich jak polityka zagraniczna.

Jako bank centralny emitujący pieniądze, System Rezerwy Federalnej ma za sobą całe ogromne bogactwo narodu amerykańskiego. Kiedy w 1913 r. rozpoczął działalność, stanowił poważne zagrożenie dla banków centralnych zubożałych krajów

Europy. Ponieważ reprezentował to wielkie bogactwo, przyciągał znacznie więcej złota, niż było to pożądane w latach 20. XX wieku, i było oczywiste, że wkrótce całe złoto świata zostanie zgromadzone w tym kraju. To sprawiłoby, że standard złota stałby się w Europie żartem, ponieważ nie mieliby tam złota, które zabezpieczałoby emisję pieniądza i kredytu. W 1927 roku, po tajnym spotkaniu z szefami zagranicznych banków centralnych, Federalna Rezerwa postawiła sobie za cel odesłanie dużych ilości tego złota z powrotem do Europy, a metody, które zastosowała w tym celu – niskie stopy procentowe i masowe zakupy rządowych papierów wartościowych, które stworzyły ogromne sumy nowego pieniądza – nasiliły spekulacje na giełdzie i sprawiły, że krach giełdowy oraz wynikająca z niego depresja stały się katastrofą narodową.

Ponieważ System Rezerwy Federalnej był winny spowodowania tej katastrofy, można by przypuszczać, że próbowałby ją złagodzić. Jednak w mrocznych latach 1931 i 1932 r. członkowie Rady Rezerwy Federalnej widzieli, jak pogarsza się sytuacja Amerykanów, i nie zrobili nic, aby im pomóc. Było to bardziej zbrodnicze niż sam spisek, który doprowadził do Wielkiego Kryzysu. Każdy, kto przeżył te lata w tym kraju, pamięta powszechne bezrobocie, nędzę i głód naszego społeczeństwa. W dowolnym momencie w tamtych latach Rada Rezerwy Federalnej mogła podjąć działania, aby złagodzić tę sytuację.

Problem polegał na przywróceniu pieniędzy do obiegu. Tak duża część pieniędzy, zwykle wykorzystywanych na opłacenie czynszu i rachunków za żywność, została wchłonięta przez Wall Street, że nie było pieniędzy na prowadzenie codziennego życia. W wielu regionach ludzie drukowali własne pieniądze na drewnie i papierze do użytku w swoich społecznościach, a pieniądze te były dobre, ponieważ stanowiły zobowiązania wobec siebie nawzajem, które ludzie wypełniali.

System Rezerwy Federalnej był bankiem centralnym emitującym pieniądze. Miał on uprawnienia do emisji milionów dolarów i korzystał z nich, gdy było to na korzyść jego właścicieli. Dlaczego nie uczynił tego w latach 1931 i 1932? Bankierzy z Wall Street mieli już dość pana Herberta Hoovera i chcieli, aby Franklin D. Roosevelt wkroczył na falę chwały jako zbawiciel narodu. Dlatego Amerykanie musieli głodować i cierpieć aż do marca 1933 roku, kiedy to Biały Rycerz przybył wraz ze swoją ekipą przekupców z Wall Street i wprowadził trochę pieniędzy do obiegu w systemie rezerw nych. To było wszystko. Gdy tylko pan Roosevelt objął urząd, Rezerwa Federalna zaczęła kupować rządowe papiery wartościowe w tempie dziesięciu milionów dolarów tygodniowo przez dziesięć tygodni i stworzyła sto milionów dolarów nowych pieniędzy, co złagodziło krytyczny niedobór pieniędzy i kredytu, a fabryki znów zaczęły zatrudniać ludzi.

W czasach administracji Roosevelta Rada Rezerwy Federalnej, przynajmniej w oczach opinii publicznej, toczyła się wokół Marrinera Ecclesa, naśladowcy i wielbiciela „Szefa". Eccles był bankierem z Utah, prezesem First Securities Corporation – rodzinnego funduszu inwestycyjnego skupiającego szereg banków, które Eccles nabył po niskich cenach podczas kryzysu rolnego w latach 1920–1921. Eccles był również dyrektorem takich korporacji jak Pet Milk Company, Mountain States Implement Company i Amalgamated Sugar. Jako wielki bankier, Eccles dobrze pasował do grupy wpływowych ludzi, którzy kierowali Rooseveltem.

W Kongresie toczyła się dyskusja na temat tego, czy Eccles powinien zasiadać w Radzie Rezerwy Federalnej, mając jednocześnie wszystkie te banki w Utah, ale zeznał on, że poza pełnieniem funkcji prezesa First Securities Corporation nie ma z nią prawie nic wspólnego, więc został zatwierdzony na stanowisku przewodniczącego Rady.

Eugene Meyer Jr. zrezygnował z członkostwa w Radzie, aby poświęcić więcej czasu na udzielanie pożyczek z kapitału Reconstruction Finance Corporation w wysokości dwóch miliardów dolarów oraz ustalanie wartości zabezpieczeń według własnych metod.

Ustawa bankowa z 1935 r., która znacznie zwiększyła władzę Roosevelta nad finansami kraju, była integralną częścią ustawodawstwa, dzięki któremu zamierzał on przedłużyć swoje rządy w Stanach Zjednoczonych. Nie spotkała się ona z takim sprzeciwem społeczeństwa jak ustawa o odbudowie gospodarczej, ponieważ nie stanowiła tak jawnego naruszenia ich wolności. Był to jednak ważny krok. Przede wszystkim przedłużyła ona kadencję Rady Gubernatorów Rezerwy Federalnej do czternastu lat, czyli trzy i pół razy dłużej niż kadencja prezydenta. Oznaczało to, że prezydent obejmujący urząd, który mógłby być wrogo nastawiony do Rady, nie mógłby powołać do niej większości osób, które byłyby mu przychylne. W ten sposób polityka pieniężna zapoczątkowana przed objęciem urzędu przez prezydenta byłaby kontynuowana niezależnie od jego życzeń.

Ustawa bankowa z 1935 r. uchyliła również klauzulę ustawy bankowej Glass-Steagall z 1933 r., która stanowiła, że dom bankowy nie może być notowany na giełdzie papierów wartościowych i jednocześnie zajmować się bankowością inwestycyjną. Klauzula ta była korzystna, ponieważ uniemożliwiała domowi bankowemu udzielanie pożyczek spółce, której był właścicielem. Należy jednak pamiętać, że klauzula ta przesłaniała inne postanowienia tej ustawy, takie jak utworzenie Federalnej Korporacji Ubezpieczeń Depozytów, zapewniającej środki ubezpieczeniowe w wysokości 150 milionów dolarów w celu zagwarantowania depozytów o wartości piętnastu miliardów dolarów. Zwiększyło to władzę wielkich bankierów nad małymi bankami i dało im kolejny pretekst do ich kontrolowania. Ustawa bankowa z 1933 r. stanowiła również, że wszystkie zyski banków Rezerwy Federalnej muszą zgodnie z prawem trafiać do samych banków. W końcu zniesiono zapis w ustawie, zgodnie z którym rząd miał udział w zyskach. Nigdy nie był on przestrzegany, a wzrost aktywów banków Rezerwy Federalnej z 143 milionów dolarów w 1913 roku do 45 miliardów dolarów w 1949 roku trafił w całości do prywatnych akcjonariuszy tych banków. W ten sposób jedyny konstruktywny przepis ustawy bankowej z 1933 r. został uchylony w 1935 r., a banki Rezerwy Federalnej uzyskały teraz prawo do udzielania bezpośrednich kredytów przemysłowi, konkurując z bankami członkowskimi, które nie miały szans dorównać im pod względem możliwości udzielania dużych kredytów.

Kiedy w 1935 r. uchylono przepis zabraniający bankom angażowania się w bankowość inwestycyjną i prowadzenia działalności na giełdzie papierów wartościowych, dziennikarze zapytali Cartera Glassa, autora tego przepisu:

„Czy to oznacza, że J.P. Morgan może powrócić do bankowości inwestycyjnej?”

„Cóż, dlaczego nie?" – odpowiedział senator Glass. „W całym kraju rozległy się głosy oburzenia, że banki nie udzielają kredytów. Teraz Morganowie mogą wrócić do gwarantowania emisji".

Ponieważ przepis ten był dla nich niekorzystny, bankierzy po prostu wstrzymali udzielanie kredytów do czasu jego uchylenia.

W numerze Newsweeka z 14 marca 1936 r. odnotowano, że:

„Rada Rezerwy Federalnej zwolniła dziewięciu prezesów banków rezerwowych, wyjaśniając, że »zamierza uczynić stanowiska prezesów banków rezerwowych w dużej mierze pracą w niepełnym wymiarze godzin na zasadzie honorowej«".

Był to kolejny przykład centralizacji kontroli w Systemie Rezerwy Federalnej. System okręgów regionalnych nigdy nie odgrywał istotnej roli w zarządzaniu polityką pieniężną, a Rada nie redukowała liczby swoich urzędników poza Waszyngtonem. Przewodniczący Senackiej Komisji ds. Bankowości i Waluty zapytał podczas przesłuchań w sprawie rezerw złota w 1934 r.:

„Czy to nieprawda, gubernatorze Young, że przez ostatnie dwanaście lat sekretarz skarbu dominował w polityce banków Rezerwy Federalnej i Rady Rezerwy Federalnej w zakresie zakupu obligacji Stanów Zjednoczonych?".

Gubernator Young zaprzeczył temu, ale już wcześniej ujawniono, że podczas obu swoich pośpiesznych podróży do tego kraju w 1927 i 1929 r., mających na celu dyktowanie polityki Rezerwy Federalnej, gubernator Banku Anglii Montagu Norman udał się bezpośrednio do sekretarza skarbu Andrew Mellona, aby skłonić go do zakupu rządowych papierów wartościowych na otwartym rynku i rozpoczęcia wyprowadzania złota z tego kraju z powrotem do Europy.

W przesłuchaniach dotyczących rezerw złota wzięły udział również inne osoby, które były bardziej niż tylko przelotnie zainteresowane działaniem Systemu Rezerwy Federalnej. James Paul Warburg, który właśnie wrócił z londyńskiej konferencji ekonomicznej wraz z profesorem O.M.W. Sprague'em i Henrym L. Stimsonem, oświadczył, że jego zdaniem powinniśmy zmodernizować standard złota. Frank Vanderlip zasugerował, aby zlikwidować Radę Rezerwy Federalnej i powołać Federalny Urząd Monetarny. Nie miałoby to żadnego znaczenia dla nowojorskich bankierów, którzy i tak wybraliby personel. Senator Robert L. Owen, wieloletni krytyk systemu, wygłosił następujące oświadczenie:

„Ludzie nie wiedzieli, że banki Rezerwy Federalnej zostały zorganizowane w celu osiągania zysków. Miały one na celu stabilizację podaży kredytu i waluty w kraju. Cel ten nie został osiągnięty. W rzeczywistości od momentu wejścia systemu w życie nastąpiły niezwykle znaczące wahania siły nabywczej pieniądza. Ludzie z Rezerwy Federalnej są wybierani przez duże banki w ramach dyskretnych, niewielkich kampanii i naturalnie kierują się ideałami, które przedstawia się im jako najrozsądniejsze z finansowego punktu widzenia".

Benjamin Anderson, ekonomista z Chase National Bank of New York, powiedział:

„W chwili obecnej, w 1934 roku, mamy 900 milionów dolarów nadwyżki rezerw. W 1924 roku, przy zwiększonych rezerwach o 300 milionów, bardzo szybko uzyskano około trzech lub czterech miliardów w ramach ekspansji kredytowej banków. Te dodatkowe pieniądze zostały wprowadzone do obiegu przez banki Rezerwy Federalnej w 1924 roku poprzez zakup papierów wartościowych rządu i były przyczyną gwałtownej ekspansji kredytowej banków. Banki nadal otrzymywały nadwyżki rezerw, ponieważ napływało więcej złota, a także dlatego, że ilekroć następowało spowolnienie, ludzie z Rezerwy Federalnej wypuszczali na rynek kolejne środki. W 1926 roku nieco się powstrzymali.

W tym roku sytuacja nieco się ustabilizowała. Następnie w 1927 r. wprowadzili mniej niż 300 milionów dodatkowych rezerw, co spowodowało szaleństwo na giełdzie i doprowadziło nas prosto do krachu z 1929 r."

Dr Anderson stwierdził również, że:

„Pieniądze banków Rezerwy Federalnej to pieniądze, które same stworzyły. Kiedy kupują papiery wartościowe rządu, tworzą rezerwy. Płacą za te papiery, wystawiając czeki na siebie, a czeki te trafiają do banków komercyjnych, które z kolei wpłacają je do banków Rezerwy Federalnej – i w ten sposób powstają pieniądze, których wcześniej nie było".

SENATOR BULKLEY: Czy to w ogóle nie zwiększa podaży pieniądza w obiegu?

ANDERSON: Nie.

Oto wyjaśnienie sposobu, w jaki banki Rezerwy Federalnej zwiększyły swoje aktywa z 143 milionów dolarów do 45 miliardów dolarów w ciągu trzydziestu pięciu lat. Nie wyprodukowały one niczego, były przedsiębiorstwami nieprodukcyjnymi, a mimo to osiągnęły ten ogromny zysk, jedynie poprzez tworzenie pieniądza, w 95 procentach w formie kredytu, który nie zwiększył podaży pieniądza w obiegu. Nie zostały one rozdzielone między ludzi w formie wynagrodzeń, ani nie zwiększyły siły nabywczej rolników i robotników. Były to pieniądze kredytowe stworzone przez bankierów dla użytku i zysku bankierów, którzy w ciągu kilku lat powiększyli swoje bogactwo o ponad czterdzieści miliardów dolarów, ponieważ w 1913 roku przejęli kontrolę nad kredytem rządowym poprzez uchwalenie ustawy o Rezerwie Federalnej.

Marriner Eccles również miał wiele do powiedzenia na temat tworzenia pieniądza. Uważał się za ekonomistę i został wprowadzony do służby rządowej przez Stuarta Chase'a i Rexforda Guya Tugwella, dwóch z pierwszych doradców Roosevelta. Eccles był jedyną osobą z otoczenia Roosevelta, która pozostała na stanowisku przez całą kadencję.

Przed Komisją Bankowości i Waluty Izby Reprezentantów 24 czerwca 1941 r. gubernator Eccles powiedział:

„Pieniądze powstają z prawa do emisji pieniądza kredytowego”.

Przekazanie kredytu rządowego prywatnym bankierom w 1913 r. dało im nieograniczone możliwości tworzenia pieniądza. System Rezerwy Federalnej mógł również niszczyć pieniądze w dużych ilościach poprzez operacje otwartego rynku. Eccles powiedział podczas przesłuchań w sprawie srebra w 1939 r.:

„Sprzedając obligacje na otwartym rynku, likwiduje się rezerwy”.

Zlikwidowanie rezerw oznacza zlikwidowanie podstawy emisji pieniądza i kredytu lub zaostrzenie polityki pieniężnej i kredytowej, co zazwyczaj jest dla bankierów jeszcze korzystniejsze niż tworzenie pieniądza. Wycofanie lub zniszczenie pieniądza daje bankierowi natychmiastową i nieograniczoną kontrolę nad sytuacją finansową, ponieważ jest on jedyną osobą posiadającą pieniądze i jedyną osobą mającą uprawnienia do emisji pieniądza w czasie jego niedoboru. Paniki pieniężne z lat 1873, 1893, 1920–1921 i 1929–1931 charakteryzowały się wycofaniem środków płatniczych z obiegu. W kategoriach ekonomicznych nie brzmi to jak coś strasznego, ale gdy oznacza to, że ludzie nie mają pieniędzy na opłacenie czynszu lub zakup żywności, a także gdy oznacza to, że pracodawca musi zwolnić trzy czwarte swoich pracowników, ponieważ nie może pożyczyć pieniędzy na ich wynagrodzenia, ogromna wina bankierów oraz długa historia cierpień i nędzy, za które są odpowiedzialni, sugerują, że żadna kara nie byłaby zbyt surowa za ich zbrodnie przeciwko bliźnim.

30 września 1940 r. gubernator Eccles powiedział:

„Gdyby w naszym systemie pieniężnym nie było długów, nie byłoby pieniędzy".

To trafne stwierdzenie dotyczące naszego systemu pieniężnego. Zamiast być tworzonym przez produkcję ludzi, czyli roczny wzrost dóbr i usług, pieniądz jest tworzony przez bankierów z długów ludzi. Ponieważ jest niewystarczający, podlega dużym wahaniom i jest zasadniczo niestabilny. Wahania te są również źródłem ogromnych zysków. Z tego powodu Rada Rezerwy Federalnej konsekwentnie sprzeciwiała się wszelkim przepisom, które miały na celu stabilizację systemu monetarnego. Jej stanowisko zostało jednoznacznie przedstawione w liście przewodniczącego Ecclesa do senatora Wagnera z 9 marca 1939 r. oraz w memorandum wydanym przez Radę 13 marca 1939 r.

Przewodniczący Eccles napisał, że:

„... informujemy, że Rada Gubernatorów Systemu Rezerwy Federalnej nie popiera uchwalenia ustawy senackiej nr 31, projektu ustawy zmieniającej ustawę o Rezerwie Federalnej, ani żadnego innego aktu prawnego o podobnym charakterze".

W memorandum Rady stwierdzono w „Memorandum w sprawie propozycji utrzymania cen na stałym poziomie":

„Rada Gubernatorów sprzeciwia się wszelkim projektom ustaw, które proponują stabilny poziom cen, argumentując, że ceny nie zależą przede wszystkim od ceny lub kosztu pieniądza; że kontrola

Rady nad pieniądzem nie może być całkowita; oraz że stabilne średnie ceny, nawet jeśli można je osiągnąć poprzez działania urzędowe, nie zapewniłyby trwałego dobrobytu".

Jednak William McChesney Martin, przewodniczący Rady Gubernatorów w 1952 r., powiedział przed Podkomisją ds. Kontroli Długu, Komisją Patmana, 10 marca 1952 r., że „jednym z podstawowych celów ustawy o Rezerwie Federalnej jest ochrona wartości dolara".

Senator Flanders zapytał go: „Czy jest to wyraźnie określone w pierwotnym akcie ustawodawczym ustanawiającym System Rezerwy Federalnej?".

„Nie", odpowiedział pan Martin, „ale wynika to z całej historii legislacyjnej i okoliczności towarzyszących".

Senator Robert L. Owen opowiedział nam, jak zostało to usunięte z pierwotnego tekstu ustawy wbrew jego woli oraz że Rada Gubernatorów sprzeciwiła się takiemu rozwiązaniu. Najwyraźniej pan Martin nie wie o tym.

Stabilne średnie ceny są rzeczywiście niemożliwe, dopóki na giełdzie działają spekulanci, którzy podnoszą i obniżają ceny, aby czerpać zyski dla siebie. Pomimo twierdzenia prezesa Ecclesa, że stabilne średnie ceny nie zapewnią trwałego dobrobytu, mogłyby one w znacznym stopniu przyczynić się do jego osiągnięcia. Człowiek zarabiający 2500 dolarów rocznie nie jest w lepszej sytuacji, jeśli w ciągu roku cena bochenka chleba wzrośnie o pięć centów.

W 1935 roku Eccles powiedział przed Komisją Izby Reprezentantów ds. Bankowości i Waluty:

„Rząd kontroluje rezerwę złota, czyli ma prawo do emisji pieniądza i kredytu, co w znacznym stopniu reguluje strukturę cenową".

Stanowi to niemal bezpośrednią sprzeczność z wypowiedzią Ecclesa z 1939 roku, zgodnie z którą ceny nie zależą przede wszystkim od ceny lub kosztu pieniądza.

W 1935 r. prezes Eccles oświadczył przed komisją Izby Reprezentantów:

„Rada Rezerwy Federalnej ma uprawnienia do prowadzenia operacji otwartego rynku. Operacje otwartego rynku są najważniejszym pojedynczym instrumentem kontroli nad wielkością i kosztem kredytu w tym kraju. Kiedy mówię „kredyt" w tym kontekście, mam na myśli pieniądze, ponieważ zdecydowana większość pieniędzy używanych przez mieszkańców tego kraju ma formę kredytu bankowego lub depozytów bankowych. Kiedy banki Rezerwy Federalnej kupują weksle lub papiery wartościowe na otwartym rynku, zwiększają one ilość pieniądza w obiegu i obniżają jego koszt; a kiedy sprzedają je na otwartym rynku, zmniejszają ilość pieniądza i zwiększają jego koszt. Uprawnienia do prowadzenia tych operacji, które mają wpływ na dobrobyt całego społeczeństwa, muszą być powierzone organowi reprezentującemu interes narodowy".

Zeznania gubernatora Ecclesa ujawniają sedno machiny pieniężnej, którą Paul Warburg ujawnił swoim niedowierzającym kolegom bankierom na wyspie Jekyll w 1910 roku. Większość Amerykanów twierdzi, że nie rozumie, jak działa System Rezerwy Federalnej. Pozostaje to poza zasięgiem zrozumienia nie dlatego, że jest to skomplikowane, ale dlatego, że jest to tak proste. Jeśli oszust podchodzi do ciebie i oferuje zademonstrowanie swojej cudownej maszyny do drukowania pieniędzy, patrzysz, jak wkłada czystą kartkę papieru i wydaje banknot 100 dolarowy. To jest System Rezerwy Federalnej. Następnie oferujesz zakup tej cudownej maszyny do drukowania pieniędzy, ale nie możesz. Jest ona własnością Korporacji Rezerwy Federalnej – prywatnych akcjonariuszy banków Rezerwy Federalnej, których tożsamość można częściowo, ale nie całkowicie, powiązać z „londyńskimi powiązaniami".

Podczas przesłuchań przed Komisją Bankowości i Waluty Izby Reprezentantów 6 czerwca 1960 r. kongresman Wright Patman, przewodniczący komisji, zadał pytania Carlowi E. Allenowi, prezesowi Banku Rezerwy Federalnej w Chicago. (str. 4).

PATMAN: „Panie Allen, kiedy Komitet Otwartego Rynku Rezerwy Federalnej kupuje obligację o wartości miliona dolarów, tworzy pan pieniądze na kredyt narodu, aby zapłacić za tę obligację, prawda?

ALLEN: Zgadza się.

PATMAN: A w tym przypadku kredyt państwa jest reprezentowany przez banknoty Rezerwy Federalnej, prawda? Jeśli banki chcą prawdziwych pieniędzy, to w zamian dają panu banknoty Rezerwy Federalnej, prawda?

ALLEN: Dałoby się to zrobić, ale nikt nie chce banknotów Rezerwy Federalnej.

PATMAN: Nikt ich nie chce, ponieważ banki wolą mieć kredyt jako rezerwy.

To jest najbardziej niewiarygodna część działania Rezerwy Federalnej i taka, którą trudno komukolwiek zrozumieć. Jak jakikolwiek obywatel amerykański może pojąć koncepcję, że w tym kraju są ludzie, którzy mają władzę, by wpisać do księgi, że rząd Stanów Zjednoczonych jest im teraz winien miliard dolarów, i ściągać kapitał oraz odsetki od tej „pożyczki"?

Kongresman Wright Patman opowiada w „The Primer of Money", str. 38, o tym, jak poszedł do banku Rezerwy Federalnej i poprosił o pokazanie obligacji, od których Amerykanie płacą odsetki. Po obejrzeniu obligacji poprosił o pokazanie gotówki, ale mieli tylko księgi i czyste czeki. Patman mówi:

„Gotówka w rzeczywistości nie istnieje i nigdy nie istniała. To, co nazywamy »rezerwami gotówkowymi«, to po prostu wpisy księgowe w księgach rachunkowych banków Rezerwy Federalnej. Wpisy te są tworzone przez banki Rezerwy Federalnej, a następnie przekazywane dalej przez system bankowy".

Peter L. Bernstein w książce *„A Primer on Money, Banking and Gold"* pisze:

„Sztuczka związana z banknotami Rezerwy Federalnej polega na tym, że banki Rezerwy Federalnej nie tracą gotówki, gdy wypłacają tę walutę bankom członkowskim. Banknoty Rezerwy Federalnej nie podlegają wykupowi w niczym innym niż to, co rząd nazywa „prawnym środkiem płatniczym" – czyli pieniędzmi, które wierzyciel musi być skłonny przyjąć od dłużnika w ramach spłaty należnych mu kwot.

Jednak ponieważ wszystkie banknoty Rezerwy Federalnej są z mocy prawa uznane za pieniądz prawny, w rzeczywistości są one wymienne tylko na same siebie... stanowią one niewymienialne zobowiązanie wyemitowane przez banki Rezerwy Federalnej”.[127]

Jak ujął to kongresman Patman: „Dolar stanowi dług w wysokości jednego dolara wobec Systemu Rezerwy Federalnej. Banki Rezerwy Federalnej tworzą pieniądze z powietrza, aby kupować obligacje rządowe od Skarbu Stanów Zjednoczonych, wprowadzając pieniądze do obiegu wraz z odsetkami poprzez księgowe zapisy kredytu czekowego na rzecz Skarbu Stanów Zjednoczonych. Skarb wystawia oprocentowaną obligację na miliard dolarów. Rezerwa Federalna przyznaje Skarbowi Państwa kredyt w wysokości miliarda dolarów na tę obligację i stworzyła z niczego dług w wysokości miliarda dolarów, który Amerykanie są zobowiązani spłacić wraz z odsetkami”. (Money Facts, House Banking and Currency Committee, 1964, s. 9)

Patman kontynuuje:

„Skąd system Rezerwy Federalnej bierze pieniądze, za pomocą których tworzy rezerwy bankowe?

Odpowiedź. Nie otrzymuje pieniędzy, lecz je tworzy. Kiedy Rezerwa Federalna wystawia czek, tworzy pieniądze. Rezerwa Federalna to prawdziwa maszyna do drukowania pieniędzy. Może emitować pieniądze lub wystawiać czeki.

W 1951 roku Bank Rezerwy Federalnej w Nowym Jorku opublikował broszurę zatytułowaną „Dzień pracy w Banku Rezerwy Federalnej w Nowym Jorku”. Na stronie 22 czytamy:

„Oprócz przechowywania pieniędzy istnieje jeszcze jeden, ważniejszy element interesu publicznego w działalności banków: banki mogą „tworzyć” pieniądze. Jednym z najważniejszych czynników, o których należy pamiętać w tym kontekście, jest to, że podaż pieniądza wpływa na ogólny poziom cen – koszty utrzymania. Wskaźnik kosztów utrzymania i podaż pieniądza są ze sobą powiązane”.

Decyzje Rady Rezerwy Federalnej, a raczej decyzje, które mają podejmować na polecenie „nieznanych stron”, wpływają na codzienne życie każdego Amerykanina poprzez wpływ tych decyzji

127 Peter L. Bernstein, *A Primer on Money, Banking and Gold*, Vintage Books, Nowy Jork, 1965, s. 104.

na ceny. Podniesienie stóp procentowych, czyli spowodowanie, że pieniądze stają się „droższe", ogranicza ilość pieniądza dostępnego na rynku, podobnie jak podwyższenie wymogów rezerwowych przez System Rezerwy Federalnej. Sprzedaż obligacji przez Komitet Otwartego Rynku również zmniejsza podaż pieniądza. Kupowanie papierów wartościowych rządu na otwartym rynku „tworzy" więcej pieniędzy, podobnie jak obniżanie stóp procentowych i sprawianie, że pieniądze stają się „tańsze". Jest oczywiste, że wzrost podaży pieniądza przynosi dobrobyt, a jej spadek prowadzi do depresji. Dramatyczny wzrost podaży pieniądza, który przewyższa podaż dóbr, powoduje inflację – „zbyt dużo pieniędzy goni za zbyt małą ilością dóbr". Bardziej ezoterycznym aspektem systemu monetarnego jest „prędkość obiegu", co brzmi znacznie bardziej technicznie, niż jest w rzeczywistości. Jest to tempo, w jakim pieniądze przechodzą z rąk do rąk; jeśli jest to złoto zakopane w ogrodzie chłopa, oznacza to niską prędkość obiegu, spowodowaną brakiem zaufania do gospodarki lub kraju. Bardzo szybka prędkość obiegu, taka jak boom na giełdzie pod koniec lat 20. XX wieku, oznacza szybki obrót, wydawanie i inwestowanie pieniędzy, a wynika to z zaufania, lub nadmiernego zaufania, do gospodarki. Przy wysokiej prędkości obiegu mniejsza podaż pieniądza krąży wśród takiej samej liczby ludzi i towarów, jak większa podaż pieniądza krążyłaby przy wolniejszej prędkości obiegu. Wspominamy o tym, ponieważ na prędkość obiegu, czyli zaufanie do gospodarki, duży wpływ mają również działania Rezerwy Federalnej. Milton Friedman w komentarzu opublikowanym w Newsweeku z 2 maja 1983 r. stwierdza: „Główną funkcją Rezerwy Federalnej jest ustalanie podaży pieniądza. Ma ona uprawnienia do zwiększania lub zmniejszania podaży pieniądza w dowolnym tempie".

To ogromna władza, ponieważ zwiększenie podaży pieniądza może przyczynić się do reelekcji administracji, podczas gdy jej zmniejszenie może doprowadzić do porażki administracji. Friedman krytykuje Rezerwę Federalną, pytając: „Jak to się dzieje, że instytucja, która ma tak słabe wyniki, cieszy się mimo to tak dobrą opinią publiczną, a jej prognozy budzą znaczny zaufanie?".

Wszystkie transakcje otwartego rynku, które mają wpływ na podaż pieniądza, są przeprowadzane na jednym rachunku Systemu przez Bank Rezerwy Federalnej w Nowym Jorku w imieniu wszystkich banków Rezerwy Federalnej i nadzorowane przez urzędnika Banku Rezerwy Federalnej w Nowym Jorku. Konferencje, na których Komitet Otwartego Rynku podejmuje decyzje o kupnie lub sprzedaży papierów wartościowych, pozostają zamknięte dla publiczności, a przebieg obrad również pozostaje tajemnicą. 8 maja 1928 r. „*The New York Times*" poinformował, że Adolph C. Miller, prezes Rady Rezerwy Federalnej, zeznając przed Komisją Bankowości i Waluty Izby Reprezentantów, stwierdził, że zakupy na otwartym rynku i stopy redyskontowe ustalano w drodze „rozmów". W tamtym czasie zakupy na otwartym rynku wynosiły siedemdziesiąt lub osiemdziesiąt milionów dolarów dziennie, a dziś byłyby dziesięciokrotnie wyższe. Są to ogromne sumy, którymi manipuluje się na podstawie zwykłych „rozmów", ale to wszystko, co możemy uzyskać.

Z powodu tych tajemniczych transakcji, które mają wpływ na życie, wolność i szczęście każdego obywatela amerykańskiego, pojawiło się wiele propozycji, takich jak dokument senacki nr 23, przedstawiony przez pana Logana 24 stycznia 1939 r., w którym stwierdzono, że „rząd powinien tworzyć, emitować i wprowadzać do obiegu całą walutę i kredyt potrzebne do zaspokojenia siły nabywczej rządu i konsumentów. Przywilej tworzenia i emisji pieniądza jest nie tylko najwyższą prerogatywą rządu, ale także jego największą szansą twórczą".

21 marca 1960 r. kongresman Wright Patman posłużył się w protokole obrad Kongresu prostą ilustracją pokazującą, w jaki sposób banki „tworzą pieniądze".

„Jeśli wpłacę do banku 100 dolarów, a wymogi dotyczące rezerw obowiązkowych nałożone przez Bank Rezerwy Federalnej wynoszą 20%, bank może udzielić Johnowi Doe pożyczki w wysokości do 80 dolarów. Skąd się bierze te 80 dolarów? Nie pochodzą one z mojej wpłaty w wysokości 100 dolarów; wręcz przeciwnie, bank po prostu zapisuje 80 dolarów na koncie Johna Doe. Bank może nabywać obligacje rządowe w ten sam sposób, po prostu tworząc depozyty na rzecz rządu poprzez. Tworzenie pieniądza jest uprawnieniem banków komercyjnych... Od 1917 roku Rezerwa Federalna przekazała prywatnym bankom czterdzieści sześć miliardów dolarów rezerw".

Jak to się odbywa, najlepiej wyjaśnił gubernator Eccles podczas przesłuchania przed Komisją Izby Reprezentantów ds. Bankowości i Waluty 24 czerwca 1941 r.:

ECCLES: „System bankowy jako całość tworzy i likwiduje depozyty w miarę udzielania kredytów i dokonywania inwestycji, niezależnie od tego, czy kupuje obligacje rządowe, obligacje przedsiębiorstw użyteczności publicznej, czy udziela kredytów rolnikom.

PAN PATMAN: Całkowicie zgadzam się z tym, co pan mówi, panie prezesie, ale faktem pozostaje, że to one stworzyły pieniądze, czyż nie?

ECCLES: Cóż, banki tworzą pieniądze, udzielając kredytów i dokonując inwestycji".

30 września 1941 r. przed tą samą komisją przedstawiciel Patman zapytał gubernatora Ecclesa:

„Skąd wziął pan pieniądze na zakup papierów wartościowych rządu o wartości dwóch miliardów dolarów w 1933 roku?

ECCLES: Stworzyliśmy je.

PAN PATMAN: Z czego?

ECCLES: Z prawa do emisji pieniądza kredytowego.

PAN PATMAN: I nie ma za tym nic, prawda, poza kredytem naszego rządu?

ECCLES: Na tym właśnie polega nasz system pieniężny. Gdyby w naszym systemie pieniężnym nie było długów, nie byłoby żadnych pieniędzy".

17 czerwca 1942 r. gubernator Eccles został przesłuchany przez pana Deweya.

ECCLES: „Chodzi mi o to, że kiedy Rezerwa Federalna przeprowadza operację otwartego rynku, to znaczy, gdy kupuje rządowe papiery wartościowe na otwartym rynku, przekazuje nowe pieniądze w ręce banków, co tworzy bezczynne depozyty.

DEWEY: Nie ma nadwyżek rezerw, które można by wykorzystać w tym celu?

ECCLES: Ilekroć System Rezerwy Federalnej kupuje papiery wartościowe rządu na otwartym rynku lub kupuje je bezpośrednio od Skarbu Państwa, w obu przypadkach właśnie to robi.

DEWEY: Czym zamierzasz je kupić? Zamierzasz stworzyć kredyt?

ECCLES: To wszystko, co kiedykolwiek robiliśmy. Tak właśnie działa System Rezerwy Federalnej. System Rezerwy Federalnej tworzy pieniądze. Jest to bank emisyjny.

Podczas przesłuchania w Izbie Reprezentantów w 1947 r. pan Kolburn zapytał pana Ecclesa:

„Co rozumiesz przez monetyzację długu publicznego?

ECCLES: Mam na myśli tworzenie pieniędzy przez bank poprzez zakup papierów wartościowych rządu. Wszystko powstaje z długu – prywatnego lub publicznego.274

FLETCHER: Panie przewodniczący Eccles, kiedy, pana zdaniem, istnieje możliwość powrotu do wolnego i otwartego rynku, zamiast tego sztywnego i sztucznie kontrolowanego rynku finansowego, który mamy obecnie?

ECCLES: Nigdy. Ani za pana życia, ani za mojego”.

W *magazynie „U.S. News*” z 31 sierpnia 1959 r. cytowany jest kongresman Jerry Voorhis, który pyta sekretarza skarbu Andersona: „Czy to znaczy, że banki, kupując rządowe papiery wartościowe, nie pożyczają depozytów swoich klientów? Że tworzą pieniądze, których używają do kupna tych papierów? ANDERSON: Zgadza się. Banki różnią się od innych instytucji kredytowych. Kiedy kasy oszczędnościowe, firmy ubezpieczeniowe lub spółdzielcze kasy oszczędnościowo-kredytowe udzielają pożyczki, pożyczają dokładnie te pieniądze, które wcześniej wpłacili ich klienci. Ale kiedy bank udziela pożyczki, po prostu dodaje do rachunku depozytowego pożyczkobiorcy w banku kwotę pożyczki. Pieniądze nie są nikomu odbierane. To nowe pieniądze, stworzone przez bank, do użytku pożyczkobiorcy.”

Co dziwne, nigdy nie odbył się proces sądowy dotyczący legalności lub zgodności z konstytucją ustawy o Rezerwie Federalnej. Chociaż opiera się ona na podobnie chwiejnych podstawach jak ustawa o odbudowie gospodarczej (National Recovery Act, NRA), która została zakwestionowana w sprawie Schechter Poultry przeciwko Stanom Zjednoczonym Ameryki, 29 U.S. 495, 55 US 837.842 (1935), NRA została uznana przez Sąd Najwyższy za niezgodną z konstytucją na tej podstawie, że „Kongres nie może zrzec się ani przekazać innym swoich uzasadnionych funkcji ustawodawczych. Kongres nie może zgodnie z Konstytucją delegować swoich uprawnień ustawodawczych na stowarzyszenia lub grupy handlowe lub przemysłowe w celu upoważnienia ich do stanowienia prawa".

Artykuł 1, sekcja 8 Konstytucji stanowi, że „Kongres ma prawo zaciągać pożyczki na kredyt Stanów Zjednoczonych... oraz bić monetę, regulować jej wartość oraz wartość monet obcych, a także ustalać standardy miar i wag". Zgodnie z orzeczeniem w sprawie NRA Kongres nie może przekazać tej władzy Systemowi Rezerwy Federalnej, ani też nie może przekazać mu swoich uprawnień ustawodawczych, aby umożliwić mu ustalanie stopy rezerw bankowych, stopy redyskontowej lub podaży pieniądza. Wszystkie te kwestie są „regulowane" przez Radę Rezerwy Federalnej, która zbiera się na sesjach ustawodawczych w celu rozstrzygnięcia tych spraw i wydania „ustaw" lub rozporządzeń je ustalających.

Druga wojna światowa dała wielkim bankierom, którzy byli właścicielami Systemu Rezerwy Federalnej, szansę na zrzucenie na kraj miliardów dolarów wydrukowanych na początku 1930 roku w ramach największej operacji fałszerstwa w historii, oczywiście wszystko to zalegalizowane przez rząd Roosevelta. Henry Hazlitt pisze w numerze *magazynu Newsweek* z 4 stycznia 1943 roku:

„Pieniądze, które zaczęły pojawiać się w obiegu tydzień temu, 21 grudnia 1942 r., były w pełnym tego słowa znaczeniu pieniądzem z drukarni, czyli pieniądzem, *za którym nie* stoi *żadne zabezpieczenie.* Oświadczenie Rezerwy Federalnej, że „Rada Gubernatorów, po konsultacji z Departamentem Skarbu, upoważniła banki Rezerwy Federalnej do wykorzystania w tym czasie istniejących zapasów waluty wydrukowanej na początku lat trzydziestych, znanej jako „banknoty Rezerwy Federalnej". Powtarzamy, banknoty te nie mają absolutnie żadnego zabezpieczenia".

Gubernator Eccles zeznał również na temat innych interesujących kwestii dotyczących Rezerwy Federalnej i finansów wojennych podczas przesłuchań senackich w sprawie Urzędu Administracji Cen w 1944 r.:

„Pieniądze w obiegu wzrosły z siedmiu miliardów dolarów w ciągu czterech lat do dwudziestu jeden i pół miliarda. W czasie wojny tracimy spore ilości złota. Ponieważ nasz eksport odbywał się głównie na zasadzie lend-lease, przyjmowaliśmy import, za który płaciliśmy w dolarach. Te kraje teraz wypłacają te salda dolarowe w postaci złota.

PAN SMITH: Panie gubernatorze Eccles, jaki cel przyświeca rządom innych państw w ramach tego planowanego programu, w ramach którego mielibyśmy wnieść złoto do międzynarodowego funduszu?

PREZES ECCLES: Chciałbym omówić OPA, a kwestię funduszu stabilizacyjnego zostawić na czas, kiedy będę gotowy, aby się nią zająć.

PAN SMITH: Chwileczkę. Uważam, że ten fundusz ma bardzo duże znaczenie dla tego, o czym dzisiaj rozmawiamy.

PAN FORD: Uważam, że fundusz stabilizacyjny nie ma nic wspólnego z OPA i w związku z tym powinniśmy skupić się na bieżących sprawach.

Kongresmeni nigdy nie zdążyli omówić funduszu stabilizacyjnego, kolejnego rozwiązania, w ramach którego oddalibyśmy zubożałym krajom Europy złoto, które zostało tu wysłane. W 1945 roku Henry Hazlitt, komentując w „*Newsweeku*" z 22 stycznia coroczne orędzie budżetowe Roosevelta skierowane do Kongresu, zacytował słowa Roosevelta:

„W późniejszym terminie zamierzam zaproponować ustawę zmniejszającą obecne wysokie wymogi dotyczące rezerw złota w bankach Rezerwy Federalnej".

Hazlitt zwrócił uwagę, że wymóg rezerwowy nie był wysoki, był po prostu taki sam jak przez ostatnie trzydzieści lat. Celem Roosevelta było uwolnienie większej ilości złota z Systemu Rezerwy Federalnej i udostępnienie go Funduszowi Stabilizacyjnemu, później nazwanemu Międzynarodowym

Funduszem Walutowym, częścią Światowego Banku Odbudowy i Rozwoju, odpowiednikiem Komitetu Finansowego Ligi Narodów, który pochłonąłby suwerenność finansową Stanów Zjednoczonych, gdyby Senat pozwolił nam do niego przystąpić.

ROZDZIAŁ CZTERNASTA

UJAWNIENIE KONGRESOWE

„Polityka pana Volckera jest czymś w rodzaju zagadki" – New York Times

Od 1933 roku, kiedy Eugene Meyer zrezygnował z członkostwa w Radzie Gubernatorów Rezerwy Federalnej, żaden członek międzynarodowych rodzin bankierskich nie zasiadał osobiście w Radzie Gubernatorów. Zdecydowali się oni działać za kulisami poprzez starannie wybranych prezesów Banku Rezerwy Federalnej w Nowym Jorku i innych pracowników.

Obecnym przewodniczącym Rady Gubernatorów Rezerwy Federalnej jest Paul Volcker. Jego nominacja została przyjęta przez jednego ze znanych ekonomistów następującą prognozą: „Wybór Volckera był zdecydowanie najgorszy. Carter powierzył Drakuli kierowanie bankiem krwi. Dla nas oznacza to, że krach i depresja w latach 80. są bardziej pewne niż kiedykolwiek".

Raport badawczy pułkownika E.C. Harwooda z 6 sierpnia 1979 r. przedstawiał bardzo podobny pogląd. „Paul Volcker jest z tej samej gliny, co nieodpowiedzialni finansiści, którzy przez ostatnie pięćdziesiąt lat wprowadzali w błąd działania monetarne tego kraju. Wynik prawdopodobnie będzie równie katastrofalny dla dolara i gospodarki USA".

Pomimo tych ponurych prognoz, raport *„The New York Times"* na temat wyboru Volckera był pełen entuzjazmu. 26 lipca 1979 r. *„The Times"* napisał, że Volcker nauczył się „biznesu" od Roberta

Roosy, obecnie partnera w Brown Brothers Harriman, a podał, że Volcker był członkiem grupy doradczej Roosy w Banku Rezerwy Federalnej w Nowym Jorku, a później w Departamencie Skarbu w administracji Kennedy'ego. „David Rockefeller, prezes Chase, oraz pan Roosa mieli duży wpływ na decyzję pana Cartera o mianowaniu pana Volckera na stanowisko prezesa Rady Rezerwy Federalnej". „*New York Times*" nie zwrócił uwagi na to, że David Rockefeller i Robert Roosa wcześniej wybrali pana Cartera, członka Komisji Trójstronnej, na kandydata Partii Demokratycznej na prezydenta, ani na to, że pan Carter raczej nie odmówiłby mianowania wybranego przez nich Paula Volckera nowym przewodniczącym Rady Rezerwy Federalnej. Nie jest też przesadą przypomnienie, że ten sposób wyboru przewodniczącego Rady Gubernatorów wpisuje się bezpośrednio w linię prerogatyw królewskich sięgających wstecz do pierwotnego porozumienia George'a Peabody'ego z N.M. Rothschildem, do spotkania na wyspie Jekyll oraz do uchwalenia ustawy o Rezerwie Federalnej.

„*The Times*" odnotował, że „wybór Volckera został zatwierdzony przez europejskie banki w Bonn, Frankfurcie i Zurychu". Cytowano wypowiedź Williama Simona, byłego sekretarza skarbu, który nazwał to „wspaniałym wyborem". „*The Times*" odnotował ponadto, że po ogłoszeniu nominacji Volckera indeks Dow wzrósł, odnotowując najlepszy wzrost od trzech tygodni – o 9,73 punktu – a kurs dolara gwałtownie poszedł w górę na rynkach walutowych w kraju i za granicą.

Kim był Volcker, że jego nominacja mogła mieć taki wpływ na giełdę i wartość dolara na rynku walutowym? Reprezentował on najpotężniejszy dom „London Connection", Brown Brothers Harriman, oraz londyńskie domy, które kierowały imperium Rockefellera. 29 lipca 1979 r. „*The Times*" napisał o Volckerze: „Nowy człowiek wytyczy własny kurs".

Przebieg kariery Volckera pokazuje, że było to bzdurą. Jego kurs zawsze wytyczali mu jego panowie w Londynie. Studiował na Uniwersytecie Princeton, uzyskał tytuł magistra na Uniwersytecie Harvarda, a w latach 1951–1952 uczęszczał do London School of Economics, szkoły podyplomowej dla bankierów. Następnie w latach 1952–1957 pracował jako ekonomista w Federalnym Banku Rezerw w Nowym Jorku, w latach 1957–1961 jako ekonomista w Chase Manhattan Bank, w latach 1961–1965 w Departamencie

Skarbu, w latach 1963–1965 jako zastępca podsekretarza ds. monetarnych, a w latach 1969–1974 jako podsekretarz ds. monetarnych. Następnie w latach 1975–1979 pełnił funkcję prezesa Banku Rezerwy Federalnej w Nowym Jorku, po czym Carter, na wniosek Roberta Roosy i Davida Rockefellera, mianował go przewodniczącym Rady Gubernatorów Rezerwy Federalnej. Jego następcą na stanowisku prezesa Banku Rezerwy Federalnej w Nowym Jorku został Anthony Solomon, doktor nauk ekonomicznych Uniwersytetu Harvarda, który w latach 1941–1942 pracował w OPA, a w latach 1942–1946 w rządowej misji finansowej w Iranie. W latach 1951–1961 prowadził firmę produkującą konserwy w Meksyku, w latach 1969–1972 był prezesem International Investment Corp. dla Jugosławii (kraju komunistycznego), a w latach 1977–1980 podsekretarzem ds. monetarnych w Departamencie Skarbu. Krótko mówiąc, przeszłość Solomona była bardzo podobna do przeszłości Paula Volckera.

W wydaniu z 2 grudnia 1981 r. „*The New York Times*" napisał: „Przez lata Rezerwa Federalna była drugą lub trzecią najbardziej tajną instytucją w mieście". Ustawa Sunshine Act z 1976 r. nieco uchyliła zasłonę tajemnicy. Zarząd organizuje obecnie publiczne posiedzenie raz w tygodniu, w środy o godz. 10:00, ale nie w celu omówienia polityki pieniężnej, która nadal jest traktowana jako ściśle tajna i nie podlega publicznej dyskusji". „*The Times*" wspomniał, że podczas posiedzeń Komitetu Otwartego Rynku Solomon i Volcker siedzą razem na czele stołu i przekazują instrukcje, które otrzymali z zagranicy.

Za Volckerem i Solomonem stoi Robert Roosa, sekretarz skarbu w gabinecie cieni Cartera, reprezentujący Brown Brothers Harriman, Komisję Trójstronną, Radę Stosunków Zagranicznych, Bilderbergers oraz Królewski Instytut Ekonomiczny. Jest on członkiem zarządu Fundacji Rockefellera,[128] oraz dyrektorem firm Texaco i American Express. Dr Martin Larson zwraca uwagę, że „międzynarodowe konsorcjum finansistów znane jako Bilderbergers, które spotyka się co roku w ścisłej tajemnicy, aby decydować o losach świata zachodniego, jest tworem sojuszu Rockefeller-Rothschild i że odbyło swoje trzecie spotkanie na wyspie St. Simons, w niewielkiej odległości od wyspy Jekyll".

---

[128] Zob. wykres V.

Larson stwierdza również, że „interesy Rockefellera są ściśle powiązane z Rothschildami i innymi bankami centralnymi”.[129]

18 czerwca 1983 r. prezydent Ronald Reagan zakończył trwające od miesięcy spekulacje, ogłaszając, że ponownie mianuje Paula Volckera na stanowisko przewodniczącego Rady Gubernatorów Rezerwy Federalnej na kolejną czteroletnią kadencję, mimo że kadencja Volckera miała się zakończyć dopiero 6 sierpnia 1983 r. Ponowne mianowanie przez Reagana osoby wyznaczonej przez Cartera wprawiło w zakłopotanie niektórych obserwatorów politycznych, ale najwyraźniej uległ on znacznej presji, na co wskazuje artykuł wstępny w *The Washington Post* z 10 czerwca 1983 r.: „Nie ma nikogo, kto dorównywałby panu Volckerowi zarówno pod względem pozycji politycznej, jak i zrozumienia skomplikowanych sieci tworzących światowy system finansowy”. Anonimowy autor nie podał żadnych dowodów na to, że Volcker jest największym finansistą świata, a jeśli chodzi o jego pozycję polityczną, „*The New York Times*” skomentował 19 czerwca 1983 r.: „Polityka pana Volckera jest czymś w rodzaju zagadki”. Jego „apolityczne” stanowisko jest zgodne z waszyngtońską tradycją „politycznej niezależności Fed”, która jest utrzymywana od wielu lat. Jednak problem zależności Fed od „londyńskich powiązań” nigdy nie był omawiany w Waszyngtonie.

W rzeczywistości Volcker jest bardziej politykiem niż ekonomistą. Po ukończeniu London School of Economics i odkryciu, kto wydaje rozkazy w międzynarodowej społeczności finansowej, Volcker od tamtej pory gra zgodnie z zasadami tej gry. Ani razu nie zawiódł w wykonywaniu poleceń „londyńskiej sieci”.

Czy to naprawdę możliwe, że „Londyńska Klan” istnieje, a ludzie tacy jak Volcker i Solomon otrzymują swoje instrukcje, choćby w sposób przebiegły lub pośredni, od zagranicznych bankierów? Przyjrzyjmy się dowodom – wprawdzie poszlakowym, ale poszlakom, które często wysyłały ludzi do więzienia lub na krzesło elektryczne. John Moody wskazał w 1911 roku, że siedmiu mężczyzn z grupy Morgana, sprzymierzonych z grupą Standard Oil-Kuhn, Loeb, rządziło Stanami Zjednoczonymi. Jakie miejsce zajmują te grupy w dzisiejszym świecie finansów?

---

[129] Zob. wykres I.

W wydaniu z 11 kwietnia 1983 r. *magazyn „U.S. News"* opublikował listę największych holdingów bankowych w Stanach Zjednoczonych pod względem aktywów na dzień 31 grudnia 1982 r. Numerem 1 jest Citicorp z Nowego Jorku z aktywami w wysokości 130 miliardów dolarów. Jest to First National Bank of New York należący do Baker i Morgana, który połączył się z National City Bank w 1955 roku – dwaj z największych nabywców akcji Federal Reserve Bank of New York w 1914 roku. Na trzecim miejscu znajduje się Chase Manhattan z Nowego Jorku z aktywami w wysokości 80,9 mld dolarów. Jest to połączenie Chase i Bank of Manhattan, grupy Rockefellera i Kuhn Loeb, również nabywców akcji Federal Reserve Bank of New York w 1914 r. Na czwartym miejscu znajduje się Manufacturers Hanover z Nowego Jorku z aktywami w wysokości 64 mld dolarów, również nabywca akcji Federal Reserve Bank of New York w 1914 r.. Numer 5 to J.P. Morgan Company z Nowego Jorku, z aktywami o wartości 58,6 mld dolarów i posiadaczem znacznej liczby akcji Banku Rezerwy Federalnej. Na szóstym miejscu jest Chemical Bank z Nowego Jorku, z aktywami o wartości 48,3 mld dolarów, również nabywca akcji Banku Rezerwy Federalnej w 1914 roku. A na jedenastym miejscu znajduje się First Chicago Corporation, czyli First National Bank of Chicago, który był głównym korespondentem banku Morgan-Baker w Nowym Jorku i który wyłonił dwóch pierwszych prezesów Federalnej Rady Doradczej.

Bezpośrednią linię łączącą uczestników konferencji na wyspie Jekyll w 1910 roku z dniem dzisiejszym ilustruje fragment z „A Primer on Money" (Podręcznik o pieniądzach), Komisja ds. Bankowości i Waluty, Izba Reprezentantów Stanów Zjednoczonych, 88. Kongres, 2. sesja, 5 sierpnia 1964 r., str. 75:

„Praktycznym skutkiem wymogu dokonywania wszystkich zakupów na otwartym rynku jest zabieranie pieniędzy podatnikom i przekazywanie ich dealerom. Zmusza to rząd do płacenia opłaty za pożyczanie pieniędzy. Istnieje sześciu dealerów „bankowych": First National City Bank of New York; Chemical Crop. Exchange Bank, Nowy Jork, Morgan Guaranty Trust Co., Nowy Jork, Bankers Trust of New York, First National Bank of Chicago oraz Continental Illinois Bank of Chicago".

Tak więc banki, które otrzymują „opłatę" od wszystkich pieniędzy pożyczonych przez rząd Stanów Zjednoczonych, to te same banki, które zaplanowały ustawę o Rezerwie Federalnej z 1913 roku. Istnieje wiele dowodów wskazujących na obecną dominację tych samych banków, które utworzyły System Rezerwy Federalnej w 1914 roku. Na przykład Warren Brookes pisze na stronie redakcyjnej *The Washington Post* z 6 czerwca 1983 roku:

„Citicorp (National City Bank i First National Bank of New York, połączone w 1955 r.) właśnie odnotował 18,6% zwrotu z kapitału własnego, J.P. Morgan – 17%, Chemical Bank i Bankers Trust – prawie 16%, co stanowi wyjątkową stopę zwrotu".

Są to banki, które nabyły pierwszą emisję akcji Banku Rezerwy Federalnej w 1914 r. i które posiadały pakiet kontrolny w Banku Rezerwy Federalnej w Nowym Jorku, który ustala stopę procentową i jest bankiem odpowiedzialnym za wszystkie operacje otwartego rynku.

Banki te czerpią również stałe zyski z niewytłumaczalnych w inny sposób wahań wzrostu podaży pieniądza i stóp procentowych. Brookes komentuje ponadto, że „rzeczywiste wskaźniki wzrostu podaży pieniądza wahały się od 0 do 17% w kolejnych sześciomiesięcznych okresach przez trzy lata dotknięte recesją. Dwa wskaźniki wzrostu podaży pieniądza, najbardziej cenione przez Miltona Friedmana – M2 i M3 – w rzeczywistości wykazały niewielkie zmiany w ujęciu rok do roku w latach 1972–1982". Mamy więc stopy wzrostu podaży pieniądza wahające się od 0 do 17%, ale brak rzeczywistych zmian w ujęciu rok do roku, co rodzi pytanie, dlaczego nie możemy mieć stabilności wzrostu podaży pieniądza w ciągu całego roku. Odpowiedź jest taka, że to właśnie te wahania przynoszą ogromne zyski, a następne pytanie brzmi: kto je wywołuje? Odpowiedź brzmi: „Londyńska sieć".

Aby odwrócić uwagę od ciągłej kontroli bankierów i ich spadkobierców, którzy w 1913 r. uzyskali rządowy monopol na pieniądze i kredyt w kraju, opłacani propagandyści kontrolowanego monopolu medialnego i środowiska akademickiego nieustannie serwują nowe i coraz bardziej egzotyczne teorie ekonomiczne. W ten sposób James Burnham, jeden z propagandystów National Review, zyskał sławę dzięki absurdalnej teorii „menedżerów". Postulował on, że dawni arbitrzy bogactwa, tacy jak J.P. Morgan, Warburgowie i Rothschildowie, zniknęli ze sceny do 1950 roku, zastąpieni przez nową klasę „menedżerów". Teoria ta, pozbawiona podstaw faktycznych, służyła zamaskowaniu faktu, że ci sami ludzie nadal kontrolowali światowy system monetarny. „Menedżerowie" byli właśnie tym – kadrą kierowniczą, taką jak Volcker, która pełniła rolę figurantów, opłacanych pracowników, którzy otrzymywali wynagrodzenie tylko tak długo, jak długo wykonywali polecenia swoich pracodawców. Burnham pozostaje dobrze opłacanym propagandystą w *National Review*, które wielu wybitnych przywódców, w tym prezydent Reagan, uważa za publikację „konserwatywną".

W latach 1914–1982, w okresie, w którym upadło wiele tysięcy amerykańskich banków, pierwotni nabywcy akcji Banku Rezerwy Federalnej nie tylko przetrwali, ale także umocnili swoją pozycję. A co z „londyńskimi powiązaniami"? Czy nadal istnieją i czy wciąż decydują o gospodarczym losie Stanów Zjednoczonych? *W wydaniu „Washington Post" z* 19 maja 1983 r. ukazał się artykuł z Nairobi w Kenii, poświęcony posiedzeniu Afrykańskiego Banku Rozwoju. „Brytyjski bank inwestycyjny Morgan Grenfell oraz konsorcjum amerykańskich firm Kuhn Loeb, Lehman Brothers International, francuski Lazard Freres i brytyjski Warburg dyskretnie pełnią rolę doradców finansowych dla około dziesięciu afrykańskich państw borykających się z długami".

Są to te same nazwiska, które spotkaliśmy w 1914 roku, wciąż zarządzające finansami świata, przynoszące zyski sobie samym, ale katastrofalne skutki dla wszystkich innych. Być może możemy szukać ulgi u obecnej administracji prezydenta Reagana. Niestety, zanim do niego dotrzemy, musimy przejść przez całą gamę długiej listy jego głównych współpracowników, złożonej z ludzi z J. Henry Schroder, Brown Brothers Harriman i innych czołowych elementów „The London Connection".

Lopez Portillo, prezydent Meksyku, przemawiając we wrześniu 1982 roku przed meksykańskim Kongresem Narodowym, nazwał światowy boom kredytowy ostatniej dekady finansową plagą podobną do Czarnej Śmierci, która ogarnęła Europę w XIV wieku. „Podobnie jak w średniowieczu, niszczy on jeden kraj po drugim. Przenoszą go szczury, a skutkiem jego działania jest bezrobocie i nędza, bankructwa przemysłowe oraz wzbogacanie się dzięki spekulacjom. Lekarstwem przepisywanym przez uzdrowicieli jest przymusowa bezczynność i pozbawianie pacjenta pożywienia".

Magazyn „Forbes" napisał 11 października 1982 r.: „Świat łapie powietrze w poszukiwaniu płynności, nie dlatego, że podaż pieniądza się skurczyła, ale dlatego, że zbyt duża jego część idzie teraz na spłatę starych długów, a nie na finansowanie nowych, produktywnych inwestycji".

Polityka wysokich stóp procentowych i restrykcyjnej polityki pieniężnej okazała się katastrofalna dla Stanów Zjednoczonych. Na początku 1983 r. niewielkie złagodzenie polityki pieniężnej i kredytowej zapowiada pewną ulgę, ale dopóki System Rezerwy Federalnej i jego niewidzialni manipulatorzy będą nadal kontrolować podaż pieniądza, możemy spodziewać się kolejnych problemów. *Magazyn „The Nation"* w wydaniu z 11 grudnia 1982 r., komentując problemy gospodarcze, stwierdził: „Winę za to wszystko ponosi System Rezerwy Federalnej, działający jak zwykle w imieniu międzynarodowego systemu bankowego".

Dowody na to, jak System Rezerwy Federalnej działa w imieniu międzynarodowego systemu bankowego, są obrazowo przedstawione w serii wykresów sporządzonych przez pracowników Komisji ds. Bankowości, Waluty i Mieszkalnictwa Izby Reprezentantów, 94. Kongres, 2. sesja, sierpień 1976 r., „FEDERAL RESERVE DIRECTORS: A STUDY OF CORPORATE AND BANKING INFLUENCE".[130]

[131]Jako wykres V przedstawiamy stronę 49 tego opracowania, pokazującą powiązania między zarządami Davida Rockefellera. Jako wykres VI zamieszczamy stronę 55 tego opracowania, pokazującą powiązania między zarządami Franka R. Millikena, jednego z dyrektorów klasy C w Radzie Dyrektorów Banku Rezerwy Federalnej w Nowym Jorku. Na tym wykresie znajdują się wszystkie główne postacie z naszej opowieści o konferencji na

130 Ze względu na ograniczenia przestrzenne wybrano tylko pięć z siedemdziesięciu pięciu wykresów zawartych w badaniu, z których wszystkie pokazują powiązania między wybitnymi, wpływowymi osobami sprawującymi kontrolę w Systemie Rezerwy Federalnej, aby zilustrować powiązania między członkami zarządu i dyrektorami dwunastu banków Rezerwy Federalnej w 1976 r. a firmami wymienionymi w niniejszej książce.

131 „Trzech dyrektorów klasy C jest mianowanych przez Radę Gubernatorów jako przedstawiciele interesu publicznego jako całości". str. 34, Badanie Kongresowe, 1976.

wyspie Jekyll: Citibank, J.P. Morgan and Company, Kuhn Loeb and Company oraz wiele powiązanych firm. Jako wykres VII zamieszczamy stronę 53 niniejszego opracowania, przedstawiającą powiązania między zarządami innego dyrektora klasy C Banku Rezerwy Federalnej w Nowym Jorku, Alana Pifera. Jako prezes Carnegie Corporation of New York jest powiązany z J. Henry Schroder Trust Company, J. Henry Schroder Banking Corporation, Rockefeller Center, Inc., Bankiem Rezerwy Federalnej w Bostonie, Equitable Life Assurance Society (J.P. Morgan) i innymi. W ten sposób badanie z sierpnia 1976 r. przeprowadzone przez Komisję Izby Reprezentantów ds. Bankowości, Waluty i Mieszkalnictwa przedstawia nam wszystkich głównych bohaterów, którzy działają dziś tak samo, jak w 1914 r.

To 120-stronicowe opracowanie Kongresu szczegółowo opisuje funkcje banków rezerw federalnych w zakresie polityki publicznej, sposób wyboru dyrektorów, kto jest wybierany, czynnik lobbingu w relacjach publicznych, dominację banków i nadzór bankowy oraz powiązania korporacyjne z bankami rezerwowymi. Wykresy posłużyły do zilustrowania stanowisk dyrektorskich klasy A, B i C w każdym banku rezerwowym. Dla każdego oddziału banku opracowano wykres zawierający informacje dotyczące dyrektorów mianowanych przez bank oraz tych mianowanych przez Radę Gubernatorów Systemu Rezerwy Federalnej.

W przedmowie do badania przewodniczący Henry S. Reuss (D-Wis) napisał:

„Komisja ta od wielu lat obserwuje wpływ interesów prywatnych na zasadniczo publiczne obowiązki Systemu Rezerwy Federalnej.

Jak jasno wynika z badania, trudno wyobrazić sobie zarząd agencji publicznej o węższym składzie niż ten, który zgromadzono dla dwunastu banków Systemu Rezerwy Federalnej.

Tylko dwie grupy amerykańskiego społeczeństwa – sektor bankowy i wielki biznes – mają znaczącą reprezentację w zarządach, a często nawet te grupy łączą się poprzez powiązania między zarządami... Nie ma w nich drobnych rolników. Małe przedsiębiorstwa są ledwo widoczne. W zarządach okręgowych nie ma kobiet, a w oddziałach jest ich zaledwie sześć. W całym systemie

– łącznie z zarządami okręgowymi i oddziałowymi – zasiada zaledwie trzynastu członków należących do mniejszości.

Badanie to rodzi istotne pytanie dotyczące często powtarzanego przez Rezerwę Federalną twierdzenia o „niezależności". Można by zapytać: niezależności od czego? Z pewnością nie od bankowości ani wielkiego biznesu, jeśli mamy oceniać na podstawie ogromnych powiązań ujawnionych przez tę analizę rad okręgowych.

Dominacja wielkiego biznesu i sektora bankowego w Systemie Rezerwy Federalnej, o której mowa w niniejszym raporcie, wynika częściowo z pierwotnej ustawy o Rezerwie Federalnej, która przyznała bankom komercyjnym będącym członkami prawa do wyboru dwóch trzecich członków zarządu każdego banku okręgowego. Jednak Rada Gubernatorów w Waszyngtonie musi ponosić współodpowiedzialność za tę nierównowagę. To ona mianuje tzw. „publicznych" członków zarządów każdego banku okręgowego, a nominacje te w dużej mierze odzwierciedlają te same wąskie interesy, co członkowie wybierani przez banki... Dopóki nie przeprowadzimy podstawowych reform, System Rezerwy Federalnej będzie miał utrudnione wypełnianie swoich publicznych obowiązków jako agencji stabilizacji gospodarczej i regulacji bankowej. Mandat Systemu jest zbyt istotny dla dobra kraju, by pozostawić tak dużą część jego mechanizmów pod kontrolą wąskich interesów prywatnych.

Koncentracja władzy gospodarczej i finansowej w Stanach Zjednoczonych posunęła się za daleko".

W części tekstu zatytułowanej „System klubowy" komisja zauważyła:

„To podejście oparte na „klubach" sprawia, że Rezerwa Federalna konsekwentnie czerpie z tych samych źródeł – tych samych firm, tych samych uniwersytetów, tych samych holdingów bankowych – aby obsadzać stanowiska dyrektorów".

Wyniki tego badania kongresowego są następujące:

„Wiele z wymienionych w tych tabelach firm, jak wspomniano wcześniej, ma liczne powiązania z Systemem Rezerwy Federalnej. First Bank Systems; Southeast Banking Corporation; Federated Department Stores; Westinghouse Electric Corporation; Proctor and Gamble; Alcoa; Honeywell, Inc.; Kennecott Copper; Owens-

Corning Fiberglass – wszystkie mają co najmniej dwóch dyrektorów powiązanych z bankami okręgowymi lub oddziałami.

Podsumowując, dyrektorzy Rezerwy Federalnej są najwyraźniej przedstawicielami niewielkiej elitarnej grupy, która dominuje w znacznej części życia gospodarczego tego kraju".

KONIEC RAPORTU KONGRESOWEGO.

DODATEK

Według stanu na godz. 11:05 we wtorek, 26 lipca 1983 r., lista banków członkowskich posiadających akcje *Banku Rezerwy Federalnej w Nowym Jorku* obejmuje dwadzieścia siedem banków z Nowego Jorku. Poniżej podano liczbę akcji posiadanych przez dziesięć z tych banków, stanowiących 66% całkowitej liczby akcji w obrocie, a mianowicie 7 005 700:

	Akcje	**Procent**
Bankers Trust Company	438 831	(6%)
Bank of New York	141 482	(2%)
Chase Manhattan Bank	1 011 862	(14%)
Chemical Bank	544 962	(8%)
Citibank	1 090 813	(15%)
European American Bank & Trust	127 800	(2%)
J. Henry Schroder Bank & Trust	37 493	(5%)
Manufacturers Hanover	509 852	(7%)
Morgan Guaranty Trust	655 443	(9%)
National Bank of North America	105 600	(2%)

Ogromna liczba akcji posiadanych obecnie w porównaniu z pierwotnymi zakupami w 1914 r. wynika z sekcji 5 pierwotnej ustawy o Rezerwie Federalnej, która wymagała od banków członkowskich zakupu i posiadania akcji w okręgowym banku Rezerwy Federalnej w wysokości 6% ich kapitału i nadwyżki.

Obecnie akcje posiadane przez pięć z wyżej wymienionych banków stanowią 53% wszystkich ***akcji Banku Rezerwy***

Federalnej w Nowym Jorku. Analiza głównych akcjonariuszy banków w Nowym Jorku wyraźnie pokazuje, że kilka rodzin, powiązanych więzami krwi, małżeńskimi lub interesami biznesowymi, nadal kontroluje banki w Nowym Jorku, które z kolei posiadają pakiet kontrolny akcji Banku Rezerwy Federalnej w Nowym Jorku.

Warto zauważyć, że trzy z banków posiadających akcje Banku Rezerwy Federalnej w Nowym Jorku, w liczbie 270 893 akcji, *są spółkami zależnymi banków zagranicznych.*

- J. Henry Schroder Bank and Trust jest wymieniony przez agencję Standard & Poor's jako spółka zależna londyńskiej firmy Schroders Ltd.
- National Bank of North America jest spółką zależną National Westminster Bank, jednego z londyńskiej „wielkiej piątki".
- European American Bank jest spółką zależną European American Bank, Bahamas, LTD.

Warto zauważyć, że wśród dyrektorów European American Bank & Trust znajdują się:

- Milton F. Rosenthal, prezes i dyrektor operacyjny międzynarodowej firmy zajmującej się złotem, Engelhard Minerals and Chemical;
- Hamilton F. Potter, partner w Sullivan and Cromwell (prawnicy J. Henry Schroder Bank & Trust);
- Edward H. Tuck, partner w kancelarii Shearman and Sterling (prawnicy Citibanku);
- F.H. Ulrich i Hans Liebkutsch, dyrektorzy zarządzający gigantycznego Midland Bank of London, jednego z „Wielkiej Piątki"; oraz
- Roger Alloo, Paul-Emmanuel Janssen i Maurice Laure z Societe Generale de Banque (Bruksela, Belgia).

Informacje te, zaczerpnięte z najnowszego wydania zestawienia udostępnionego przez *Radę Gubernatorów Systemu Rezerwy Federalnej*, są przytoczone jako aktualny dowód wskazujący, że pakiet kontrolny w Banku Rezerwy Federalnej w Nowym Jorku, który ustala stopy procentowe i skalę operacji dla *całego Systemu Rezerwy Federalnej*, znajduje się pod silnym wpływem banków bezpośrednio kontrolowanych przez „*The London* Connection”, czyli Bank Anglii kontrolowany przez Rotszyldów.

ZAŁĄCZNIK I

- E.C. Knuth w książce The Empire of the City, wydanej prywatnie w 1946 r., na str. 27, odnosi się do „Banku Anglii, pełnoprawnego partnera administracji amerykańskiej w prowadzeniu spraw finansowych całego świata" i cytuje Encyclopaedia Americana, wydanie z 1943 r.
- Barron cytuje lorda Swaythlinga (8 kwietnia 1923 r.): „Lord Swaythling powiedział: »Giełda może być prowadzona wyłącznie z Londynu. To jest centrum giełdowe«". (They Told Barron, autor: Clarence W. Barron, założyciel Baron's Weekly, Harpers, Nowy Jork, 1930, s. 27).
- W międzynarodowym świecie finansów termin „giełda" oznacza transakcje pieniężne lub papierami wartościowymi, lub po prostu „wymianę" wartości tych papierów. Konieczne jest, aby ta „wymiana" miała miejsce tam, gdzie można ustalić wartości, a miejscem tym jest „City" w Londynie.
- Londyn stał się głównym centrum wymiany dzięki „Consols" Banku Anglii, obligacjom, których nigdy nie można było wykupić, ale które zapewniały stabilną stopę zwrotu. Henry Clews pisze w The Wall Street View, Silver Burdett Co. 1900, str. 255:
- „Ustawa konsolidacyjna z 1757 r. skonsolidowała długi narodu angielskiego na poziomie 3%, które były przechowywane na rachunku w Banku Anglii i stanowią potężną podstawę jego depozytów".
- Poprzez ostentacyjne „wyrzucenie" „Consols" na londyńską giełdę po bitwie pod Waterloo, w udawanej panice, Nathan Meyer Rothschild potajemnie wykupił Consols sprzedane w panice przez innych posiadaczy po niskiej cenie i stał się największym posiadaczem Consols,

a tym samym przejął kontrolę nad Bankiem Anglii w 1815 roku.

12% DYWIDENDY

Chociaż rząd Partii Pracy znacjonalizował Bank Anglii w 1946 r., Wielka Encyklopedia Radziecka wskazuje (tom I, str. 490c), że Bank Anglii nadal wypłaca 12% dywidendy rocznie, tak jak to miało miejsce przed nacjonalizacją.

„Prezes" jest mianowany przez rząd, podobnie jak w Stanach Zjednoczonych, gdzie prezesi Systemu Rezerwy Federalnej są mianowani przez prezydenta. Jednak, jak wskazuje Encyclopaedia Americana, tom 13, str. 272,

„W praktyce prezesi Banku Anglii nie wahają się publicznie krytykować rządu i wywierać na niego presję".

STOPA BANKOWA

Stopa procentowa ustalana przez Bank Anglii znana jest jako „stopa bankowa" i stanowi czynnik regulujący poziom stóp procentowych na całym świecie, choć stopy w innych krajach mogą być wyższe lub niższe od tej „stopy bankowej". Bank Anglii zarządza długiem publicznym i jest wzywany do pełnienia roli arbitra w sprawach politycznych. Niedawnym przykładem jest jego rola pośrednika w negocjacjach z irańskimi rewolucjonistami w sprawie uwolnienia amerykańskich zakładników.

Nie powinno nas dziwić, że obecny prezes Banku Anglii, Sir Gordon Richardson, jest wybitną postacią międzynarodowego świata finansów, o której mowa w innych miejscach tej publikacji ze względu na jego powiązania z firmą J. Henry Schroder Wagg w Londynie w latach 1962–1972, kiedy to został prezesem Banku Anglii. Pełnił również funkcję dyrektora w firmach J. Henry Schroder Co. w Nowym Jorku oraz Schroder Banking Corp. w Nowym Jorku. Pełni również funkcję dyrektora w firmach Rolls Royce i Lloyd's Bank. Chociaż mieszka w Londynie, posiada dom w Nowym Jorku i figuruje w aktualnym spisie mieszkańców Manhattanu po prostu jako „G. Richardson, 45 Sutton Place S.", chociaż w poprzednim spisie widniał pod adresem 4 Sutton Place. Sutton Place zostało zaprojektowane jako modna dzielnica dla międzynarodowej elity przez Bessie Marbury, o której wspominaliśmy wcześniej w związku z jej powiązaniami z rodziną Morganów i Rooseveltów.

Obecni dyrektorzy Banku Anglii (1982) to między innymi Leopold de Rothschild z N.M. Rothschild & Sons, sir Robert Clark, prezes Hill Samuel Bank, najbardziej wpływowego banku po Rothschilds, John Clay z Hambros Bank oraz David Scholey z Warburg Bank, a także współprezes S.C. Warburg Co.

Anthony Sampson pisze w książce *„The Changing Anatomy of* Britain", Random House, Nowy Jork, 1982, str. 279:

„Bardziej kosmopolityczne banki z zagranicznymi ekspertami i dyrektorami, takie jak Warburgs, Montagus, Rothschilds i Kleinworts, również odkryły ogromne nowe źródło zysków na rynku eurodolarów, który powstał pod koniec lat pięćdziesiątych i rozrósł się w latach sześćdziesiątych... Sami brytyjscy bankierzy kontrolowali stosunkowo niewielkie fundusze, ale wiedzieli, jak zarabiać na pieniądzach innych ludzi".

Rynek eurodolarów, nowe zjawisko w dziedzinie „pieniądza tworzonego", jest zmonopolizowany przez wyżej wymienione firmy.

IMPERIUM EURODOLARÓW

„Dzisiaj, wraz z sojusznikami na wyspie Manhattan (najważniejszej nieruchomości Wielkiej Brytanii), Imperium Brytyjskie kontroluje cały rynek finansowy eurodolarów o wartości 1,5 biliona dolarów, kolejne 300–500 miliardów dolarów na Kajmanach i Bahamach oraz 50–100 miliardów dolarów na rynku „azjatyckiego dolara" w Hongkongu i Singapurze... Uznajmy rynek eurodolarowy o wartości 1,5 biliona dolarów za rynek „poza prawem" w dolarach amerykańskich, nad którym ten kraj nie ma kontroli. Tutaj kontrola i zyski znajdują się w przeważającej mierze w rękach londyńskich banków, które ustalają warunki udzielania pożyczek i stopę procentową dla tej masy amerykańskich dolarów w odniesieniu do londyńskiej międzybankowej stopy procentowej (LIBOR)... Banki amerykańskie, takie jak Citibank (Nowy Jork), w którego zarządzie zasiada potężny brytyjski finansista, lord Aldington, otwarcie współpracują na tym rynku. Jednocześnie banki brytyjskie, w tym znany bank centralny światowego handlu narkotykami, Hong Kong and Shanghai Bank, napływają do Ameryki, aby przejmować banki amerykańskie.

W 1978 r. Hongshang (red. – Hongkong and Shanghai Bank) przejął nowojorski Marine Midland Bank, jedenastyco do wielkości bank komercyjny w stanie... Brytyjczycy kontrolują również tworzenie dolarów amerykańskich. Podczas gdy prezes Rezerwy Federalnej Paul Volcker zaostrza politykę kredytową wobec gospodarki krajowej, banki kontrolowane przez Brytyjczyków na Kajmanach (takie jak European American Bank – red.), brytyjskiej posiadłości położonej 200 mil od Florydy, oraz na Bermudach i w kilkunastu innych „wolnych bankach" z komputerowymi terminalami, tworzą setki miliardów dolarów amerykańskich. Jak to się dzieje? W bankowości „wolnej przedsiębiorczości" Imperium nie ma wskaźników rezerw obowiązkowych ani innych ograniczeń dotyczących tworzenia kredytów denominowanych w dolarach. Prawdziwy kredyt w wysokości 1 miliona dolarów pochodzący ze Stanów Zjednoczonych może zostać zamieniony na 20–100 milionów dolarów w kredytach denominowanych w dolarach, gdy przechodzi przez system brytyjski bez wskaźników rezerw obowiązkowych.[132]

Nie tylko władza finansowa, ale także władza prawna pozostała w rękach Wielkiej Brytanii. „Washington Post" skomentował 18 czerwca 1983 r., że po rewolucji amerykańskiej wszystkie stare prawa pozostały w mocy w nowych Stanach Zjednoczonych: niektóre z tych praw „angielskiego common law" sięgały 1278 r., na długo przed odkryciem Ameryki.

Ta ogromna potęga finansowa „City" ujawnia się w wielu obszarach. Dean Acheson stwierdza w książce „Present at the Creation" z 1969 r., wydanej przez W.W. Norton w Nowym Jorku, na stronie 779:

„Zatrzymaliśmy się w rezydencji ambasady, starej rezydencji J.P. Morgana, przy 14 Prince's Gate, naprzeciwko Hyde Parku".

Ilu Amerykanów zdaje sobie sprawę, że rezydencja ambasady USA w Londynie to dom J.P. Morgana, albo że Dean Acheson, były pracownik Morgana, opisał siebie jako sekretarza stanu na str. 505,

[132] Magazyn Harpers, luty 1980 r.

„Moje nastawienie od dawna było, i to powszechnie wiadomo, pro-brytyjskie".

Nikt nie skomentował jawnej stronniczości amerykańskiego sekretarza stanu na korzyść Anglii.

Pieniądze „stworzone" przez Rezerwę Federalną nie są wykorzystywane wyłącznie do celów finansowych; służą one również utrzymaniu kontroli bankierów nad każdym aspektem życia politycznego, gospodarczego i społecznego. Wykorzystuje się je do finansowania ogromnych wydatków kandydatów politycznych, rozdmuchanych budżetów uniwersytetów, ogromnych nakładów niezbędnych do założenia gazet lub czasopism, a także szerokiej gamy fundacji, „think tanków" i innych instrumentów kontroli umysłów.

WOJNA PSYCHOLOGICZNA

Niewielu Amerykanów wie, że niemal każdy rozwój psychologii w Stanach Zjednoczonych w ciągu ostatnich sześćdziesięciu pięciu lat był kierowany przez Biuro Wojny Psychologicznej armii brytyjskiej. Niedawno autor niniejszego tekstu poznał nową nazwę: *Instytut Tavistock w Londynie*, znany również jako *Instytut Stosunków Międzyludzkich Tavistock*. „Relacje międzyludzkie" obejmują każdy aspekt ludzkiego zachowania, a skromnym celem Instytutu Tavistock jest uzyskanie i sprawowanie kontroli nad każdym aspektem ludzkiego zachowania obywateli amerykańskich.

Z powodu intensywnych ostrzałów artyleryjskich podczas I wojny światowej wielu żołnierzy doznało trwałego uszczerbku na zdrowiu w wyniku szoku pourazowego. W 1921 roku markiz Tavistock, 1[1.]książę Bedford, przekazał budynek grupie, która planowała prowadzić programy rehabilitacyjne dla brytyjskich żołnierzy cierpiących na szok pourazowy. Grupa przyjęła nazwę „Instytut Tavistock" na cześć swojego dobroczyńcy. Sztab Generalny armii brytyjskiej uznał, że kluczowe znaczenie ma określenie punktu krytycznego żołnierza w warunkach bojowych. Instytut Tavistock został przejęty przez sir Johna Rawlingsa Reese'a, szefa Biura Wojny Psychologicznej armii brytyjskiej.

W całkowitej tajemnicy stworzono kadrę wysoko wykwalifikowanych specjalistów od wojny psychologicznej. W ciągu pięćdziesięciu lat nazwa „Tavistock Institute" pojawia się tylko dwa razy w indeksie New York Timesa, jednak według LaRouche'a i innych autorytetów grupa ta zorganizowała i wyszkoliła cały personel Biura Służb Strategicznych (OSS), Komitetu ds. Bombardowań Strategicznych, Naczelnego Dowództwa Sił Ekspedycyjnych Alianckich oraz innych kluczowych amerykańskich grup wojskowych podczas II wojny światowej. Podczas II wojny światowej Instytut Tavistock połączył siły z wydziałem nauk medycznych Fundacji Rockefellera w celu przeprowadzenia ezoterycznych eksperymentów z użyciem środków odurzających.

Obecna kultura narkotykowa w Stanach Zjednoczonych wywodzi się w całości z tego Instytutu, który nadzorował programy szkoleniowe Centralnej Agencji Wywiadowczej (CIA). „Kontrkultura LSD" powstała, gdy Sandoz A.G., szwajcarska firma farmaceutyczna należąca do S.G. Warburg & Co., opracowała nowy lek na bazie kwasu lizergowego, zwany LSD.

James Paul Warburg (syn Paula Warburga, który w 1910 r. napisał ustawę o Rezerwie Federalnej) sfinansował amerykańską filię Instytutu Tavistock, zwaną Instytutem Studiów Politycznych, której dyrektor, Marcus Raskin, został powołany do Rady Bezpieczeństwa Narodowego. James Paul Warburg stworzył program CIA, w ramach którego przeprowadzano eksperymenty z LSD na agentach CIA, z których część popełniła później samobójstwo. Program ten, MK-Ultra, nadzorowany przez dr. Gottlieba, doprowadził do ogromnych procesów sądowych przeciwko rządowi Stanów Zjednoczonych, wytoczonych przez rodziny ofiar.

Instytut Studiów Politycznych utworzył studencką organizację Students for Democratic Society (SDS), poświęconą narkotykom i rewolucji. Zamiast samemu finansować SDS, Warburg wykorzystał fundusze CIA, około dwudziestu milionów dolarów, do promowania zamieszek studenckich w latach 60.

Angielski Instytut Tavistock nie ograniczył swojej działalności do grup lewicowych, ale kierował również programami takich rzekomo „konserwatywnych" amerykańskich think tanków, jak Instytut Herberta Hoovera na Uniwersytecie Stanforda, Heritage Foundation, Wharton, Hudson, Massachusetts Institute of Technology i Rand. Programy „szkoleń wrażliwości" i „spotkań seksualnych" najbardziej radykalnych grup kalifornijskich, takich jak Instytut Esalen i jego liczni naśladowcy, zostały opracowane i wdrożone przez psychologów Instytutu Tavistock.

Jedna z nielicznych wzmianek dotyczących Instytutu Tavistock pojawiła się w magazynie „Business Week" z 26 października 1963 r., wraz ze zdjęciem jego budynku położonego w najdroższej dzielnicy gabinetów lekarskich w Londynie. Artykuł wspomina o „freudowskim nastawieniu" Instytutu i zauważa, że jest on hojnie finansowany przez brytyjskie korporacje z najwyższej półki, w tym Unilever, British Petroleum i Baldwin Steel. Według Business Week programy testów psychologicznych i szkolenia z relacji grupowych Instytutu zostały wdrożone w Stanach Zjednoczonych przez Uniwersytet Michigan i Uniwersytet Kalifornijski, które są siedliskami radykalizmu i sieci narkotykowej.

To właśnie do markiza Tavistock, 12·księcia Bedford, Rudolf Hess poleciał do Anglii, aby skontaktować się z nim w sprawie zakończenia II wojny światowej. Mówi się, że w 1942 r. majątek Tavistocka był wart 40 milionów dolarów. W 1945 r. jego żona popełniła samobójstwo, przedawkowując tabletki.

BIOGRAFIE

NELSON ALDRICH (1841-1915)

Senator z Rhode Island; szef Krajowej Komisji Monetarnej; jego córka Abby Aldrich poślubiła Johna D. Rockefellera Jr.; został dziadkiem swojego imiennika, Nelsona Aldricha Rockefellera, a także obecnych Davida Rockefellera i Laurence'a Rockefellera.

WILLIAM JENNINGS BRYAN (1860–1925)

Sekretarz stanu w administracji Woodrowa Wilsona, trzykrotny przegrany kandydat Partii Demokratycznej na prezydenta w latach 1896, 1900 i 1908 oraz przywódca Partii Demokratycznej.

ALFRED OWEN CROZIER (1863–1939)

Wybitny prawnik z Grand Rapids, Cincinnati i Nowego Jorku, Crozier napisał osiem książek o problemach prawnych i monetarnych, skupiając się na sprzeciwie wobec zastępowania pieniądza konstytucyjnego walutą korporacyjną drukowaną przez prywatne firmy dla własnego zysku.

CLARENCE DILLON (1882-1979)

Urodzony w San Antonio w Teksasie, syn Samuela Dillona i Berthy Lapowitz. Harvard, 1905 r. Ożenił się z Anne Douglass z Milwaukee. Jego syn, C. Douglas Dillon (późniejszy sekretarz skarbu w latach 1961–1965), urodził się w Genewie w Szwajcarii w 1909 r., podczas gdy rodzina przebywała za granicą. W 1912 roku Dillon poznał Williama A. Reada, założyciela firmy brokerskiej William A. Read and Company z Wall Street, dzięki przedstawieniu przez kolegę ze studiów na Harvardzie, Williama A. Phillipsa, i w tym samym roku dołączył do chicagowskiego biura Reada. W 1914 roku przeniósł się do Nowego Jorku. Read zmarł w 1916 roku, a Dillon nabył większościowy udział w firmie. Podczas I wojny światowej Bernard Baruch, przewodniczący Rady Przemysłu Wojennego (znany jako „car amerykańskiego przemysłu"), poprosił Dillona, aby został zastępcą przewodniczącego Rady Przemysłu Wojennego. W 1920 roku nazwa William A. Read & Company została zmieniona na Dillon, Read & Company. Dillon był dyrektorem American Foreign Securities Corporation, którą założył w 1915 roku w celu finansowania zakupów amunicji przez rząd francuski w Stanach Zjednoczonych. Jego prawa ręka w firmie Dillon Read, James Forrestal, został sekretarzem marynarki wojennej, a później sekretarzem obrony i zmarł w tajemniczych okolicznościach w szpitalu federalnym. W 1957 r. magazyn „Fortune" umieścił Dillona na liście najbogatszych ludzi w Stanach Zjednoczonych, szacując jego majątek wówczas na 150–200 mln dolarów.

ALAN GREENSPAN (1926-)

W 1987 roku został mianowany przez prezydenta Reagana następcą **Paula Volckera** na stanowisku przewodniczącego Rady Gubernatorów Systemu Rezerwy Federalnej. W 1974 roku Greenspan zastąpił Herberta Steina na stanowisku przewodniczącego Prezydenckiej Rady Doradców Ekonomicznych. Był protegowanym byłego przewodniczącego Rady Gubernatorów, **Arthura Burnsa** z Austrii (Bernstein). Burns był monetarystą reprezentującym wiedeńską szkołę ekonomiczną Rotszyldów, która manifestowała swoje wpływy w Anglii poprzez Królewskie Towarzystwo Kolonialne, przykrywkę dla Rotszyldów i innych angielskich bankierów, którzy ukrywali swoje zyski z światowego handlu narkotykami w ***Hong Kong Shanghai Bank.*** Ekonomistą zatrudnionym przez Królewskie Towarzystwo Kolonialne był Alfred Marshall, twórca teorii monetarystycznej, który jako szef Grupy Oksfordzkiej stał się patronem Wesleya Claira Mitchella, który założył Narodowe Biuro Badań Ekonomicznych dla Rockefellerów w Stanach Zjednoczonych.

Mitchell z kolei stał się patronem Arthura Burnsa i Miltona Friedmana, których teorie są obecnie technikami władzy Greenspana w Radzie Rezerwy Federalnej. Greenspan jest również protegowanym Ayn Rand, dziwaczki, która przeplatała swoje romanse z gardłowymi nakazami, by być egoistą. Rand była również patronką propagandysty CIA Williama Buckeleya i magazynu „National Review". Greenspan był dyrektorem głównych firm z Wall Street, takich jak *J.P. Morgan Co.*, Morgan Guaranty Trust (amerykański bank dla Sowietów po rewolucji bolszewickiej z 1917 r.), Brookings Institution, Bowery Savings Bank, Dreyfus Fund, General Foods oraz Time, Inc. Najbardziej imponującym osiągnięciem Greenspana była funkcja przewodniczącego Krajowej Komisji ds. Ubezpieczeń Społecznych w latach 1981–1983. Manipulował danymi, aby przekonać opinię publiczną, że system ubezpieczeń społecznych jest bankrutem, podczas gdy w rzeczywistości dysponował ogromną nadwyżką.

Liczby te zostały następnie wykorzystane do nałożenia na amerykańskich pracowników ogromnego wzrostu podatku potrącanego na ubezpieczenie społeczne, co nawiązywało do ekonomicznej maksymy Davida Ricardo o żelaznym prawie płac, zgodnie z którą pracownicy mogą otrzymywać jedynie płacę wystarczającą na utrzymanie, a wszelkie środki wykraczające poza tę kwotę muszą być od nich wyciągane siłą poprzez podwyżki podatków. Jako partner J.P. Morgan Co. od 1977 r. Greenspan reprezentował nieprzerwaną linię kontroli nad Systemem Rezerwy Federalnej przez firmy reprezentowane na tajnym spotkaniu na *wyspie Jekyll w 1910 r.*, gdzie Henry P. Davison, prawa ręka J.P. Morgana, był kluczową postacią przy opracowywaniu ustawy o Rezerwie Federalnej.

W ciągu kilku dni od objęcia stanowiska prezesa Rady Rezerwy Federalnej Greenspan natychmiast podniósł stopę procentową 4 września 1987 r., co było pierwszą taką podwyżką od trzech lat ogólnego dobrobytu, i przyspieszył krach na giełdzie w październiku 1987 r., *tzw. Czarny Poniedziałek*, kiedy to indeks Dow Jones spadł o 508 punktów. Pod kierownictwem Greenspana Rada Rezerwy Federalnej stopniowo pogrążała Stany Zjednoczone w coraz głębszej recesji, nie spotykając się z żadną krytyką ze strony uległych członków Kongresu.

PUŁKOWNIK EDWARD MANDELL HOUSE (1858-1938)

Syn agenta Rotszyldów w Teksasie. Odniósł sukces w wyborach pięciu kolejnych gubernatorów Teksasu; w 1912 r. został doradcą Woodrowa Wilsona. Współpracował z **Paulem Warburgiem,** aby doprowadzić do uchwalenia przez Kongres ustawy o Rezerwie Federalnej w 1913 r.

ROBERT MARION LAFOLLETTE (1855-1925)

W latach 1905-1925 zasiadał w Senacie jako przedstawiciel stanu Wisconsin. Stał na czele reformatorów rolnych sprzeciwiających się bankierom ze Wschodu i ich planom dotyczącym ustawy o Rezerwie Federalnej. W 1924 r. kandydował na prezydenta z ramienia Partii Postępowo-Socjalistycznej.

CHARLES AUGUSTUS LINDBERGH, SR. (1860-1924)

Kongresman z Minnesoty (1907–1917), który przewodził walce przeciwko uchwaleniu ustawy o Rezerwie Federalnej w 1913 r. Pełnił tę funkcję do 1917 r., kiedy to zrezygnował, aby ubiegać się o stanowisko gubernatora Minnesoty. Prowadził dobrą kampanię pomimo niekorzystnych ataków prasowych, na czele z „The New York Times". Na jego kampanię negatywnie wpłynęło spalenie przez agentów federalnych jego książek, w tym *„Why Is Your Country At War?"*, a także dokumentów i zawartości jego domowego biura w Little Falls w stanie Minnesota.

LOUIS T. McFADDEN (1876–1936)

Kongresman i przewodniczący Komisji Bankowości i Waluty Izby Reprezentantów w latach 1927–1933; odważnie sprzeciwiał się manipulatorom Systemu Rezerwy Federalnej w latach 20. i 30. XX wieku. Wniósł projekty ustaw o postawieniu w stan oskarżenia Rady Gubernatorów Rezerwy Federalnej i powiązanych urzędników. Po trzech zamachach na jego życie zmarł w tajemniczych okolicznościach.

JOHN PIERPONT MORGAN (1837–1913)

Uważany za dominującego amerykańskiego finansistę na przełomie XIX i XX wieku. W publikacji „Who's Who" z 1912 r. stwierdzono, że „kontroluje ponad 50 000 mil linii kolejowych w Stanach Zjednoczonych". Założył United States Steel Corporation. Został przedstawicielem ***rodu Rothschildów*** dzięki swojemu ojcu, **Juniusowi S. Morganowi**, który został londyńskim partnerem George Peabody & Company, później *Junius S. Morgan Company*, agenta Rothschildów. **John Pierpont Morgan Jr.** przejął po ojcu stery imperium Morgana.

DAVID MULLINS (1946-)

Mianowany na stanowisko prezesa Rady Rezerwy Federalnej 21 maja 1990 r., kadencja Davida Mullinsa trwa do 31 stycznia 1996 r.

Niedawno został nominowany na wiceprzewodniczącego Rady Rezerwy Federalnej, a w latach 1988-90 pełnił funkcję zastępcy sekretarza skarbu ds. finansów krajowych, otrzymując najwyższe odznaczenie departamentu, nagrodę im. Alexandra Hamiltona, za swoją służbę w takich programach jak paliwa syntetyczne, finanse federalne, Rada Pomocy Kredytowej dla Rolnictwa oraz jako autor prezydenckiego planu ratowania instytucji oszczędnościowo-kredytowych. Jest dalekim kuzynem autora, potomkiem Johna Mullinsa z plemienia, pierwszego odnotowanego osadnika w zachodniej części Wirginii, bohatera bitwy pod King's Mountain i odbiorcy 200 akrów ziemi za zasługi w Wojnie o Niepodległość.

WRIGHT PATMAN (1893-1976)

Kongresman i przewodniczący Komisji Bankowości i Waluty Izby Reprezentantów w latach 1963-74. Od 1937 r. do swojej śmierci w 1976 r. przewodził walce w Kongresie mającej na celu powstrzymanie manipulatorów z Systemu Rezerwy Federalnej.

KONGRESMAN ARSENE PUJO

Służył w Kongresie w latach 1903-1913. Demokrata z Luizjany. Przewodniczący Komisji Bankowości i Waluty Izby Reprezentantów. Przewodniczący podkomisji „Pujo Hearings" w 1912 r.

SIR GORDON RICHARDSON (1915–)

Szef ***Banku Anglii*** od 1973 r. Prezes J. Henry Schroder Wagg, Londyn, 1962–1972; dyrektor J. Henry Schroder Banking Corporation, Nowy Jork; Schroder Banking Corporation, Nowy Jork; Lloyd's Bank, Londyn; Rolls Royce.

JACOB SCHIFF (1847–1920)

Urodził się w domu Rothschildów we Frankfurcie w Niemczech. Wyemigrował do Stanów Zjednoczonych, ożenił się z Therese Loeb, córką Solomona Loeba, założyciela ***Kuhn, Loeb and Co.*** Schiff został starszym partnerem w Kuhn, Loeb and Co. i jako przedstawiciel interesów **Rothschildów** przejął kontrolę nad większością sieci kolejowej w Stanach Zjednoczonych.

BARON KURT VON SCHRODER (1889-)

Osobisty bankier **Adolfa** Hitlera, udzielił finansowania na dojście Hitlera do władzy w Niemczech w 1933 r.; niemiecki przedstawiciel oddziałów J. Henry Schroder Banking Corporation w Londynie i Nowym Jorku; starszy przywódca grupy SS; dyrektor wszystkich niemieckich spółek zależnych I.T.T.; członek kręgu przyjaciół Himmlera; doradca zarządu ***Deutsche Reichsbank*** (niemieckiego banku centralnego).

ANTHONY MORTON SOLOMON (1919-)

Absolwent Harvardu, ekonomista w Urzędzie Administracji Cenowej, 1941–1942; misja finansowa w Iranie, 1942–1946; Agencja ds. Rozwoju Międzynarodowego w Ameryce Południowej, 1965–1969; prezes Międzynarodowej Korporacji Inwestycyjnej dla Jugosławii, 1969–1972; doradca przewodniczącego Komisji ds. Środków i Sposobów w Izbie Reprezentantów, 1972–1973; podsekretarz ds. spraw monetarnych w Departamencie Skarbu USA, 1977–1980; prezes Banku Rezerwy Federalnej w Nowym Jorku, 1980–

SAMUEL UNTERMYER (1858–1940)

Wspólnik w kancelarii prawnej *Guggenheimer and Untermyer* w Nowym Jorku, który w 1912 r. prowadził „przesłuchania Pujo" przed Komisją Bankowości i Waluty Izby Reprezentantów. Pełnił funkcję doradcy prawnego **Rogersa** i **Rockefellera** w wielu dużych procesach przeciwko F. Augustusowi Heinze, Thomasowi W. Lawsonowi i innym. Za przeprowadzenie fuzji Utah Copper Company otrzymał jednorazową opłatę w wysokości 775 000 dolarów. 26 maja 1924 r. „The New York Times" poinformował, że podczas spotkania w Carnegie Hall nalegał on na natychmiastowe uznanie Rosji Sowieckiej. O prestiżu i władzy Untermyera świadczy fakt, że ten nekrolog na pierwszej stronie *„The New York Times"* zajmował sześć kolumn. Jego wpis w Who's Who był najdłuższy przez trzynaście lat.

FRANK VANDERLIP (1864–1937)

Zastępca sekretarza skarbu w latach 1897–1901; zyskał uznanie dzięki sfinansowaniu wojny hiszpańsko-amerykańskiej poprzez emisję obligacji o wartości 200 000 000 dolarów w trakcie sprawowania urzędu – wydarzenie to znane jest jako *„wojna National City Banku"*. Prezes National City Banku w latach 1909–1919. Jeden z członków pierwotnej grupy z Jekyll Island, która w listopadzie 1910 r. ***opracowała ustawę o Rezerwie Federalnej***. W obszernym nekrologu opublikowanym w The New York Times 30 czerwca 1937 r. nie ma żadnej wzmianki o tym ważnym fakcie.

GEORGE SYLVESTER VIERECK (1884–1962)

Autor przełomowego opracowania *„The Strangest Friendship in History, Woodrow Wilson and Col. House"* (Najdziwniejsza przyjaźń *w historii, Woodrow Wilson i pułkownik House*), Liveright, 1932 r. Czołowy poeta początku XX wieku, recenzowany na pierwszej stronie „*The New York Times Book Review*", znany jako czołowy obywatel niemiecko-amerykański w Stanach Zjednoczonych.

PAUL VOLCKER (1927-)

Przewodniczący Rady Gubernatorów Rezerwy Federalnej od 1979 r., mianowany przez **prezydenta Cartera**, ponownie mianowany przez **prezydenta Reagana** na kolejną czteroletnią kadencję rozpoczynającą się 6 sierpnia 1983 r. Kształcił się w Princeton, Harvardzie i London School of Economics; zatrudniony w Banku Rezerwy Federalnej w Nowym Jorku w latach 1952-57; w Chase Manhattan Bank w latach 1957-61; w Departamencie Skarbu w latach 1961-74; prezes Banku Rezerwy Federalnej w Nowym Jorku w latach 1975-79.

PAUL WARBURG (1868–1932)

Uznawany przez kompetentne autorytety za faktycznego autora naszego planu banku centralnego, ***Systemu Rezerwy Federalnej***. Wyemigrował do Stanów Zjednoczonych z Niemiec w 1904 r.; *partner w banku Kuhn Loeb and Company* w Nowym Jorku; naturalizowany w 1911 r. Członek pierwotnej Rady Gubernatorów Rezerwy Federalnej w latach 1914–1918; prezes Federalnej Rady Doradczej w latach 1918–1928. Brat Maxa Warburga, który był szefem niemieckich służb specjalnych podczas I wojny światowej i reprezentował Niemcy na konferencji pokojowej w latach 1918–1919, podczas gdy Paul był przewodniczącym Systemu Rezerwy Federalnej.

SIR WILLIAM WISEMAN (1885–1962)

Wspólnik w firmie ***Kuhn, Loeb and Company***; szef brytyjskich służb specjalnych podczas I wojny światowej. Ściśle współpracował z **pułkownikiem House'em,** dominującym w Stanach Zjednoczonych i Anglii.

BIBLIOGRAFIA

Gazety:

- New York Times 1858–1983
- Washington Post 1933–1983

Czasopisma:

- Barron's Weekly 1921–1983
- Business Week 1929–1983
- Magazyn Forbes 1917–1983
- Fortune 1930–1983
- Harper's 1850–1983
- National Review 1955–1983
- Newsweek 1933–1983
- The Nation 1865–1983
- The New Republic 1914–1983
- Time 1923–1983

Książki:

- Current Biography 1940–1983 H.W. Wilson Co., N.Y.
- Dictionary of National Biography, Scribners, N.Y. 1934–1965
- Katalog dyrektorów, Londyn 1896–1983
- Katalog dyrektorów w Nowym Jorku 1898–1918
- The Concise Dictionary of National Biography, 1903–1979, Oxford University Press
- Protokół Kongresu 1910–1983
- Międzynarodowy indeks czasopism 1920–1965, H.W. Wilson Co., Nowy Jork

- Indeks literatury periodycznej Poole'a 1802–1906, Wm. T Poole, Chicago Przewodnik czytelnika po czasopismach 1900–1983
- Przewodnik bankowy Rand McNally 1904–1928
- Bankowość i finanse według Moody's 1928–1968
- Kto jest kim w Ameryce 1890–1983, A.N. Marquis Co.
- Kto jest kim, Wielka Brytania 1921–1983
- Kto był kim w Ameryce 1607–1906, A.N. Marquis Co.
- „Who's Who in the World" 1972–1983, A.N. Marquis Co.
- Kto jest kim w finansach i przemyśle 1936–1969, A.N. Marquis Co.
- Rejestr dyrektorów Standard and Poor's 1928–1983
- Przesłuchania komisji senackiej w sprawie ustawy o Rezerwie Federalnej, 1913
- Przesłuchania Komisji Izby Reprezentantów w sprawie ustawy o Rezerwie Federalnej, 1913
- Przesłuchania komisji Izby Reprezentantów w sprawie Money Trust (komisja Pujo), 1913
- Dochodzenie Izby Reprezentantów w sprawie Systemu Rezerwy Federalnej, 1928
- Dochodzenie Senatu w sprawie kwalifikacji Eugene'a Meyera do pełnienia funkcji prezesa Rady Rezerwy Federalnej, 1930
- Przesłuchania senackie w sprawie kandydatury Thomasa B. McCabe'a na stanowisko prezesa Systemu Rezerwy Federalnej, 1948 r.
- Przesłuchania komisji Izby Reprezentantów w sprawie zwiększenia długu publicznego, 1945 r.
- Dyrektorzy Rezerwy Federalnej: badanie wpływu korporacji i banków.

- Raport pracowników, Komisja ds. Bankowości, Waluty i Mieszkalnictwa, Izba Reprezentantów, 94. Kongres, 2. sesja, sierpień 1976 r.
- System Rezerwy Federalnej, cele i funkcje, Rada Gubernatorów, 1963
- Historia przestępstw monetarnych, Alexander Del Mar, Towarzystwo Del Mar, 1899
- Inflacja pieniądza fiducjarnego we Francji, Andrew Dickson White, Fundacja Edukacji Ekonomicznej, Nowy Jork, 1959
- Wojna ze złotem, Antony C. Sutton, 76 Press, Kalifornia, 1977
- Wall Street i powstanie Hitlera, Antony C. Sutton, 76 Press, Kalifornia, 1976
- Zbiór przemówień Louisa T. McFaddena, Congressional Record
- Prawda o Rockefellerze, E.M. Josephson, Chedney Press, Nowy Jork 1964
- Dziwna śmierć Franklina D. Roosevelta, E.M. Josephson, Chedney Press, Nowy Jork 1948
- Za tronem, Paul Emden, Hoddard Stoughton, Londyn, 1934
- Władza pieniądza w Europie, Paul Emden, Hoddard Stoughton, Londyn
- „The Robber Barons", Mathew Josephson, Harcourt Brace, Nowy Jork 1934
- Rothschildowie, Frederic Morton, Curtis Publishing Co., 1961
- Wspaniała rodzina Rothschildów, Cecil Roth, Robert Hale Co., 1939
- Pionki w grze, William Guy Carr, (wydanie prywatne), 1956
- Zrywanie zasłon, Francois Coty, Paryż, 1940

- Pisarze o historii monetarnej Anglii, 1626–1730, Londyn, 1896
- System Rezerwy Federalnej po pięćdziesięciu latach, Komisja ds. Bankowości i Waluty, styczeń, luty 1964
- Spisek bankierów, Arthur Kitson, 1933
- Przepisy Stanów Zjednoczonych dotyczące waluty, finansów i bankowości w latach 1789–1891, Charles F. Dunbar, Ginn & Co., Boston, 1893
- Polityka pieniężna oparta na obfitości zamiast niedoboru, Komisja ds. Bankowości i Waluty, 1937–1938
- Najdziwniejsza przyjaźń w historii, Woodrow Wilson i pułkownik House, George Sylvester Viereck, Liveright, N.Y. 1932
- Tworzenie polityki Rezerwy Federalnej, G.L. Bach, Knapf, N.Y. 1950
- Władcy Ameryki, studium kapitału finansowego, Anna Rockester, International Publishers, N.Y. 1936
- Bankowość w Stanach Zjednoczonych przed wojną secesyjną, Krajowa Komisja Monetarna, 1911
- Krajowy system bankowy, Krajowa Komisja Monetarna, 1911
- System Rezerwy Federalnej, Paul Warburg, Macmillan, Nowy Jork 1930
- Roosevelt, Wilson i ustawa o Rezerwie Federalnej, płk Elisha Garrison, Christopher Publishing House, Boston, 1931
- Ludzie rządzący Ameryką, Arthur D. Howden Smith, Bobbs Merrill, Nowy Jork, 1935
- Giganci finansowi Ameryki, George E. Redmond, Stratford, Boston, 1922
- Wielka Encyklopedia Radziecka, Macmillan, Londyn, 1973
- Encyklopedia Britannica, 1979

- Encyklopedia Americana, 1982
- Dope, Inc., Goldman, Steinberg i in., New Benjamin Franklin House Publishing Company, Nowy Jork, 1978
- Bankowość, waluta i trust pieniężny, Charles A. Lindbergh, Sr. 1913
- Dziwna kariera pana Hoovera pod dwiema flagami, John Hamill, William Faro, Nowy Jork, 1931
- System Rezerwy Federalnej, H. Parker Willis, Ronald Co., 1923
- ABC Systemu Rezerwy Federalnej, E.W. Kemmerer, Uniwersytet Princeton, 1919
- Przygody w konstruktywnej finansowości, Carter Glass, Doubleday, Nowy Jork 1927
- Reforma bankowości w Stanach Zjednoczonych, Paul Warburg, Uniwersytet Columbia, 1914
- Pieniądze amerykańskie a waluta korporacyjna, Alfred Crozier, Cleveland, 1912
- Philip Dru – administrator, E.M. House, B.W. Huebsch, Nowy Jork, 1912
- Prywatne dokumenty pułkownika House'a, pod redakcją Charlesa Seymoura, 4 tomy, 1926–1928, Houghton Mifflin Co.
- Wielki spisek rodu Morganów, H.W. Loucks, 1916
- Capital City, McRae i Cairncross, Eyre Methuen, Londyn, 1963
- Aggression, Otto Lehmann-Russbeldt, Hutchinson, Londyn, 1934
- The Empire of High Finance, Victor Perlo, International Pub., 1957
- Wspomnienia Maxa Warburga, Berlin, 1936
- Listy i przyjaźnie Sir Cecila Spring-Rice'a Tragedia i nadzieja, Carroll Quigley, Macmillan, Nowy Jork

- Polityka pieniądza, Brian Johnson, McGraw Hill, Nowy Jork, 1970
- Podręcznik o pieniądzach, Komisja Bankowości i Waluty Izby Reprezentantów, 1964
- Pierpont Morgan i przyjaciele, Anatomia mitu, George Wheeler, Prentice Hall, N.J., 1973
- Pierpont Morgan, Herbert Satterlee, Macmillan, Nowy Jork, 1940
- Morgan the Magnificent, John K. Winkler, Vanguard, Nowy Jork, 1930
- Wilson, Arthur Link (5 tomów) Princeton University Press, Princeton, N.J.
- Historyczne początki... Rezerwa Federalna, Roger T Johnson, Federal Reserve Bank of Boston, 1977 (7 wydań, 1977-1982, łącznie 92 000 egzemplarzy). [Warto zauważyć, że ta 64-stronicowa broszura nie wspomina o wyspie Jekyll, autorstwie Paula Warburga ani źródłach funduszy promocyjnych, które doprowadziły do uchwalenia ustawy o Rezerwie Federalnej 23 grudnia 1913 r.]
- Rezerwa Federalna i nasz manipulowany dolar, Martin A. Larson, Devin Adair Co., Old Greenwich, Conn., 1975
- Chain Banking, Stockholder and Loan Links of 200 Largest Member Banks, Komisja ds. Bankowości i Waluty Izby Reprezentantów, 3 stycznia 1963 r.
- Bankowość międzynarodowa, raport pracowników, Komisja ds. Bankowości, Waluty i Mieszkalnictwa, maj 1976 r.
- Audyt Systemu Rezerwy Federalnej, przesłuchania przed Komisją Bankowości i Waluty Izby Reprezentantów, 1975 r.

PYTANIA I ODPOWIEDZI

Podczas wykładów w wielu krajach oraz występów w programach radiowych i telewizyjnych jako gość autor często otrzymuje pytania dotyczące Systemu Rezerwy Federalnej. Najczęściej zadawane pytania i odpowiedzi są następujące:

P: Czym jest System Rezerwy Federalnej?

O: ***System Rezerwy Federalnej*** nie jest federalny; nie posiada rezerw; i nie jest systemem, a raczej syndykatem przestępczym. Jest on wynikiem przestępczej działalności syndykalnej międzynarodowego konsorcjum rodzin dynastycznych, tworzących ***to***, co autor nazywa ***„Porządkiem*** Świata" (patrz **„THE WORLD** ORDER" i **„THE CURSE OF** CANAAN", obie autorstwa **Eustace'a Mullinsa**).[133] System Rezerwy Federalnej to bank centralny działający w Stanach Zjednoczonych. Chociaż student nie znajdzie takiej definicji banku centralnego w podręcznikach żadnej uczelni, autor zdefiniował bank centralny w następujący sposób:

- Jest to dominująca siła finansowa kraju, w którym funkcjonuje.
- Jest on w całości własnością prywatną, choć stara się sprawiać wrażenie instytucji rządowej.
- Ma prawo do drukowania i emisji pieniądza, co jest tradycyjną prerogatywą monarchów.
- Został utworzony w celu finansowania wojen.
- Funkcjonuje jako monopol pieniężny, posiadający całkowitą władzę nad wszystkimi pieniędzmi i kredytami obywateli.

P: Czy kiedy 23 grudnia 1913 r. Kongres uchwalił ustawę o Rezerwie Federalnej, kongresmeni wiedzieli, że tworzą bank centralny?

[133] Wydane przez Omnia Veritas Ltd – www.omnia-veritas.com

Odp.: Członkowie 63·Kongresu nie mieli pojęcia o istnieniu banku centralnego ani o jego monopolistycznej działalności. Wielu z tych, którzy głosowali za ustawą, zostało oszukanych; inni zostali przekupieni; jeszcze inni zastraszeni. W przedmowie do ustawy o Rezerwie Federalnej czytamy:

„Ustawa o utworzeniu banków Rezerwy Federalnej, zapewnieniu elastycznej waluty, udostępnieniu środków do redyskontowania papierów handlowych, ustanowieniu skuteczniejszego nadzoru nad bankowością w Stanach Zjednoczonych oraz w innych celach".

Nieokreślone ***„inne*** cele" miały na celu zapewnienie międzynarodowym konspiratorom ***monopolu na wszystkie pieniądze i kredyty*** obywateli Stanów Zjednoczonych; sfinansowanie I wojny światowej za pośrednictwem tego nowego banku centralnego, oddanie amerykańskich pracowników na łaskę agencji windykacyjnej Systemu Rezerwy Federalnej, ***Urzędu Skarbowego***, oraz umożliwienie monopolistom przejęcia aktywów swoich konkurentów i wyeliminowania ich z rynku.

Pytanie: Czy System Rezerwy Federalnej jest agencją rządową?

O: Nawet obecny przewodniczący Komisji Bankowej Izby Reprezentantów twierdzi, że *Rezerwa Federalna jest agencją rządową* i nie stanowi własności prywatnej. Faktem jest jednak, że ***rząd nigdy nie posiadał ani jednej akcji Banku Rezerwy Federalnej.*** Ta farsa wynika z tego, że prezydent Stanów Zjednoczonych mianuje członków Rady Rezerwy Federalnej, a ich nominacje są następnie zatwierdzane przez Senat. Tajemniczy autor *ustawy*, bankier **Paul Warburg**, przedstawiciel banku **Rothschildów**, wymyślił z niczego nazwę „Federalna" dla ustawy, którą napisał, aby zrealizować dwa swoje ulubione pragnienia: *„elastyczną* walutę", czyli czeki bez pokrycia, oraz ułatwienie obrotu akceptami, czyli międzynarodowymi kredytami handlowymi. **Warburg** był założycielem i prezesem *International Acceptance Corporation* i zarobił miliardy na handlu tymi papierami wartościowymi. Sekcja 7 ustawy o Rezerwie Federalnej stanowi

„Banki Rezerwy Federalnej, w tym ich kapitał i nadwyżki, a także dochody z nich pochodzące, są zwolnione z podatków federalnych, stanowych i lokalnych, z wyjątkiem podatków od nieruchomości".

Budynki rządowe nie płacą podatku od nieruchomości.

P: Czy nasze banknoty dolarowe, opatrzone napisem „banknoty Rezerwy Federalnej", są pieniądzem rządowym?

O: ***Banknoty Rezerwy Federalnej*** są w rzeczywistości wekslami, ***zobowiązaniami do zapłaty***, a nie tym, co tradycyjnie uważamy za pieniądze. Są to oprocentowane banknoty emitowane w oparciu o oprocentowane obligacje rządowe, papiery wartościowe emitowane wyłącznie na podstawie papierowego zabezpieczenia, znane jako pieniądz fiducjarny, ponieważ jedyną gwarancją tych banknotów jest wola emitenta. Ustawa o Rezerwie Federalnej upoważnia do emisji tych banknotów „w celu udzielania zaliczek bankom Rezerwy Federalnej... Wspomniane banknoty stanowią zobowiązania Stanów Zjednoczonych. Są one wykupywane w złocie na żądanie w Departamencie Skarbu Stanów Zjednoczonych w Dystrykcie Kolumbii".

Turyści odwiedzający *Biuro Druku i Grawerowania* przy Mall w Waszyngtonie oglądają druk banknotów Rezerwy Federalnej w tej agencji rządowej na zlecenie ***Systemu Rezerwy Federalnej*** za kwotę nominalną 0,00260 za sztukę w partiach po 1000 sztuk, po tej samej cenie niezależnie od nominału. Banknoty te, ***drukowane dla prywatnego banku***, stają się następnie zobowiązaniami rządu Stanów Zjednoczonych i są dodawane do naszego obecnego długu wynoszącego 4 biliony dolarów. W momencie uchwalenia ustawy o Rezerwie Federalnej w 1913 r. rząd nie miał żadnego długu.

P: Kto jest właścicielem akcji banków Rezerwy Federalnej?

O: Dynastyczne rodziny rządzącego *porządku światowego*, internacjonaliści lojalni wobec żadnej rasy, religii ani narodu. Są to rodziny takie jak Rothschildowie, **Warburgowie**, **Schiffowie**, Rockefellerowie, **Harrimanowie**, **Morganowie** i inne znane jako *elita* lub „wielcy bogaci".

P: Czy mogę kupić te akcje?

O: **Nie**. Ustawa o Rezerwie Federalnej stanowi, że akcji banków Rezerwy Federalnej nie można kupować ani sprzedawać na żadnej giełdzie papierów wartościowych. Są one przekazywane w drodze dziedziczenia jako majątek „wielkich bogaczy". Prawie połowa właścicieli akcji banków Rezerwy Federalnej *to osoby niebędące Amerykanami.*

P: Czy Urząd Skarbowy (Internal Revenue Service) jest agencją rządową?

O: Chociaż ***IRS*** figuruje jako część *Departamentu Skarbu*, w rzeczywistości jest prywatną agencją windykacyjną działającą na rzecz Systemu Rezerwy Federalnej. Jej korzenie sięgają *średniowiecznych Włoch, gdzie znana* była jako ***„Czarna Ręka"*** – grupa windykatorów ściągających długi przy użyciu siły i wymuszeń na zlecenie rządzących *włoskich rodzin mafijnych.* Wszystkie podatki dochodowe od osób fizycznych pobrane przez ***IRS*** muszą zgodnie z prawem zostać zdeponowane w najbliższym ***banku Rezerwy Federalnej***, zgodnie z sekcją 15 ustawy o Rezerwie Federalnej:

„Środki pieniężne przechowywane w funduszu ogólnym Skarbu Państwa mogą być... zdeponowane w bankach Rezerwy Federalnej, które na żądanie Sekretarza Skarbu Państwa pełnią funkcję agentów fiskalnych Stanów Zjednoczonych".

P: Czy Rada Rezerwy Federalnej kontroluje codzienne ceny i ilość pieniądza?

O: ***Rada Gubernatorów Rezerwy Federalnej***, spotykająca się prywatnie jako Federalny Komitet Otwartego Rynku wraz z prezesami ***banków Rezerwy Federalnej***, kontroluje całą działalność gospodarczą w Stanach Zjednoczonych, wydając polecenia zakupu obligacji rządowych na otwartym rynku, ***tworząc pieniądze z niczego*** i wywołując presję inflacyjną lub, przeciwnie, sprzedając obligacje rządowe na otwartym rynku i likwidując dług, tworząc presję deflacyjną i powodując spadek na giełdzie.

P: Czy Kongres może znieść System Rezerwy Federalnej?

O: Ostatni przepis ustawy o Rezerwie Federalnej z 1913 r., sekcja 30, stanowi:

„Zastrzega się wyraźnie prawo do zmiany, modyfikacji lub uchylenia niniejszej ustawy".

Sformułowanie to oznacza, że ***Kongres*** może w dowolnym momencie podjąć działania mające na celu zniesienie Systemu

Rezerwy Federalnej, wykupienie akcji i włączenie go do Departamentu Skarbu lub zmianę Systemu według własnego uznania. Nigdy tego nie uczynił.

P: Czy oprócz Pana jest wielu krytyków Rezerwy Federalnej?

O: Kiedy rozpocząłem swoje badania w 1948 r., ***Fed*** miał zaledwie trzydzieści cztery lata. Nigdy nie wspominała o nim prasa. Dzisiaj ***o Fed*** mówi się otwarcie w sekcji wiadomości i na stronach finansowych. W Kongresie są projekty ustaw, żeby ***Fed*** był kontrolowany przez Urząd Księgowości Rządowej. Dzięki *mojemu ujawnieniu* nie jest już świętą krową, chociaż trzej główni kandydaci na prezydenta w wyborach w 1992 roku – **Bush**, **Clinton** i **Perot** – podczas debat zgodnie twierdzili, że zobowiązali się nie ruszać Fed.

P: Czy poniósł Pan jakieś osobiste konsekwencje z powodu swojego demaskatorskiego artykułu na temat Fed?

O: Zostałem zwolniony z *Biblioteki Kongresu* po opublikowaniu tego ujawnienia w 1952 roku; byłem jedyną osobą, która kiedykolwiek została zwolniona z pracy z powodów politycznych. Kiedy złożyłem pozew, sąd odmówił rozpatrzenia sprawy. Cały niemiecki nakład tej książki został spalony w 1955 roku; była to jedyna książka spalona w Europie od czasów II wojny światowej. Byłem nieustannie nękany przez agencje rządowe, co szczegółowo opisałem w moich książkach „A WRIT FOR MARTYRS" i „MY LIFE IN CHRIST". Moja rodzina również była nękana. Kiedy niedawno przemawiałem w Wembley Arena w Londynie, prasa nazwała mnie „złowrogim szaleńcem".

P: Czy prasa zawsze popiera Fed?

O: W ostatnich miesiącach odnotowano kilka zachęcających przypadków odejść. Artykuł na pierwszej stronie ***Wall Street Journal*** z 8 lutego 1993 r. stwierdzał:

„Obecną strukturę Fed trudno uzasadnić w demokracji. To dziwnie ***niedemokratyczna instytucja.*** Jej organizacja jest tak przestarzała, że na zachód od Gór Skalistych znajduje się tylko jeden bank rezerwowy, a w stanie Missouri są dwa... Posiadanie banku centralnego z monopolem na emisję waluty w społeczeństwie demokratycznym to bardzo trudna sztuka utrzymania równowagi".

INNE TYTUŁY

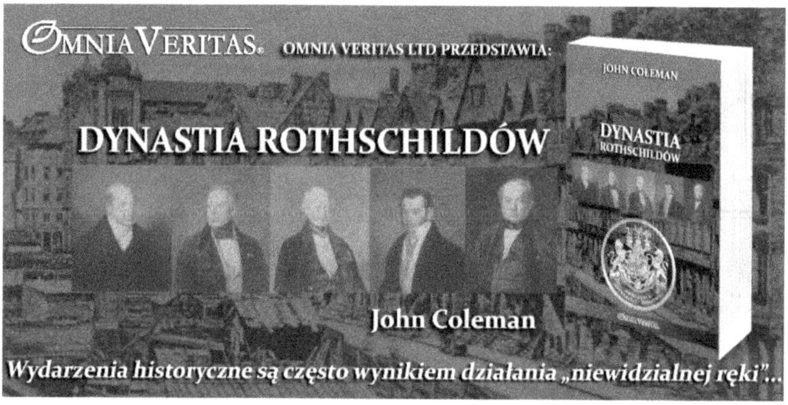
OMNIA VERITAS
OMNIA VERITAS LTD PRZEDSTAWIA:
JOHN COLEMAN
DYNASTIA ROTHSCHILDÓW
DYNASTIA ROTHSCHILDÓW
John Coleman
Wydarzenia historyczne są często wynikiem działania „niewidzialnej ręki"...

OMNIA VERITAS
OMNIA VERITAS LTD PRZEDSTAWIA:
JOHN COLEMAN
JOHN COLEMAN
DYPLOMACJA OPARTA NA OSZUSTWIE
RELACJA Z ZDRADZIECKICH DZIAŁAŃ RZĄDÓW
WIELKIEJ BRYTANII I STANÓW ZJEDNOCZONYCH
DYPLOMACJA OPARTA NA OSZUSTWIE
Historia powstania Organizacji Narodów Zjednoczonych stanowi klasyczny przykład dyplomacji opartej na oszustwie

OMNIA VERITAS
OMNIA VERITAS LTD PRZEDSTAWIA:
JOHN COLEMAN
John Coleman
HIERARCHIA SPISKOWCÓW
HISTORIA KOMITETU 300
HIERARCHIA SPISKOWCÓW
HISTORIA KOMITETU 300
Ten jawny spisek przeciwko Bogu i ludzkości zakłada
zniewolenie większości ludzi...

OMNIA VERITAS
OMNIA VERITAS LTD PRZEDSTAWIA:
JOHN COLEMAN
INSTYTUT STOSUNKÓW MIĘDZYLUDZKICH TAVISTOCK
INSTYTUT STOSUNKÓW
MIĘDZYLUDZKICH TAVISTOCK
Kształtowanie moralnego, duchowego,
kulturowego, politycznego i gospodarczego
upadku Stanów Zjednoczonych
Gdyby nie Tavistock, nie
doszłoby ani do I, ani do II
wojny światowej...
John Coleman
Sekrety Instytutu Tavistock ds. Stosunków Międzyludzkich

OMNIA VERITAS
OMNIA VERITAS LTD PRZEDSTAWIA:
Jeden porządek światowy
SOCJALISTYCZNA DYKTATURA
Jeden porządek światowy
SOCJALISTYCZNA DYKTATURA
Przez te wszystkie lata, kiedy nasza
uwaga skupiała się na
okrucieństwach komunizmu w
Moskwie, socjaliści w Waszyngtonie
zajęci byli grabieżą Ameryki!
JOHN COLEMAN
„Wróg z Waszyngtonu jest groźniejszy niż ten z Moskwy"

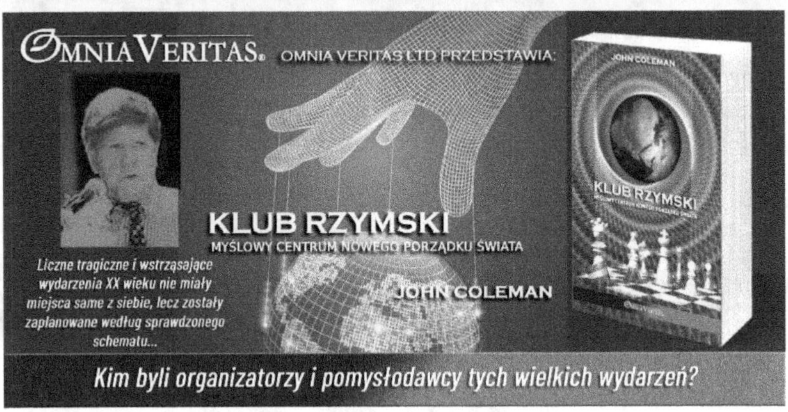
OMNIA VERITAS
OMNIA VERITAS LTD PRZEDSTAWIA:
JOHN COLEMAN
KLUB RZYMSKI
KLUB RZYMSKI
MYŚLOWY CENTRUM NOWEGO PORZĄDKU ŚWIATA
Liczne tragiczne i wstrząsające
wydarzenia XX wieku nie miały
miejsca same z siebie, lecz zostały
zaplanowane według sprawdzonego
schematu...
JOHN COLEMAN
Kim byli organizatorzy i pomysłodawcy tych wielkich wydarzeń?

OMNIA VERITAS
OMNIA VERITAS LTD PRZEDSTAWIA:
MASONERIA
od A do Z
John Coleman
W XXI wieku masoneria stała się mniej tajną lożą, a bardziej „stowarzyszeniem tajemnic".
JOHN COLEMAN
MASONERIA
od A do Z
W tej książce wyjaśniono, czym jest masoneria

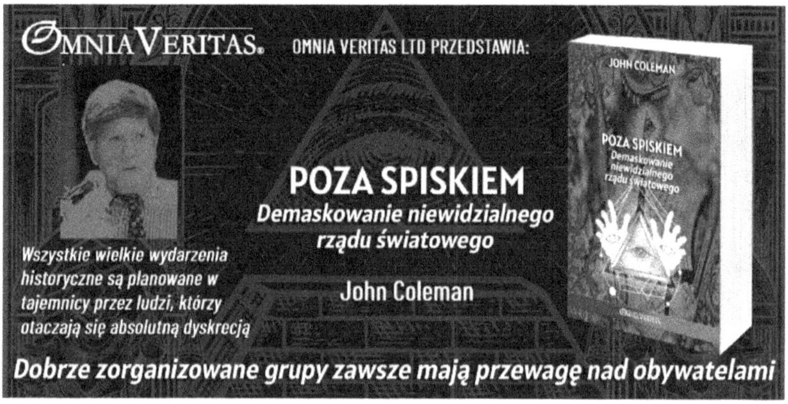
OMNIA VERITAS
OMNIA VERITAS LTD PRZEDSTAWIA:
POZA SPISKIEM
Demaskowanie niewidzialnego rządu światowego
John Coleman
Wszystkie wielkie wydarzenia historyczne są planowane w tajemnicy przez ludzi, którzy otaczają się absolutną dyskrecją
JOHN COLEMAN
POZA SPISKIEM
Demaskowanie niewidzialnego rządu światowego
Dobrze zorganizowane grupy zawsze mają przewagę nad obywatelami

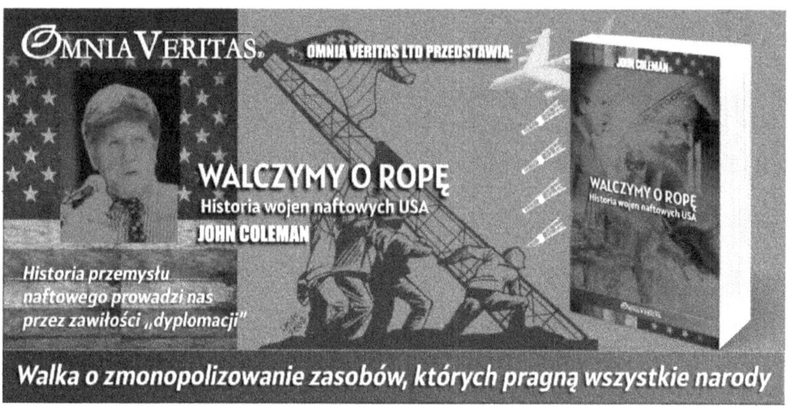
OMNIA VERITAS
OMNIA VERITAS LTD PRZEDSTAWIA:
WALCZYMY O ROPĘ
Historia wojen naftowych USA
JOHN COLEMAN
Historia przemysłu naftowego prowadzi nas przez zawiłości „dyplomacji"
WALCZYMY O ROPĘ
Historia wojen naftowych USA
Walka o zmonopolizowanie zasobów, których pragną wszystkie narody

www.ingramcontent.com/pod-product-compliance
Lightning Source LLC
LaVergne TN
LVHW011253061026
849535LV00005B/1241